◆ 邹统钎 主编 ◆

俱乐部管理

南开大学出版社
天 津

图书在版编目(CIP)数据

俱乐部管理／邹统钎主编．—天津：南开大学出版社，
2008.4(2024.8 重印)
ISBN 978-7-310-02889-4

Ⅰ.俱… Ⅱ.邹… Ⅲ.俱乐部－管理 Ⅳ.G243

中国版本图书馆 CIP 数据核字(2008)第 034219 号

版权所有　侵权必究

俱乐部管理
JULEBU GUANLI

南开大学出版社出版发行
出版人：刘文华
地址：天津市南开区卫津路 94 号　邮政编码：300071
营销部电话：(022)23508339　营销部传真：(022)23508542
https://nkup.nankai.edu.cn

河北文曲印刷有限公司印刷　全国各地新华书店经销
2008 年 4 月第 1 版　2024 年 8 月第 7 次印刷
230×170 毫米　16 开本　18.375 印张　336 千字
定价：45.00 元

如遇图书印装质量问题，请与本社营销部联系调换，电话：(022)23508339

目 录

第一章　俱乐部发展概述 …………………………………………（1）
　　第一节　俱乐部历史 …………………………………………（1）
　　第二节　国内俱乐部的发展情况 ……………………………（8）
第二章　俱乐部的性质 ……………………………………………（13）
　　第一节　俱乐部的概念及内涵 ………………………………（13）
　　第二节　俱乐部组织形式 ……………………………………（27）
　　第三节　俱乐部类型 …………………………………………（31）
第三章　俱乐部管理模式 …………………………………………（36）
　　第一节　国外俱乐部管理模式 ………………………………（36）
　　第二节　国内俱乐部管理模式 ………………………………（60）
第四章　俱乐部餐饮管理 …………………………………………（76）
　　第一节　餐饮管理概述 ………………………………………（76）
　　第二节　餐饮经营与管理 ……………………………………（79）
　　第三节　发展趋势 ……………………………………………（101）
第五章　俱乐部娱乐管理 …………………………………………（102）
　　第一节　娱乐管理概述 ………………………………………（102）
　　第二节　顾客管理与质量管理 ………………………………（106）
　　第三节　娱乐活动管理与控制 ………………………………（111）
　　第四节　收银管理 ……………………………………………（116）
第六章　俱乐部财务管理 …………………………………………（119）
　　第一节　理财铸造辉煌——AC米兰足球俱乐部成功之路 …（119）
　　第二节　俱乐部融资 …………………………………………（121）
　　第三节　俱乐部投资的三角形模型 …………………………（128）
　　第四节　俱乐部收入来源 ……………………………………（140）
第七章　俱乐部资本运营 …………………………………………（142）
　　第一节　切尔西足球俱乐部：一个资本运营神话的诞生 …（142）

第二节　俱乐部资本运营 2×3 理论模型 ……………………………… (146)
第八章　俱乐部设备及风险管理 ……………………………………………… (167)
　　　第一节　设备管理及设备管理者 …………………………………………… (167)
　　　第二节　风险管理概述及风险管理者 ……………………………………… (172)
第九章　俱乐部市场营销 ……………………………………………………… (178)
　　　第一节　俱乐部营销活动分析 ……………………………………………… (178)
　　　第二节　俱乐部营销战略 …………………………………………………… (192)
　　　第三节　俱乐部营销策略 …………………………………………………… (199)
第十章　企业俱乐部营销模式 ………………………………………………… (226)
　　　第一节　企业俱乐部的形成及企业俱乐部营销的界定 …………………… (226)
　　　第二节　企业俱乐部营销理论分析 ………………………………………… (235)
　　　第三节　企业俱乐部营销运作与管理 4C 模型 …………………………… (245)
　　　第四节　我国企业俱乐部营销实践
　　　　　　　——以电信行业企业俱乐部为例 ………………………………… (260)
第十一章　俱乐部发展趋势 …………………………………………………… (270)
　　　第一节　俱乐部发展研究 …………………………………………………… (270)
　　　第二节　俱乐部管理趋势 …………………………………………………… (273)
　　　第三节　顶级私人会所 ……………………………………………………… (278)
参考文献 ………………………………………………………………………… (283)
后　　记 ………………………………………………………………………… (289)

第一章

俱乐部发展概述

学习目的
1. 了解俱乐部发展历史。
2. 掌握俱乐部发展现状。
3. 了解国内俱乐部发展情况。

本章主要介绍俱乐部产生、发展的历史,总结俱乐部产生的背景、原因,并介绍国内俱乐部的发展情况、现状及特征。通过对俱乐部发展历史、现状的总结,归纳俱乐部的特征。

第一节 俱乐部历史

俱乐部是舶来品,中国以前是没有俱乐部的,或者准确地说是没有俱乐部这种提法。因此,探求俱乐部的历史,应该从西方开始。

一、俱乐部起源

尽管俱乐部概念形成已久,但世界上最早的现代俱乐部却难以考证,其中的一种观点是:最早的俱乐部的出现要追溯到几百年前的英格兰,当时有着很多相同社会背景和兴趣爱好的人经常在一起。后来,为了更好地交流和开展活动,这些志趣相投的人慢慢觉得他们应该有一个属于自己的私人聚集场所。1789年前后,一群志同道合的人决定共同买下一家咖啡店,作为他们的聚集场所。为购买该场所并维持场所的设施、环境,每个成员要自愿捐出一部分费用,这便是后来的会费和年费,每个为此付出费用的人可以在场所里同朋友集会,可以使用这里的设施,他们扮演的就是后来会员的角色,而这个场所和这里的人组成了早期的俱乐部。由此,俱乐部开始发展起来。最初的俱乐部都是非营利性质的,它们都是由会员管理,为保证俱乐部的经营、开支,每个会员都需要支付年费,随着每年支出的涨幅,会费也有了变化。

对于俱乐部的起源,另外一种较为常见的说法是:会员俱乐部文化起源于17世纪的英国,是由当时商业社会发展过程中,同社会层次的人们为创造一种排他性的社交场所发展而来的,是英国上层社会的一种民间社交场所。可以说,在英国社会,一个人拥有多少知名俱乐部的会员资格是他社会地位高低的体现。但是,这种形式更像是一种带有俱乐部性质的集会,或者说是一种广义上的俱乐部,关于这一方面的问题,我们将在第二章进行讨论。

二、俱乐部发展

随着俱乐部理念的流行,很多兴趣相投的团队决定组织他们自己的俱乐部,俱乐部在欧洲大陆、北美流行起来。我们将俱乐部的发展分为四个阶段,即19世纪中期以前,19世纪中期到20世纪20年代,20世纪20年代到80年代,20世纪80年代至今。

(一)俱乐部发展第一阶段(19世纪中期以前):初步发展期

在19世纪中期以前,俱乐部多是一些小型、自发形成、会员自愿加入、具有一定私密性质、不以营利为目的团体。缴纳一定的会费成为会员,会员多是有着相同的爱好或相似的社会地位、背景等。从经济学的角度分析,俱乐部具有排他性和非竞争性。分析俱乐部在发展初期的情况,我们发现这一时期俱乐部具备六大最根本的特征。经过两个多世纪的时间,大多数俱乐部依然保留着这六大特征,它们是:

(1)由具有共同特质的人组成(Similar Characters)

共同特质指的是,不管从哪个方面,俱乐部的会员总有一点是相同的或相似的,比如说社会地位、富有程度、兴趣爱好、职业等。会员的共同特质是俱乐部组建的必要条件,而并非充分条件。俱乐部的成立是"用脚投票"的一种选择。很多会员加入俱乐部就是要证明自己的一种选择,找到一种被接纳、被认同的归属感。

(2)会员制(Membership)

会员制是俱乐部最显著的标志之一。似乎俱乐部给人的印象就是一个会员制组织,会员制意味着共同建设、组织、出资、管理,共同消费、活动。会员制是俱乐部的天然门槛。当然,后来会员制也被普遍用在营销领域,成为一种新型的营销方式。

(3)自发形成、自愿加入,进入门槛高(Spontaneous and voluntary)

由于早期的俱乐部都不是以营利为目的的,它更多地充当一个交流、增进情感、度过休闲时间的场所,所有会员大都是因为拥有一些共同的目的或想法自愿地加入俱乐部;俱乐部的形成当然是有人提议才会成立,但是整个形成的过程是属于自发性质的。俱乐部的进入门槛相对较高,在申请一些俱乐部的会员时,俱乐部往往会综合考虑申请者的家庭、职业、社会地位、社会背景、收入等。不符合者是很难成为该俱乐部的会员的。

(4)私密性(Private)

私密性是早期俱乐部的一大特征,会员加入俱乐部是一种选择,俱乐部是否接受会员的申请也是一种选择,甚至是一种象征。成为俱乐部会员意味着自己被一个特殊的群体所接受,自己身上所具备的一些东西被其他会员认同,从而产生归属感、信任感。俱乐部的会员都为自己成为俱乐部里的一份子感到骄傲,他们在其他人面前会保守俱乐部一些相关事情的秘密,有的甚至不透露自己的会员身份,但是他们内心的自豪感却被大大地满足了。

(5)非营利性(Nonprofit)

俱乐部从它诞生的那天开始就没有想过要赚钱。似乎会员们更甘于"奉献",在早期俱乐部的发展过程中,以俱乐部的方式来赚钱似乎是一件被会员、被他人耻笑或不屑的事情。而且,俱乐部的所有权大都归全体会员所有,管理都是由会员完成,这也限制了俱乐部向营利型组织的发展。非营利性的特点随着俱乐部的发展也在逐渐发生改变。

(6)规模很小,多为地区性俱乐部(Small scale)

由于俱乐部私密、会员制、非营利等性质,决定了早期俱乐部的规模是很小的,且多数为地区性的俱乐部,例如一家小镇上的俱乐部,或是一个街区的俱乐部。早期俱乐部的规模不可能很大,一方面是由于经济原因,即没有人来投资,因为俱乐部大都是非营利性质的;另一方面是社会原因造成的,俱乐部规模的增大会失去俱乐部的很多意义,比如私密性的降低、会员的进入门坎降低、会员的归属感下降等。没有人愿意成为一家谁都可以进入并成为会员的俱乐部的会员。

(二)俱乐部发展第二阶段(19世纪中期到20世纪20年代):高速发展期

19世纪中期,由于产业革命的发展、公共假日的推行等原因,推动了俱乐部的建设和发展。这一时期,俱乐部的发展速度很快,尤其是体育俱乐部在欧洲和北美大陆蓬勃发展,它的快速发展也带动了其他类型俱乐部的发展。

1.发展背景

(1)体育竞技类俱乐部

1850年以后，产业革命的发展、公共假日的推行、火车的出现为资产阶级参与消遣提供了经济、时间、交通等条件。于是,新兴资产阶级在19世纪中叶开始组织各种比赛。很多体育俱乐部在这一时期诞生、成长。如世界上第一个登山协会——伦敦登山俱乐部就是在此背景下由约翰·鲍尔于1857年创办的,澳大利亚于1862年、瑞士和意大利于1866年、德国于1869年也相继成立了登山俱乐部。

殖民地官员和军人基于政治原因或为了消遣,开始参加当地的竞技项目。他们在印度参加草地曲棍球、在北美参加印地安人的长曲棍球比赛。这些运动员随后将这些体育运动引入他们所在国家,并成立了俱乐部。1861年在英国出现了第一个曲棍球俱乐部。此外,在加拿大开始流行板球和橄榄球俱乐部,在澳大利亚成立了游泳、板球、马术俱乐部。

美国竞技运动的繁荣被称为该国"19世纪末世界革命"的最重要标志之一。当时探险热、各校间的竞争和个人主义教育等因素促成了这一切。19世纪后期,大学的田径、棒球等项目的明星受欢迎的程度甚至超过了同类项目的职业运动员。

综上所述,产业革命过程中兴起的资产阶级的生活要求促成了业余体育俱乐部的形成;殖民地的军人出于政治和消遣目的参与当地的竞技运动,促进了体育俱乐部的形成。

(2)休闲俱乐部

在这一时期,工人运动的积极分子开始鼓吹"自尊",它改变了工人阶级原有的酗酒、斗殴等坏习惯。19世纪中后期,英国工人开始模仿资产阶级的休闲方式,不仅到原来为富有阶层修建的体育休闲场所锻炼,而且开辟新的休闲方式。

19世纪的工业城市中,机器大工业的负面效应开始显现。工人、小商人、小业主的生活节奏几乎为机器劳动和无休止的竞争所控制,再加上环境恶化、地价飞涨使得游戏场所逐步丧失,绝大部分人被迫中断了原有的运动传统。于是,这时期俱乐部的出现和开展的各种活动开始承担起了社会自我调节的作用。随着科学技术的发展,工程师和技术员、公务人员多了起来,他们找寻工作后能用来娱乐消遣和消除紧张状态的身体活动形式。同时,资产阶级统治集团也逐渐感到:花钱去维护可靠的、受过职业训练的工人比起启用新手去摸索要划算得多。于是"社会街区"活动得以开展。休闲俱乐部就这样发展起来。

(3)职业俱乐部

在这一时期,英国各种娱乐活动都发展很快,但都沾染上商业化的习气。在中产阶级占优势的时候,文学、艺术、体育都在向商品化发展,并随之摆脱了贵族的垄断,在广大群众中找到了市场。在这种情况下,职业俱乐部(尤其是职业体育俱乐部)也在这个过程中得到发展。19世纪中叶,当时的英国业余选手已经被明确禁止获得奖金。该国随之出现了一大批以门票收入为生活来源的职业板球、拳击、网球和划船俱乐部和运动员。美国第一支职业体育代表队是1869年成立的职业棒球队,从此,美国开始有组织地开展职业体育,陆续成立了职业拳击、马术队。德国、法国、意大利、荷兰、俄国等国在这一时期也出现了营利性的职业体育队。

1860年,英国各地广泛地开展了橄榄球运动。1895年,国际橄榄球运动协会分裂,北英建立了自己的运动协会,它一开始就主张接纳和承认职业运动员,并对职业和业余橄榄球比赛作出规则上的区分。从此,橄榄球比赛分为业余和职业两种。橄榄球运动传入美国以后,立即出现了一大批职业性和业余性的俱乐部。1861年美国南北战争之前,已有几百支棒、垒球队。1869年,美国辛辛那提"红袜"队决定将从棒球比赛中获利的情况公诸于众,该队在公众的否定态度下坚持职业性,并获得了成功。1871年3月17日美国成立了国家职业棒球联合会,一些业余队也改为职业队。同年在美国纽约市还出现了第一个职业性的棒垒球协会——蒲拉耶斯职业性棒垒球运动协会,这个协会一直活动到1876年成立"棒垒球全国协会"为止。1902年,美国的"棒垒球全国协会"、"棒垒球美洲协会"和其他一些棒垒球协会组织共同制定了这项运动的统一规则。

除了1893年加拿大蒙特利尔创办世界性的职业冰球赛和1895年8月美国举行首场有酬金的橄榄球比赛之外,19世纪末20世纪初还成立了大批职业足球俱乐部。如1891年,佩那罗尔足球俱乐部成立,1899年11月,西班牙巴塞罗那足球俱乐部成立。

2. 发展期第二阶段俱乐部的主要特点
- 发展速度快,数量庞大。
- 俱乐部规模越来越大。
- 俱乐部类型丰富。
- 营利性俱乐部、职业俱乐部出现。
- 私密性降低,大众俱乐部出现。

随着俱乐部理念流行开来,兴趣相投的团队决定组织自己的俱乐部,从伦敦早期的简陋咖啡馆发展到今天的全球现象。其间会员的构成以及俱乐部的归属发生了相应的变化:在早期,俱乐部的会员几乎都是男性;而如今,俱乐部的会员包括男性、女性,有的甚至还包括他们的家人。有些俱乐部从建成到现在都属于他们自己的会员;有些俱乐部属于个体或社团,他们销售会籍、支付会址费用和所有开支;有些地方的俱乐部是由有相同兴趣爱好或相同社会地位的人组成的,新会员的加入是由现有会员的介绍或者是被特殊邀请。俱乐部唯一没有变化的是一直向新会员收取入会费用,会费用于会所的所有开支。

俱乐部理念的流行渗透到社会的各类群体中,各种各样的俱乐部雏形也随之逐步发展起来。各类主题俱乐部雏形如下:

(1)伦敦最古老、最封闭、最富有的俱乐部是佳瑞克俱乐部,1831年由国王的兄弟——苏塞克斯郡的公爵资助成立,俱乐部以18世纪的著名演员大卫·佳瑞克的名字命名,目的是创造一个演员和赞助人见面的机会,促进戏剧的发展。19世纪,许多著名的作家、画家、作曲家、演员都是佳瑞克俱乐部的会员,其中有作家狄更斯、作曲家爱加等。

(2)世界上最早的足球俱乐部是成立于1856年的剑桥大学联合会足球俱乐部(也有人认为1857年成立的谢菲尔德足球俱乐部是最早的足球俱乐部)。

(3)世界上最早的高尔夫俱乐部于1754年成立于苏格兰圣安德鲁斯市(St. Andrews)。

(4)全美最早的高尔夫俱乐部是1898年成立于纽约的圣安德鲁斯俱乐部(St. Andrews Club),这也是一个最早进行品牌连锁的俱乐部。

(5)共享型度假区(休闲俱乐部)于1964年创立于法国阿尔卑斯山区。

从俱乐部组织形式的角度来看,各类俱乐部的雏形如下:

(1)最早的会员制俱乐部成立于1974年美国加州沉默谷(Silent Valley)。

(2)最早的分时使用制俱乐部于1972年成立于美国加州鸟石瀑布(Bird Rock Fall)。

(3)最早的使用权制俱乐部于1960年成立于美国夏威夷Kauai岛。

(三)俱乐部发展第三阶段(20世纪20～80年代):逐步成熟期

这一时期的俱乐部发展情况比较复杂,总体来讲,在经济发展的大背景下,人们越来越注重自己休闲时间的合理使用,俱乐部的发展似乎走上了一条光明大道。不幸的是,接连爆发的第一次世界大战和第二次世界大战打破了这种连续的发展趋势。在世界大战期间,职业联赛被迫暂停,无论是体育俱乐部还是休闲俱乐部,无论是职业俱乐部还是业余俱乐部,都减少了活动次数,甚至停止活动并解散。两次世界大战给俱乐部的发展以沉重的打击。对于很多职业俱乐部,这种打击甚至是毁灭性的。

二战后,随着欧美大陆经济的恢复,在整个世界和平的环境下,俱乐部的发展又重新开始。战后的人们急需找到一种方式增多与人的交往,利用体育、休闲等方式丰富自己的生活,以忘记战争留下的阴影,俱乐部成了他们愈合心灵伤口的最佳场所。俱乐部的发展似乎到了一个"黄金时代",不但迅速恢复到了战前的程度,而且仍在不断发展。在一个经济不断发展、相对稳定的环境下,俱乐部逐渐迈入了发展的成熟期。

(四)俱乐部发展第四阶段(20世纪80年代至今):成熟期

20世纪80年代之前,俱乐部的发展已经接近成熟。各种类型的俱乐部数量巨大,会员制俱乐部—非会员制俱乐部,营利型俱乐部—非营利型俱乐部,职业俱乐部—非职业俱乐部,乡村俱乐部—城市俱乐部,体育俱乐部—休闲俱乐部,大众俱乐部—私人俱乐部……随着全球经济一体化,俱乐部的发展已经进入了成熟时期,呈现出了一些新的特征:

1. 现代商业化管理制度

经过二百多年的发展,很多俱乐部的规模越来越大,性质也由原来的非营利性转为营利性。商业俱乐部、企业俱乐部或职业俱乐部甚至以赢利为目的。在这种背景下,很多俱乐部都进行了企业化运作,聘用职业经理人,建立现代商业化管理制度。需要说明的是,由于经济、社会、文化等方面的原因,俱乐部的范畴被扩大,虽然很多具有原始俱乐部特征的俱乐部仍然存在,但是更多的俱乐部已经不再是以前那种单纯的小规模、非营利性的会员制组织了。

2. 娱乐性质更强

社会生产效率提高的直接结果就是人们工作时间的减少、休闲时间的增加。对于每日生活紧张的人们,欢乐成为最"稀缺的资源"。俱乐部的活动可以缓解会员的工作压力,娱乐性质的活动越来越多地进入俱乐部,使这一时期的俱乐部具有更多的娱乐性质。

3. 俱乐部治理结构合理

在很多营利型俱乐部,随着会员的增多,俱乐部规模越来越大,组织结构也日趋复杂。多层、混乱的组织结构会降低信息的传递效率和准确性,加大不必要的成本,对于投资者和会员来讲,由于信息不对称的存在,俱乐部经营者的"道德风险"问题也会给俱乐部的经营带来麻烦。目前,很多规模较大的俱乐部,都有比较合理的治理结构,通过多种不同的方式对各个层面的管理者进行激励和监督。

4. 职业化成为俱乐部发展的一个方向

体育是一种世界通用的语言,随着体育运动的发展,观看体育赛事成了人们休闲、娱乐的一种新的方式。人们对各种项目越来越了解、越来越喜爱,希望欣赏到运动员更加精彩的发挥。这一切都给职业俱乐部的发展奠定了社会基础。职业俱乐部,尤其是职业体育俱乐部在这一时期如火如荼地发展起来,职业运动员的薪水越来越高,很多顶尖水平的运动员甚至成为了体育明星、娱乐明星。很多人也开始培养自己的孩子成为职业运动员。俱乐部的职业化与俱乐部的营利性质息息相关。这里需要说明的是,职业化只是营利型体育俱乐部发展的一个方向,是这一时期部分俱乐部发展所体现的特征之一。

5. 俱乐部的定义范畴扩大

早期的俱乐部具有六大特征,俱乐部的定义也较为狭窄。随着俱乐部数量的增多,政治、经济、社会等环境的变化影响,俱乐部的发展呈现出百花齐放的态势。部分俱乐部保留了原有的属性和特征,部分俱乐部打破了部分的属性和特征,一些俱乐部的规模变大,对会员入会申请的门槛也在降低;一些俱乐部的私密性降低,有的甚至变成了大众俱乐部;一些俱乐部开始把提高会员效益、服务会员的俱乐部宗旨转变为以赢利为目的……俱乐部的范畴在不断地被扩大,但由有共同特质的人组成这一根本特征没有发生变化。

对于俱乐部定义的讨论,我们将在下一章做详尽的分析。

6. 国际化程度加深

经济全球化推动了世界各地的人进行交流。一些俱乐部也赶上了国际化这趟高速列车。俱乐部的国际化体现在两个方向,一个方向是一些俱乐部在其他国家和地区建立自己的分会性质的组织,举行定期或不定期的活动,跨地域交流;另一个方向是一些营利型俱乐部在世界各地建立与其名称、性质、功能相同或相近的俱乐部,进行连锁经营,以获得更多的利润。

从俱乐部的基本属性来考虑,在人类社会发展的早期,类似俱乐部性质的组织就已经存在,经过长时间的发展,对于俱乐部定义的范畴在不断扩大,但其本质没有改变。

俱乐部的发展阶段,主要是根据时代的经济、社会背景,俱乐部的特征等进行划分。

第二节 国内俱乐部的发展情况

我国最早出现的以俱乐部命名的组织应该是出现在 20 世纪 40 年代的工人俱乐部,即具有工会性质的民间团体。新中国成立之后,为了丰富人民的生活,在各个城市办起了文化宫和工人俱乐部,各个单位也都办起了工人俱乐部。俱乐部多是人们下棋、打牌、跳舞的场所。改革开放以后,中国才出现了真正意义上的俱乐部。本节总结了国内俱乐部发展的动因,同时对国内俱乐部的现状加以描述。

一、国内俱乐部发展的动因

McIntosh 和 Goeldner 将进入俱乐部活动的基本诱因分为四大类:生理上的、文化上的、人际上的以及地位与声望上的诱因,马斯洛更是将会员需要分为生理上的需要、安全上的需要、爱与归属感的需要、自我尊重的需要,以及自我实现的需要。

当众多的消费者都产生对俱乐部的需要时,即产生出一个足以使经营者赢利的新兴市场,就会有相应的俱乐部供应者来占领这个市场,这一方面满足了消费者的需要,另一方面也促进了俱乐部的发展。国内俱乐部正是在满足消费者上述需要的情况下发展起来的。具体来说国内俱乐部发展的主要动因有以下几类:

（一）商业交往

从20世纪70年代末中国开始改革开放后,国内商业的市场化程度逐步提高,国营企业、民营企业、私营企业都得到了巨大的发展,相应地,商业活动也日益增多。众多的公司高管阶层亟需一个相互认识、相互交流的平台。在这种背景下,一批以为会员提供商务交流平台为主要业务的商务俱乐部应运而生,如著名的长安俱乐部即是一个顶级的商务俱乐部。

案例 1.2.1

长安俱乐部的历史可以追溯到20世纪90年代中期。在成立之初,俱乐部就确定了发展主旨:提供高贵典雅的环境和尽善尽美的私人化服务,使俱乐部成为国内外知名企业家和各界精英宴请宾朋和商务酬酢的最佳选择。但长安俱乐部最能吸引企业家入会的地方是其商务活动:俱乐部每个月至少举办6次活动,以"商务"为重头戏,为企业高层的交往搭建了一个良好的平台,如银监会刚成立时,长安就请来证监会、银监会及几大国有银行、海外银行的领导举行金融投资论坛,起初预计邀请100多名会员参加,结果来了300多位。长安俱乐部有能力邀请到行业内最权威、最顶尖的人物,也相应掌握了富人阶层这个资源。据说,中关村"村长"段永基从来不去星级酒店谈事儿,而是选择长安俱乐部,因为这里的每个人都会给他私密而亲切、仿佛家人一般的照顾,而且绝不会打扰他。

（二）休闲娱乐

社会经济的快速发展极大地促进了人民生活水平的提高,可支配收入的增多使人们产生了更多休闲层次的需求,而每年的100多个假日更是为这种需求的实现提供了可能,一些迅速致富的人士为了满足自我实现的需要更是需要一个能够体现自己身份的表现形式。于是,为满足这种需求的各种层次的俱乐部应运而生,例如著名的中体倍力健身俱乐部为广大的消费者提供了一个休闲娱乐的好场所。

案例 1.2.2

中体倍力健身俱乐部有限公司就是由中体产业股份有限公司与美国倍力健身公司强强联手共同创建的。2002年5月,中体倍力健身俱乐部第一家旗舰店——长安店正式开业,目前,中体倍力通过特许加盟体系迅速发展壮大,已经发展至20家俱乐部,绝大部分会员都是中高收入的都市白领。会员在工作之余在这里尽情地放松、锻炼,并接受私人教练的有针对性的指导,学习掌握正规的训练动作和技巧,学习如何正确饮食并缓解压力,而且还不断地调整训练流程,以使自己能够充分享受训练的乐趣,达到休闲娱乐的目的。

(三)营销策略

近些年来,国内大城市的房地产业持续升温,众多的房地产商为了增强自身楼盘的吸引力,吸引更多的购房者,在社区中引入了会所的概念。例如富力会会所、棕榈泉会所等。此外,众多其他企业为了维护老客户、发展新客户,也纷纷建立俱乐部,如张裕建立的酒庄俱乐部。

案例 1.2.3

富力会会所拥有近 2 万平方米的建筑面积,上下共六层,紧邻富力城一期浩渺水面,并与富力"双子座"写字楼自然衔接。它是富力地产在北京打造的第一个超大型生态会所,旨在专为成功精英人士提供私家俱乐部休闲场所,创造真正属于知性群体的品位生活。富力会在北京首创六星级香薰俱乐部,为会员提供臻于完美的专业服务;此外,富力会还首次将英国最特色的花生吧引入中国,汇聚娱乐、休闲、康体、异国餐饮和几乎所有球类运动为一体,使客户感受高品位的生活;富力会2 300平方米的星光泳池也成为一大亮点,置身其中,感受深邃幽蓝的夜空繁星闪烁,享受比星空更美的自然之趣,以此来吸引更多的中高层白领来入住富力城。

需要说明的是,俱乐部发展主要是这三方面的动因,不同类型的俱乐部的发展有不同原因,俱乐部之所以能够在中国发展起来,归根结底主要是经济的发展、社会劳动效率的提高、社会文化等方面的影响。

二、国内俱乐部现状与发展

(一)国内俱乐部发展背景

进入 21 世纪以来,一些工业发达国家相继步入以信息化为标志的、从工业经济到知识经济的"后工业"社会,与之相适应的是,未来人类的生活方式将进入一个以休闲娱乐为特征的时代。

休闲社会化的一个重要条件是人口的城市化。城市化为体育休闲活动提供了必要的设施条件,俱乐部的建设直接影响消费者需求的满足程度。城市化可以给居民提供更多的休闲场所、休闲方式,是俱乐部发展的推动力。20 世纪下半叶以来,许多国家减少了人们的工作时间,增加了休闲时间,休闲成为现代化成熟以后发达国家日益看重的领域,"休闲时代"不再把休闲作为少数人的特权,而是视为大众共同享有。

中国 1995 年开始实行 5 天工作制;1999 年又开始实施春节、"五一"、"十一"三个长假日,一年中有三分之一的时间都在休假;进入 21 世纪以后,把清明、端午、重阳、中秋等传统节日列为国家法定节日的呼声日渐高涨。如此发展,我们的休闲时间还会增多。大量增加的闲暇时间必将进一步促进休闲俱乐部的发展。

(二)高端俱乐部尚不成熟

高级俱乐部在中国目前尚未成为一个成熟的产业,主要表现在以下两个方面:

1. 定位不清晰

俱乐部的迅速发展首先要明确俱乐部的目的,并根据市场来确定为顾客提供的核心服务以及服务对象。

高端俱乐部的设施标准类似于五星级酒店,但俱乐部与酒店的最大区别在于:(1)俱乐部是为会员服务的,而酒店的服务对象是开放式的;(2)俱乐部给会员带来的更多的是人性化的服务和强烈的归属感,并有十分明显的地域性,而酒店为客人提供的是标准化的服务;(3)俱乐部为客人提供了一个交流的平台,而酒店并不提供类似的服务。

目前,国内大多数高端俱乐部类似于娱乐场所、酒店,未能明确使用层次,突出自己的特色,不知自身的特点是偏重商务交流,是侧重休闲,还是突出娱乐。对于企业来讲,没有特色就意味着没有生命力,这种无特色经营必定会导致企业的经营难以为继。

俱乐部定位不能够突出俱乐部自身特色的原因,除了俱乐部自身的原因外,还有来自社会环境的影响。有分析表明,俱乐部是一种贵族生活方式,中国的富人多数还没到这个层面,他们对俱乐部的要求还停留在对一个娱乐场所的要求,他们在入会时通常会问:有没有桑拿?有没有卡拉OK?一家国内高级俱乐部的老总对之也深有体会:有些会员自带茅台、五粮液到俱乐部狂饮,搞得酒气在俱乐部经久不散。

2. 人才缺乏

人才是企业赖以生存的一个重要的基础条件,但目前国内严重缺乏高端俱乐部的管理、服务人才,妨碍了俱乐部行业的发展。一些俱乐部虽然硬件很过硬,甚至超过国外,但缺乏能够运营俱乐部的人才,对俱乐部的经营模式一知半解,结果导致俱乐部难以塑造自己的特色形象,更不可能提供特色服务,致使俱乐部经营陷入困境。从消费者角度来看,既然俱乐部提供的东西和五星级宾馆差不多,人们为什么还要另付一笔高昂的入会费来俱乐部呢?金钟俱乐部曾与德国第二大拥有百年历史的俱乐部洽谈合作事宜,但最终不了了之,其原因就是这家德国俱乐部了解到,他们在中国难以找到一大批符合他们要求的俱乐部管理、服务人才。

(三)大众型俱乐部迅速发展

在国外,俱乐部经过几百年的发展,现在已成为世界上大多数国家社会活动的一种主要的基层组织形式,其数量之多,范围之广,令人惊叹。我国俱乐部的发展起步较晚,但改革开放之后,随着经济的迅猛发展,我国的俱乐部也开始迅猛发展起来,尤其是大众俱乐部。

1. 国家有较好的经济基础

俱乐部会员在具备基本生存能力的同时,要能够支付基本的会费,这依赖于国民经济的发展。据《中国统计年鉴2005》,我国居民年平均消费达到4 552元,城镇居民更是达到9 105元;人均国民生产总值10 561元。这些经济上的条件极大地促进了大众型俱乐部的发展,国内体育俱乐部、健身俱乐部等雨后春笋般地出现就是一个有力的证明。

2. 有较充裕的业余时间

参加俱乐部活动要有较充裕的可自由支配的时间。综观世界上大众俱乐部发展比较好的国家,基本上都是实行每周五天、每天八小时工作制,业余参加自己喜爱的社会活动的时间比较充裕。

我国随着经济和科技的发展,近年来也实行了每周五天、40小时工作制,人们的业余闲暇时间比较充足,这在时间上为会员参加俱乐部活动提供了保障,从消费者角度刺激了俱乐部的发展。

3. 有较大的市场

我国国民经济有了迅猛发展,城镇人均收入达到较高水平,这为俱乐部提供了发展所需的客源,加之我国人口众多,无疑这个客源市场是巨大的。巨大的市场容量成为俱乐部迅速发展的一个重要因素。

基于上述因素,我国的俱乐部如雨后春笋般地迅速涌现,涉及人民生活的方方面面:健身、购物、休闲、房产……

对俱乐部的研究不同于对于一般组织的研究,俱乐部有其自身的性质和特点,俱乐部的经营和管理也有其特殊的一面。如果仅仅将俱乐部的经营管理狭义地理解为一般组织的管理,那么这种理解未免过于狭窄甚至"小家子气"了。从第二章开始,我们将开始真正地认识俱乐部,了解其经营、管理的特殊性。

思考题

1. 俱乐部是如何萌芽、发展的?俱乐部的萌芽和发展与经济发展的关系如何?
2. 处于发展时期每个阶段的俱乐部特性是什么?
3. 分析国内俱乐部的发展动因。
4. 总结我国俱乐部目前的发展状况。
5. 现在社会上的各种各样的俱乐部越来越多。试讨论俱乐部会不会朝着大众化的方向发展,并说明你的理由。

第二章

俱乐部的性质

学习目的
1. 了解俱乐部组织形式。
2. 理解俱乐部的含义。
3. 掌握俱乐部的类型。

本章定义了俱乐部的含义,对其含义进行了经济学分析,同时概括了俱乐部的组织形式及其分类。对俱乐部的三种组织形式、俱乐部类型进行了逐一阐述,使读者能够了解俱乐部的真正含义,分清其组织形式,并对现实中的众多俱乐部有一个初步的认识。

第一节 俱乐部的概念及内涵

给俱乐部下定义是个很困难的事,因为主流的经济学家、管理学家大都没有对俱乐部管理这块"利基市场"发生过兴趣,国内外的一些组织也未对俱乐部有过更多的研究;有些教材甚至根本不对俱乐部的含义进行解释,好像俱乐部已被大家了解不用进一步解释似的。但是,随着俱乐部的不断发展壮大,它越来越被人重视,对于俱乐部的研究、分析,首先要做的就是规范其范畴,在此基础之上进行检验、讨论;在俱乐部发展的过程中,其定义的范畴也在不断地发生着变化。

一、俱乐部定义

基于不同的认识角度,人们对俱乐部所下的定义也不尽相同,归纳起来,主要有以下几种：

1.《辞海》定义

我国《辞海》中是这样定义俱乐部的："俱乐部是进行社会、文化、娱乐、艺术活动的团体和场所。"

从《辞海》对于俱乐部的定义我们不难看出，这种定义还停留在20世纪80年代对俱乐部的理解，将俱乐部狭义地理解为休闲的团体和场所，是一种常识化的定义，没有指出俱乐部的真正内涵，对于研究俱乐部来讲没有太大的现实意义。

2. 早期研究者的定义

俱乐部是一群有着相同爱好的人自发地经常进行沟通、交流并举办各种活动的场所。

这是对早期俱乐部形成时的一种定义，突出了俱乐部会员具有共同的爱好、自发地组成俱乐部并进行活动。这种定义虽然体现了俱乐部的一些特征，能够给研究者启发，但是不够严谨。

3. 经济学定义

托德·桑德拉和约翰·谢哈特在考察俱乐部理论的文章里是这样给俱乐部下定义的："一个群体自愿共享或共担以下一种或多种因素以取得共同利益：生产成本、成员特点或具有排他利益的产品。"

经济学给俱乐部的定义对俱乐部、俱乐部产品有着清晰的界定，能够说明俱乐部的本质特征。经济学中对于俱乐部的分析主要集中在俱乐部物品上，而对俱乐部物品的研究主要集中在对非公共物品的研究。在没有政治干预的条件下，俱乐部的形成主要是"用脚投票"——自动流动的结果。经济学的研究还涉及俱乐部物品的排他性和非竞争性的问题。

4. 其他定义

通常来说，俱乐部是针对特定的消费人群，提供相对私密服务的产业和产业机构。

日本文部省曾为体育俱乐部下过一个定义：体育俱乐部是以体育爱好者自发性、自主性的结合为基础，为增进健康和促进相互间的协调和睦而进行持续性体育活动的组织。

德国著名学者海尔曼认为，体育俱乐部是一个以"自由的成员资格"、"以成员利益为准则"、"不依赖第三者"、"义务参加工作"和"民主决策"为特征的自由团体。

通过对体育俱乐部定义的考察，我们可以看出日本文部省对体育俱乐部的定义体现了俱乐部成员的自发性、自主性和活动中的相互协调、和睦的关系。海尔曼的观点更多的是从会员的角度出发，"会员利益、义务劳动、民主决策"成为俱乐部定义的核心。通过对这两个对体育俱乐部定义的考察，我们发现，俱乐部的定义应该从会员的角度出发，这也是俱乐部不同于其他会所型、组织型经营主体的地方。

5. 定义俱乐部

俱乐部的内涵丰富、范畴广泛，其定义应分为狭义与广义两种。狭义的俱乐部是指具有相同特质的人自愿组成或加入、共担成本、具有一定私密性质、小规模、非营利性的会员制组织。具有相同特质包括相同或相似的社会地位、收入、兴趣爱好、职业、居住地址等。狭义的俱乐部更接近俱乐部诞生时的形态，功能也比较单纯。早期的俱乐部都属于这一范畴。目前国内兴起的一些车友会、驴友联盟之类的社团、组织虽然名字不叫俱乐部，但是其性质仍属于狭义范畴的俱乐部，也是研究俱乐部的学者需要关注的。需要说明的是，当这种俱乐部的会员逐渐增多，规模不断变大，私密性降低，转为以营利为目的时，俱乐部的意义就不再那么明显了。广义的俱乐部是具有俱乐部性质的、以会员制为主体或主要营利方式的营利性或非营利性组织。具有这种属性的组织，我们都可以运用理论对它们进行研究。目前我们国内的一些俱乐部更多地属于这种性质。这些组织有的叫俱乐部，有的不叫俱乐部，但都是围绕着会员制在做文章。当然，并不是名称是俱乐部或仅仅采取会员制的微观经济主体就是俱乐部。很多餐饮企业虽然名字叫俱乐部，但实际跟俱乐部没有什么关系，还有一些酒店虽然也有会员制，但是会员并非其服务主体，其主要的服务对象是非会员的社会群体，像这样的组织也不能称为俱乐部。

二、对俱乐部的经济学分析

(一)俱乐部理论的文献综述

尽管大多数的经济学文献都认定最早对俱乐部的研究起源于詹姆斯·布坎南(James Buchanan)1965年开创性的文章《俱乐部的经济理论》(An Econimic Theory of Clubs)，但是"俱乐部理论"(club theory)可以更早地追溯到庇古和弗兰克·奈特关于对拥挤道路征税文章中的论述。两个作者假设存在两条可选择的、相互替代的路线：一条是路面状况良好但狭窄、拥挤的道路；另一条是路面状况很差但宽阔、不拥挤的道路。通过对拥挤道路征税的考察，庇古和奈特实际上解决了一个俱乐部难题，即征税给限制使用者提供了可能，通过这种方式就可以决定拥挤的高速公路的"成员规模"。① 另一位开创性地建立俱乐部模型的学者是查尔斯·蒂博特(Charles Tiebout),他的"用脚投票"假设揭示了地区政府的管辖范围可以由居民的自愿流动(或会员资格)的选择来决定。蒂博特假设是俱乐部理论最重要的理论之一,同布坎南模型一样具有标志性作用。伯利(Pauly)、麦奎尔(McGuire)、托德·桑德拉和约翰·谢哈特(Todd Sandler and John T. Tschirhart)则认为,在蒂博特假设中如果不考虑税收或公共物品的使用成本等因素对总体人群划分的影响,那么蒂博特假设则表明人们会按照个人的爱好和才能组成社区/俱乐部。从私人物品的角度杰克·怀斯曼(Jack Wiseman)分析了在对公共设施使用者之间分摊成本的俱乐部原则。蒂博特和怀斯曼是最早对俱乐部成本分摊进行分析和解释的研究者,他们认为当俱乐部达到一定规模时,分摊在每个会员的成本便会降低。

从20世纪70年代开始,越来越多的学者开始研究俱乐部理论。博格拉斯(Berglas)检验了不同的划分标准对社区/俱乐部组成所产生的影响。麦奎尔(McGuirc)则一直致力于将博格拉斯—布坎南分析结合起来并引入生产/消费框架中。

对俱乐部的理论研究还扩展到对共享设施的随机需求的要素分析。托德·桑德拉、斯德尔本茨和约翰·谢哈特(Todd Sandler,Sterbenz and John T. Tschirhart)考察了由于设备使用的随机性,会员在到俱乐部消费之前对设备使用的不确定性。在需求高峰期,俱乐部的规模会限制打算到俱乐部消费的部分会员对设备的使用。他们的大部分理论都将重点放在俱乐部规模的确定上。希尔曼和斯旺(Hillman and Swan)分析了当潜在会员对预期的会员资格不确定时的俱乐部最优情况。即在俱乐部的会员构成确定之前,预期会员被强制参与一次随机抽签;一旦会员资格被确认,尽管会员人数不会保持固定状态,但是设施的使用状况是固定的。

俱乐部理论告诉我们,只考虑公共物品保持供给连带效应的情况,即假定排他性是可能的,并且增加一名新成员会降低其他成员对该物品承担的平均成本,即有规模经济。如果平均成本无限制地下降,那么消费群体的最优规模就是全体居民,在这种情况下,传统的公共物品问题就不存在了。但是,如果规模经济的耗竭、消费群体内部的拥挤或其他情况造成了成本的增加,那么显然一个消费群体

---

① 密斯哈恩(E. J. Mishan)指出庇古和奈特提出的解决方法实际上是一致的。因为,庇古是在忽略租金的前提下考虑拥挤的边际成本,而奈特则是在充分考虑租金的基础之上来使用平均成本进行研究的。在竞争的条件下,这两种方法的结论是一致的。对于这个问题的模型解决办法,可参见诺埃尔·安蒂尔森(Noel Edelson)和马丁·韦斯曼(Martin Weitzman)的文章。

的最优规模应该小于全体居民。如果将那些对供给的公共物品成本没有作出贡献的人排出在对它的消费之外,那么就潜在地存在着一个自愿地同意提供公共物品并只用于他们自己消费的个体集团。这种以提供排他性的公共物品的自愿协会或组织,就如同一个俱乐部一样。

(二)公共物品、私人物品和俱乐部物品

萨缪尔森将所有的物品分为纯公共物品(Purely Social Goods)和纯私人物品(Purely Private Goods)。[①]并且给公共产品的定义是:纯公共物品是指这样的物品或劳务,即每个人消费这种物品或劳务不会导致别人对该种物品或劳务消费的减少。他还用数学公式将纯公共物品和纯私人物品加以严格的区分:

公共物品:

$$X = X_i$$

即对于任何一个消费者来说,他个人消费所支配的公共产品的数量(X_i)实际上是该公共产品的总量(X),这也就是说,公共物品在消费者之间是不能分割的。

私人物品:

$$X = \sum_{i=1}^{n} X_i$$

即某一商品的总量(X)等于每一个消费者所拥有或消费的该商品数量(X_i)的总和,这也就是说,私人产品是能够在消费者之间分割的。

公共物品的特点是具有非竞争性和非排他性。如果一个商品在给定的生产水平下,向一个额外消费者提供商品的边际成本为零,则该商品是非竞争的。例如,船队灯塔的使用,一旦灯塔建造好并开始起作用,额外船只对它的使用不会增加它任何运作成本;另外如看公共电视,多一个观众的成本为零。非竞争性商品使每个人都能得到,而不影响任何个人消费它们的可能性。

如果人们不能排除在消费一种商品之外,这种商品就是非排他的。其结果是,很难或者不可能对人们使用非排他商品收费——这些商品能够在不直接付钱的情况下被享用。一个非排他的例子是国防。一旦一个国家提供了国防,所有公民都能享受到它的好处。灯塔和公共电视也是非排他商品的例子。

关于公共物品的分类,布坎南在《俱乐部的经济理论》一文中明确指出,根据萨缪尔森的定义所导出的公共物品是"纯公共物品",而完全由市场来决定的产

---

① 见萨缪尔森(Paul A. Samuelson)的"The Pure Theory of Public Expenditure", Review of Economics and Statistics, vol. xxxvi (1954), pp. 387~389;"Diagrammatic Exposition of a Theory of Public Expenditure", Review of Economics and Statistics. vol. xxxvii (1955). pp. 350~355.

品是"纯私人物品"。现实世界中,大量存在的是介于公共物品和私人物品之间的商品,称作准公共物品或混合商品。在此基础上,有学者根据是否具有竞争性和排他性将物品分为四类(表2.1.1)。

表2.1.1 基于竞争性和排他性的物品分类

		排他性(Excludability)	
		有	无
竞争性 (Rivalrous ness Consumption)	有	私人物品	共同资源
	无	俱乐部物品	纯公共物品

俱乐部物品和共同资源产品通称为"准公共物品"(Quasi-pubic Goods)。

如表2.1.1所示,俱乐部物品(Club Goods)具有竞争性和排他性。通过收取会费,一部分公众被排除在俱乐部之外;当俱乐部的规模达到最佳后,每多吸纳一个会员,便会增加俱乐部的拥挤程度,而降低其他会员的利益。需要注意的是,俱乐部物品又与纯私人物品(具有排他性和竞争性的物品)不完全一样。这是因为,在一定规模(一定是小于最佳规模)下,新增加的会员对俱乐部物品的使用往往并不影响其他会员的利益,在这种情况下,俱乐部物品就具有非竞争性;另一种情况是,当俱乐部规模超过最佳规模时,俱乐部物品的竞争性显现出来,因为由于"拥挤"(congestion)等原因,此时每增加一名会员意味着其他会员利益的受损。当一些俱乐部的边界由一些特定的因素划定时,俱乐部会员是由一些具备这些共同因素,并愿意为俱乐部提供物品以供会员使用的人组成的,而只愿接受利益不愿承担成本的人被自动地排除在俱乐部之外,这种情况表现出俱乐部物品就是排他性的。俱乐部物品具有非排他性的例子是很少见的,在这里我们确定俱乐部物品的非排他性主要是为了更好地使其与私人物品进行区分。假设桥牌俱乐部的固定成本为零,每增加一名会员给俱乐部带来的边际成本也是零的话,即俱乐部的规模扩大不会影响现有会员对俱乐部物品的使用,那么俱乐部产品是非竞争性的,但俱乐部物品的排他性似乎是天然的,当俱乐部物品失去其排他性,这时候俱乐部也就没什么意义了。

(三)布坎南模型

1.俱乐部均衡的布坎南模型

詹姆斯·M.布坎南1965年第一次使用模型研究了自愿俱乐部的效率性质,在他的模型中包含着这样的假设:一家俱乐部排除非会员不需要成本;俱乐部里的会员不致受到其他会员的歧视;会员分摊相同的成本和收益。布坎南的创始性研究解释的是俱乐部的自身问题,不考虑俱乐部与外部的联系,因而叫内俱乐部理论(A "Within-club" Point of View)。

为了更好地理解内俱乐部理论的布坎南模型,我们假定有私人物品(Y)和非纯公共物品(X),若干(s)个会员是无差异的,每个会员能否获得效用(U)最大化取决于限制成本(或产量),这里用 F 表示。第 i 个(代表性的)会员要想获得最大化的效用必须满足其限制成本为零,即:

$$\text{Max } U_i(Y_i, X, s) \text{ s.t.}$$
$$F_i(Y_i, X, s) = 0 \qquad \text{(i)}$$

其中,Y_i 表示第 i 个人对私人物品的消费,式(i)意味着每个会员都可以利用可被分享的全部物品(例如,对于全体会员,$X_i = X$,在这里 X_i 是第 i 个人的利用率)。在效用方程里,每单位物品的边际效用被假定为正值。在俱乐部规模不大的情况下,由于友情等因素,由新增会员所引起的边际效用也可能是正值,但是由于拥挤的产生,最终边际效用是负值。成本方程是与消费两类物品的正的边际成本相联系的;然而,随着更多的会员的加入分担了既定的成本,每个会员的成本降低了($\partial F_i / \partial s < 0$)。如果效用方程和成本方程满足其是可微的,那么满足式(i)最大化的条件为:

$$MRS^i_{xy} = MRT^i_{xy}, i = 1, 2, \cdots, s \qquad \text{(ii)}$$

$$MRS^i_{sy} = MRT^i_{sy}, i = 1, 2, \cdots, s \qquad \text{(iii)}$$

式(ii)是产品最优供给量的实现条件,即对于每个俱乐部会员,公共物品和私人物品边际替代率(MRS)应该与二者的边际转换率(MRT)相等。因此,对于公共物品而言,会员们的边际收益与其边际成本相等。从边际分析角度考虑,如果俱乐部的出现在公共物品供给方面打破了这种原有的平衡关系,那么俱乐部会员的边际成本总和应该与俱乐部的边际成本相等(即,$\sum_{i=1}^{s} MRT^i_{xy} = MRT_{xy}$)。实际上,式(ii)与萨缪尔森的公共物品供给条件是一致的(即 $\sum_{i=1}^{s} MRS^i_{xy} = MRT_{xy}$)。在布坎南模型中,如果不考虑求和函数对个体成员的加总以及供给与成员情况之间的相互作用,那么非纯公共物品的供给条件与纯公共物品的供给条件并没有显著的不同。

式(iii)是俱乐部最优规模的实现条件。对于俱乐部的规模,以游泳俱乐部为例讨论。首先假定游泳池规模及其总成本(F)是固定的,要决定的问题是游泳俱乐部的规模。图 2.1.1 描述了其他成员所看到的增加一名新成员的边际收益(MR)和边际成本(MC)。设定相同的爱好和收入,这样假定成本的平均分摊是合理的。第二个俱乐部成员的加入给第一个成员所带来的边际收益表现为其负担的游泳池成本减少一半,即 $MB = F/2$。第三个成员的加入给前两个成员带来的边际收益表现为额外地节约了游泳池成本的 $1/3$($F/3$)。以此类推,从新成员那里获得的额外收益,即其他成员从进一步分摊固定成本中获得的节约,随着俱乐部规模（N）的扩大而继续下降，如图 2.1.1 中 MB 所示。俱乐部规模和私人物品的边际替代率（等式左边）等于其相应的边际替代率（等式右边），这样就在吸收其他会员时使边际收益和边际成本达到平衡。

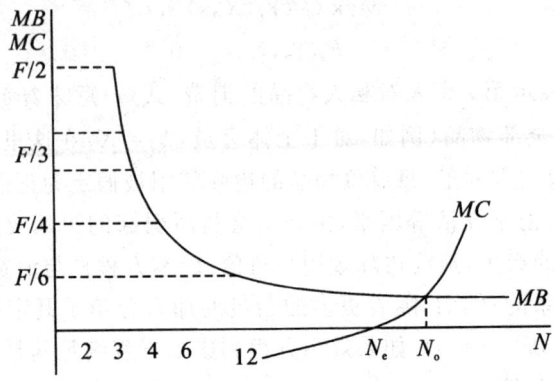

图 2.1.1　最优俱乐部规模的确定

在图 2.1.1 中，新成员的边际成本由 MC 曲线给出。这些都是实物成本。MC 曲线在横轴以下部分的意义是：可能有些人不喜欢独自游泳而乐于同为数不多（$<N_e$）的人结伴同游，那么新增成员的边际成本在俱乐部规模的初始范围内就是负值；如果有人喜欢独自游泳，那么这些成本在整个区间内呈正值。然而，最终拥挤的正成本是起支配作用的，从而俱乐部的最优规模（N_o）是由新增一名成员加剧拥挤带来的边际成本和其分摊不变成本而给其他成员减少的负成本（相当于边际收益的增加）相等的点来确定。

每一成员为了获得最大收益，必须保证总成员数带给自己的边际收益与边际成本相等，由于前面已经假设每一成员对公共物品和私人物品都有着相同的爱好，并且会员分摊相同的成本和收益，这就是说，任何一位成员得到最大效用，也就意味着所有成员都得到最大效用，所以能满足上述条件的成员数就是俱乐部在产出既定情况下的最佳人数，即俱乐部的最佳规模。

图 2.1.1 也可以用来说明纯公共物品和纯私人物品这两种极端情况。对于纯公共物品而言，多增加一个成员不会减少俱乐部其他成员对俱乐部整体利益的享受。此时，边际成本曲线是与横轴相重合的水平线。此时最佳的俱乐部规模是无限的。对于纯私人物品而言，消费第一个单位就开始发生拥挤。假设此时有人共同分享此物品，新增成员加剧拥挤带来的边际成本大于其分摊不变成本而给其他成员减少的负成本，或者换句话说，发生拥挤所损失的效用超过共同分摊成本所带来的收益，此时俱乐部的最佳规模为 1。

2.俱乐部理论对集体消费品数量和特征决定的数学推导

布坎南对俱乐部的效率性质的分析是通过考察俱乐部会员的行为来进行的,在此基础之上,俱乐部理论能够扩大到确定集体消费品的数量和其他特征。假设个人效用函数为:$U=U(X,G,N)$,其中,N 是俱乐部规模,X 是私人产品,G 是俱乐部提供的公共物品。假设俱乐部提供的公共物品的成本(包括固定成本 F 和一个单位成本 P_g),就是公共物品的价格。假定每个人不仅有相同的效用函数,而且有相同的收入,并且每个人要向俱乐部缴纳相同的会费(会费用 t 来代表)。通过布坎南模型最初的假设条件就可以得出:任何一位成员得到最大效用也就意味着所有成员都得到最大效用,也就是说,当一个带表性的俱乐部成员的效用达到最大时,俱乐部会员的总效应达到最大值,那么此时俱乐部的规模即为最佳规模。我们假定最大化一个代表性的俱乐部成员的效用,是确定提供多少公共物品水平和建立多大俱乐部规模的前提条件和目标,该目标可能是由组建俱乐部的成员一致性选择所确立的,或是由于吸收俱乐部成员的市场竞争强制形成的。有趣的是,在给定提供可排他性的公共物品的技术条件下,当吸收会员的竞争存在时,如果俱乐部不给其会员提供效用最大化的服务,那么俱乐部就不能维持生存。假定 Y_i 是表示第 i 个人对私人产品的消费,那么存在

$$Y_i = P_x X + t \qquad ①$$

P_x 为一单位私人物品的成本,即私人物品的价格。

这样,我们来考察代表性成员的预算约束,建立得到需要最大化的拉格朗日函数

$$L = U(X,G,N) + \lambda(Y - P_x X - t) \qquad ②$$

如果俱乐部必须在预算平衡的约束下运作,那么 t 必须满足 $tN = F + P_g G$。用此等式替换式②中的 t,得到

$$L = U(X,G,N) + \lambda(Y - P_x X - F/N - P_g G/N) \qquad ③$$

关于 X,G 和 N 最大化式③产生一阶条件

$$\frac{\partial L}{\partial X} = \frac{\partial U}{\partial X} - \lambda P_x = 0 \qquad ④$$

$$\frac{\partial L}{\partial G} = \frac{\partial U}{\partial G} - \lambda P_g/N = 0 \qquad ⑤$$

$$\frac{\partial L}{\partial N} = \frac{\partial U}{\partial N} + \frac{\lambda(F+P_g G)}{N^2} = 0 \qquad ⑥$$

由式④和式⑤得

$$N\frac{\partial U/\partial G}{\partial U/\partial X} = \frac{P_g}{P_x} \qquad ⑦$$

必须选择向俱乐部会员提供的公共物品的数量能够满足帕累托最优供给的萨缪尔森条件,即公共物品对私人物品的边际替代率对所有俱乐部会员的加总

必须等于它们的价格比。

由式⑤和式⑥,得

$$N=-\frac{\partial U/\partial G}{\partial U/\partial N}\cdot\frac{F+P_gG}{P_g} \qquad ⑧$$

在式⑧中,$\partial U/\partial N<0$,这是因为俱乐部规模的扩大所引致的拥挤是令人感到不愉快的,那么式⑧意味着有一个 $N>0$。从式⑧中我们得到结论:拥挤的非效用对于公共物品的边际效用越大,俱乐部的最优规模越小。向俱乐部会员提供的公共物品的固定成本越大,由于在更多的俱乐部成员中分摊这些固定成本的优越性,会使最优俱乐部规模扩大。

3.俱乐部理论的扩展

布坎南的俱乐部理论解释了非纯公共物品的配置,如果对于提供可排他性公共物品的技术和偏好聚类,使得在一个给定规模的社会中形成了很多最优构成的俱乐部,那么通过个人的自愿结社而形成的俱乐部是这些可排他性公共物品的一种最优配置,但是还应考虑同时存在许多俱乐部的动态状况或多产品的俱乐部。假设一个人口的规模是 P,俱乐部的最优规模是 n,此时有 P/n 个俱乐部,如果 P/n 是整数,那么所有的人都可以加入俱乐部,但如果 P/n 不是整数,那么就有一些人不属于任何俱乐部,他们可能成立自己的俱乐部,因此现存的俱乐部结构将是不稳定的。因为俱乐部的外围人员总会积极鼓动原俱乐部成员退出后加入新的俱乐部,以保证新俱乐部规模适度。这种过程会不断循环下去,所以这种均衡是不稳定的。但是,波利(Pauly)认为,更大的俱乐部为了保持规模会积极地挽留其会员,并通过提供在大俱乐部中会员享受的全部利益来吸引新的会员,这样,无需存在俱乐部规模和利益的稳定分配。在俱乐部理论中这被称为"整数问题"。

我们在一开始的分析中就假设人的收入和爱好是相同的,这是为了给分析带来方便,另一方面,俱乐部中个人爱好差异往往导致无效率。如果有的人喜欢圆形的游泳池,有的人喜欢方形的游泳池(其他偏好均相同),那么最优的俱乐部类型会把人们分到两类游泳池的俱乐部当中。有些对公共物品有不同爱好的人也能够有效率地被接纳在同一个俱乐部内。现实中,单一产品的俱乐部是极少的而多产品的俱乐部很多,比如一个运动俱乐部,可以提供网球、游泳和其他项目,而不会只提供其中的一种。

(四)俱乐部理论经济含义的实践性

1.会员特性的作用

按照蒂博特的假设,会员进入俱乐部是"用脚投票"——自由选择的结果。如果不考虑俱乐部"进入门坎"这一因素,那么会员是否同质,对俱乐部特性的影响是不同的。

2.排他成本问题

排他成本指的是建立与维护一种机制,即上面提到的"进入门坎",以限制俱乐部利用率、成员数(规模)与成本。排他成本是避免"拥挤"、保证会员福利的重要机制,是俱乐部的内在标志。

(五)将俱乐部理论引入经营、管理实践的意义

1.界定俱乐部范畴

我们假定俱乐部物品的排他性是可能的,并且增加一名新成员会降低其他成员对该物品承担的平均成本,即有规模经济。如果平均成本无限制地下降,那么俱乐部的最优规模就是全体社会成员,在这种情况下,传统的公共物品问题就不存在了。但是,如果规模经济的耗竭、会员群体内部的拥挤或其他情况造成了成本的增加,那么,显然一个俱乐部的最优规模应该小于全体社会成员。如果将那些对供给的公共物品成本没有作出贡献的人排除在对公共物品的消费之外,那么就潜在地存在着一个自愿地同意提供公共物品并只用于他们自己消费的个体集团。这种以提供排他性的公共物品的自愿协会或组织,就如同一个俱乐部。俱乐部理论的定义对俱乐部、俱乐部产品有着清晰的界定,能够说明俱乐部的本质特征。俱乐部理论对于俱乐部的分析主要集中于俱乐部物品上,而对俱乐部物品的研究主要集中在对非公共物品的研究。

2.确定俱乐部的最佳规模

俱乐部理论认为,俱乐部的最佳规模取决于总会员数变化时带给单一会员的边际收益与边际成本之间的关系,即当二者相等时俱乐部规模为最佳,会员效益达到帕累托最优,福利最大化。假设每一成员对公共物品和私人物品都有着相同的爱好,并且会员分摊相同的成本和收益,就是说任何一位成员得到最大效用也就意味着所有成员都得到最大效用,所以能满足上述条件的成员数就是俱乐部在产出既定情况下的最佳人数,即俱乐部的最佳规模。

3.指导经营、管理实践

在现实生活中,许多不属于俱乐部范畴的组织也挂起了俱乐部的牌子,而很多规范的俱乐部也对俱乐部的实际意义并不了解,不能为其会员提供真正意义上的俱乐部产品和服务。另外,由于俱乐部物品的特殊性导致我们不可能将其他组织的管理、经营理论直接套用在俱乐部日常经营和管理活动之中。这就给俱乐部的投资者、管理者带来了很多困惑,经常由于错误的市场定位和不和谐的管理导致俱乐部的运营效率(Operation Effectiveness)低下,进一步导致盈利水平的降低(对于营利型俱乐部而言)。

俱乐部理论研究了介于公共物品和私人物品之间的混合物品(Mixed

Goods，也称俱乐部物品），以及俱乐部物品的配置效率问题。通过对俱乐部理论的分析，俱乐部的范畴就被很清晰地划分出来，俱乐部的管理者就可以将公共物品、私人物品和俱乐部物品清楚地区分开来，并且能够更深入地理解俱乐部的内涵，将俱乐部与其他营利型或非营利型组织区分开来，了解会员应获得的权利，为会员提供真正意义上的俱乐部物品和服务，使会员获得最大的满足，甚至达到帕累托最优状态；界定最佳的俱乐部规模，加强对会员进入与退出的管理；同时，提高俱乐部运营效率，进一步提升俱乐部的盈利水平。

4. 为俱乐部管理理论的研究提供新思路

对于俱乐部、尤其是会员制俱乐部的经营、管理理论，无论在国外还是国内都是空白点。随着俱乐部数量和种类的不断增多，俱乐部的范畴也越来越大，但很少有人（包括俱乐部的经营者、管理者）真正理解俱乐部的实际意义，甚至连学者也很少有从现实角度来对俱乐部和俱乐部产品进行讨论和分析的。虽然俱乐部理论不是研究俱乐部在经营、管理实践中的微观操作性理论，但俱乐部理论可以更清晰地界定俱乐部范畴，加深对俱乐部本质的理解，为研究者提供一种研究俱乐部的全新思路。通过俱乐部理论的引入，俱乐部研究将摆脱过去没有经济理论基础、借鉴其他并不相关理论的研究状态。

（六）营利型俱乐部经营模式

对于俱乐部的经营、管理模式，我们将在下一章讨论，本节只简要介绍营利型俱乐部的经营模式。

结合俱乐部经济理论，营利型俱乐部的经营需要注意的问题主要集中在俱乐部与会员属性、俱乐部产品、会员制、会员进入与退出等问题上（图2.1.2）。从图中看，当会员与俱乐部的属性相契合时，会员选择（或）进入俱乐部，当会员的利益在俱乐部中受损时，会员选择退出俱乐部进入社区或进入其他属性相契合的俱乐部。成功的营利型俱乐部其经营模式选择的依据主要在于俱乐部属性、规模、产品和服务以及会员制的选择。

1. 会员与俱乐部的属性需要相契合

对于俱乐部的认识，无论是投资、经营、管理、工作人员都应明确俱乐部是为会员服务的。从最早俱乐部雏形的出现到目前世界上很多大型俱乐部的建立，会员的地位一直是至高无上的。早期的俱乐部是由一群具有相同爱好的人缴纳一定的会费组成的松散型、非营利性组织。从这一点不难看出，俱乐部从诞生的那一天起便具有排他性。根据马斯洛（Maslow）的"需要层次"（Hierarchy of Needs）理论我们知道，人的需要从低到高可依次分为生理需要、安全需要、社会需要、尊重需要和自我实现需要。会员通常将俱乐部作为自己的第二个家，加入俱乐部是要获得中、高层次的需要，这就要求俱乐部的经营人员要像对待自己的

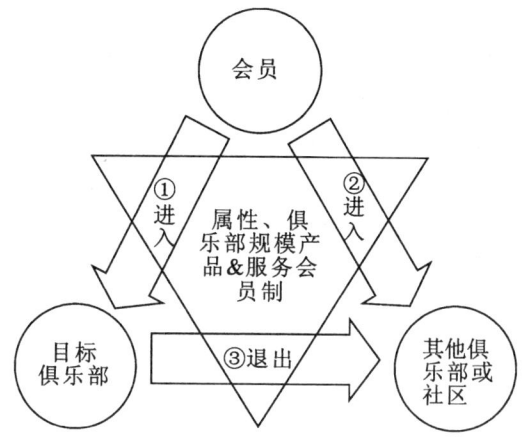

图 2.1.2 营利型俱乐部经营模式

家人一样对待会员,熟悉他们的习惯、了解他们的脾气秉性,为他们实现自身中、高需要提供一个平台,这就是俱乐部的意义和人们加入俱乐部的原因。目前,大多数的俱乐部是属于营利性质的,很多俱乐部为了获得更大的短期经济利益不惜损害会员的利益,这种短期效益给俱乐部带来了极大的伤害。俱乐部的产生源于民间的自发行为,因此俱乐部会员的利益和感受是俱乐部必须关注和维护的,俱乐部的根基就在于会员的自愿加入,漠视会员的组织其实质也不属于俱乐部的范畴。像皇家马德里(Real Madrid)这样的世界级足球俱乐部,俱乐部的最高权力机构是会员大会,每一届的俱乐部主席都要由会员大会选举产生;最古老的高尔夫球俱乐部圣安德鲁斯皇家古典高尔夫俱乐部(The Royal and Ancient Golf Club of St Andrews)并没有把会员收入当作俱乐部的主要收入来源,而是始终围绕着发展和完善高尔夫运动及成功运作各种国际赛事这两个中心对其组织进行改革,同时保护会员的利益不受伤害。圣安德鲁斯俱乐部的这种发展模式不但带来了高尔夫运动在各国的蓬勃发展,而且更为俱乐部带来了无与伦比的国际影响力和经济财富。而其对会员的关怀还表现在俱乐部改变了其250年不接受女会员的传统。

2. 俱乐部规模与会员的进入与退出

俱乐部属于私密性比较强的组织类型,即使是在今天很多商业营利性俱乐部降低了其私密性,俱乐部也应该控制会员的进入与退出。现在的俱乐部已不简单是一些有着相同爱好的人缴纳一定的会费的松散型、非营利组织;从社会、经济的角度讲,俱乐部是对不同阶层、不同领域、不同爱好、不同职业、不同年龄、不同性别等的人群的划分,从这个方面讲,俱乐部对于会员的进入和退出的控制就显得尤为重要。对会员进入和退出的控制也体现在对俱乐部规模的控制上。在现实生活中，俱乐部规模的控制主要取决于俱乐部给会员提供的产品和服务给会员带来的效用与会员交纳会费的数量。规模大虽然会使每个会员分摊很小的固定成本，但是随之而来的拥挤会引致更大的负效应。俱乐部规模具体的衡量标准在上面的理论部分已经分析得比较详细了，虽然在现实生活中很多指标无法衡量，但是理论在实际操作中的应用还是具有很大的现实意义的。实施控制的方式有很多，通常包括会费价格、受教育程度、职业、特长等。美国的喜剧明星格罗克·马克斯曾经给曼哈顿的弗莱尔俱乐部（Friar's Club）发了一封电报，他在电报中说："请接受我的退会请求，我不想加入任何一个愿意接受我为会员的俱乐部。"马克斯认为，在当时许多人加入俱乐部的目的是为了提高自身的社会地位。可见，对会员进入和退出的控制是多么的重要。在美国，很多俱乐部都带有等级制度的痕迹，但是由于平等权利法的制定和整个社会的社会意识的提高，美国俱乐部的排外性已经有所改变。

3. 俱乐部产品的多样性

在对布坎南模型的扩展讨论时，我们提出，由于会员的偏好不可能完全一致，因此提供单一产品的俱乐部很少，而提供多种产品的俱乐部则很多。这里需要明确一点，不管是提供单一产品还是多种产品，其实质都是围绕会员的偏好，并且在提供产品时考虑的是俱乐部总体成员的感受而非一定要顾及到每个会员的利益；由于俱乐部是具有流动性的，因此对俱乐部"不满意"的会员完全可以采取"用脚投票"的方式退出俱乐部，进而做出重新的选择。

4. 俱乐部经营意义的转变

由俱乐部所派生的会员制目前被广泛地运用于商业，俱乐部不仅作为一种组织形式而存在，而且也成为了一种新型的营销手段和模式。这个时候俱乐部成员的组成主要是基于对利益的追逐而走到一起，在这种情况下，虽然俱乐部的定义范畴被扩大，但依旧符合俱乐部的本质属性。

三、俱乐部内涵

俱乐部的内涵是什么？不管我们如何对俱乐部定义，不管我们对俱乐部做如何的经济学分析，都要清楚俱乐部存在的深层次的原因。

俱乐部内涵主要体现在两个方面，一是俱乐部会员属性，即寻求成就感和归属感；一是俱乐部本身属性，即排他性和非竞争性。

- 成就感（achievement）。不是什么人都可以成为会员。在一些俱乐部，成为会员是一种标志，一种地位的象征。
- 归属感（belonging）。俱乐部就像一个大家庭，会员们在这里可以找到知己，有人倾诉，被人接纳。

- 排他性(exclusion)。俱乐部就像一张无形的网,将会员与非会员隔离开来;表明会员与非会员的不同。排他性是俱乐部的特有属性,没有了排他性,俱乐部也就没有了意义。

- 非竞争性(nonrivalrousness)。经济学一直强调俱乐部物品是具有非竞争性质的。其含义是俱乐部物品在被会员消费时是不会影响到其他会员的。为了保持俱乐部的非竞争性,这就要求俱乐部的规模不能太大。

俱乐部的福利性是对俱乐部的另一种解释。俱乐部会员具有相似的特质,进入俱乐部是因为有着同质的需求,从产品供给效率角度分析,俱乐部为会员提供产品和服务不仅符合受益原则,而且资源使用效率较高。俱乐部可以比较准确地把握会员对俱乐部产品和服务的需求强度和受益程度。当俱乐部规模比较合理时,会员也可以以相对低的成本获得俱乐部的产品、服务和感受,这种同等的产品在俱乐部以外是很难获取、或者获取成本相对较高的,从这个角度讲,俱乐部提高了会员的福利。

俱乐部物品的特点是消费上具有非竞争性,但是却比较容易排他。当俱乐部的规模扩大(会员人数增多)时,个体消费的增加会影响到其他会员的消费水平和消费量,即出现"拥挤"现象。拥挤现象的出现不仅降低会员的效用水平,而且会给俱乐部带来负的外部性,即这种外部性会造成俱乐部会员的福利损失。

除了以上几点,对俱乐部的理解还要注意以下几点:

(1)由某个组织(人)发起并运作——俱乐部可以由组织或个人发起,并且俱乐部的运作也由这个组织(人)负责。但这并不意味着俱乐部的所有活动及管理工作都要由这个组织(人)去做,其中的许多工作可以外包给组织外的服务公司。该组织(人)对俱乐部必须负责并参与的是俱乐部的战略构想工作。

(2)个人会员或组织会员——不仅是个人,而且类似公司一样的组织同样可以申请会籍加入俱乐部。

(3)为会员提供沟通平台及具有较高感知价值的利益——俱乐部通过组织旅游、举办聚会或类似的手段为会员之间提供接触、交流的平台;此外,通过深入了解会员的需求以及针对性的服务策略使顾客获得较高的感知价值。

(4)提高会员忠诚度——俱乐部必须通过为会员提供具有较高感知价值的利益来提高会员的忠诚度,从而能够持续地获取利润。

第二节 俱乐部组织形式

俱乐部发展至今,其组织形式根据制度大致可以分为以下三种:会员制、分时使用制、使用权制。

一、会员制（memberships）

1. 会员制概念

最早的会员制是指由俱乐部根据其可提供的服务，估算出被服务人员即会员的最大数额来招募会员，依据一定的制度，为这些会员服务。后经社会发展，会员制也有了许多变异性的概念及方式，会员制度也出现了许多与最初会员制概念不同的地方。

俱乐部会员制是以俱乐部可提供的服务承载能力，作为招募会员数量的基准参数，会员证售价较高。不同的会员视会员权利的年限参照具体的条款享有不同的权益。俱乐部会员制的明显特征是制度规范、严密，与公众市场有区隔性和排他性。我国目前大部分俱乐部采用的是会员制形式。

目前，众多的俱乐部、企业都在采用会员制，但会员制并没有一个统一的概念。结合以往的会员制理论与目前会员制的实际情况，我们可以给现代会员制作以下的理论表述：会员制是一种经营方式，经营者以其可同时提供的最大服务量作为基准，通过发行会员卡的方式来招募会员，从而建立比较稳定的长期销售与服务体系，以达到经营的最佳效果。

2. 会员制吸引顾客的主要手段

（1）价格优惠

这是会员制俱乐部吸引顾客的主要手段。一般来说，会员得到的价格优惠，远远超过其交纳的会费，所以人们趋之若鹜。

1996年，北京当代商城推出了"网络卡"。一卡在手，持卡会员便可在商场享受5％～15％的购物优惠，这使得商城顾客如潮，日均营业额增长40％。中国科学院应用数学研究所所长章先生是当代商城"网络卡"的直接受益者，他说："打折后的商品比其他同类大商场要便宜得多，而且十分方便。"

上海麦德龙仓储式超市之所以能吸引大量顾客，日平均销售额在200万元左右，主要也是依靠价格优惠，这里的商品要比上海市零售商店便宜20％左右。

（2）服务周到

成为会员后，通常能定期收到商家有关新到商品的信息或少量样品，也可以通过电话让商家送货上门。上海麦德龙仓储式超市每周都向会员寄发商品信息宣传单，图文并茂地刊登商品照片、价格、性能等方面的资料，使顾客能货比三家，有针对性地选购。

部分电影公司推出"电影院贵宾卡"，持卡会员不但可以优惠购票，还可以电话预约订票；并且在电影开映之前，可在贵宾室休息，有专人把票送到会员手中，不必排队买票。

(3) 知识、信息、感情的交流

这是会员制俱乐部吸引顾客的重要方面。北京的万圣书店,会员不但购书可获价格优惠,还可以参加每周一次的文化学术讲座,书店专门邀请了文化名人或图书作者,同会员进行面对面的交流。在会员眼里,书店已超越了书商的范畴,成为知识、感情、信息交流的场所,在这种文化氛围中找到了志趣相投的人,找到了精神的家园,感到自己归属于这个群体,从而拉近了会员与书店的距离,成为长期在书店买书的忠实顾客。万圣书店一名负责人说,万圣要在激烈的商场竞争中立足,就要有大量的、固定的顾客。书友卡的推出,吸引了更多的读者成为万圣的顾客,享受万圣的服务,这对持卡会员和书店都有利。

(4) 会员卡可转借

这也是吸引会员的一个方面。武汉市徐东路平价市场的持卡会员,都会极力推荐自己的亲朋好友前去购物,并借自己的磁卡供他们使用,使一年的购物金额能达到 4 000 元,这样就能免费获得下一年的会员卡。这样做不但对会员有利,对商场更有利,进一步扩大了商场的顾客队伍。

(5) 其他方面的特殊服务

以美国的哈雷摩托为例,哈雷俱乐部主要向会员提供以下服务:在哈雷服务站 50 英里的范围内,会员享有车辆拖、吊服务;哈雷旅游中心为会员提供订飞机票、租车、订房等多项服务;为会员的哈雷摩托车及所属配件提供保险理赔服务;从会员会费中拨出基金,打击偷盗哈雷摩托车的窃贼:凡抓到哈雷摩托的窃贼或协助破案有功者,可得到 1 千美元奖金;向会员发行旅游手册,上面附有详尽的地图,地图上注明各城市中"哈雷服务站"等旅游资讯;向会员发行爱车族杂志,每年出版 3 次;为会员出版通讯,每年共出 6 期,内容有会员聚会的新闻、照片、生活特辑,会员现身说法描述驾驶摩托车的经历和经验,摩托车问卷调查,专家回答会员提出的种种问题等等;由各地哈雷摩托的代销商出资赞助会员聚会,在聚会中,会员将认识许多新朋友,参加多姿多彩的休闲活动。

哈雷摩托曾因为日本摩托车在美国的大量倾销而濒临破产,但十年之后,又以高速成长的业绩重挫日本摩托车,赢得了"道路之王"的美誉,顾客对哈雷公司表现出高达 90% 的忠诚度,这其中,"哈雷俱乐部"向会员提供的种种服务功不可没。

中国广州、深圳等地的汽车行业中,也推行了会员制俱乐部。会员汽车出了故障,可给俱乐部打电话,总调度室会调度距离最近的救援车及时赶来排除故障。

二、分时使用制（timesharing）

1. 分时度假概念的形成

分时使用制，即将俱乐部资源按照全年52个日历周，规划为50个周单位，根据会员对俱乐部资源需求的淡旺季，将50个可销售单位设计不同的价格出售给消费者使用，剩余2个周作为维修保养时间。

2. 分时使用制的双赢

（1）消费者利益

第一，可以用低廉的价格购买到条件很好场地的使用权。如果没有这种销售方式，有的人买了年卡实际上一年也只能住几个星期，其他时间都是空置，更多的人则买不起年卡。

第二，这种"分时使用卡"是私人财产的一部分，其使用权（有的是分割的产权）可以抵押或继承，也可以出售或转让。

（2）销售者利益

第一，可以使得场地使用权卖出更高的价格，购买者还不觉得贵。其中的原因很简单，按时间优劣区分，好的时段卖价高一些，差的时段卖价低一些，使得消费者感到自身效用的提高。

第二，创造出了新的消费市场，使得这些企业所建的房子容易销售。特别是以跨城市、跨地区、跨国家交换为背景的住宅区，销售情况更加看好。在房地产低落期，它更成为企业抵御风险的重要措施。

第三，大的分时度假集团公司发展到现在，有不少已经不是自己建房，而转向销售型与管理型，其他企业只有加盟它们，才能有良好的信誉度和交换前景，而这些集团则靠管理和销售获取超额利润。如美国最大的分时度假集团（I Resort Condominium International）2000年的销售额为4亿美元，而其利润额高达1.9亿美元，是业绩良好的上市公司。这种分时度假的房地产销售方式对于拉动其他产业，包括物业管理、旅游服务、交通电信和安置人员就业，都起着良好的作用。

三、使用权制（right-to-use）

使用权制即俱乐部将自身资源以及其他服务规划成一套装产品（package tour），分不同日程、住宿等级设计价格。

例如，高尔夫俱乐部的使用权制类似于酒店的使用权制，这是适应市场的一种发展形式，在我国有一部分球场是这一类型的，大部分是分布在季节性消费比较明显的地区，如海南。主要特征是可以面向市场大量销售、售价低、制度规范较松散。会员的权利仅限于使用的期限内。时间等级与价格成正比。市场饱和度不是很明显,因此价格比较容易被大众接受。

第三节 俱乐部类型

俱乐部从诞生到现在已经经历了几百年的历史,随着社会的发展,各式各样的俱乐部也逐步发展起来,如足球俱乐部、健身俱乐部、高尔夫俱乐部、休闲俱乐部、商务俱乐部等。由于俱乐部类型繁多、复杂,因此不能将俱乐部笼统地划分为几种类型。我们将以不同的标准和角度对俱乐部的类型进行归纳和分类。

一、规模

以规模为标准,可以将俱乐部划分为小型俱乐部、中型俱乐部和大型俱乐部。

俱乐部的规模主要通过会员人数、投资金额等因素来衡量。一般地,会员数量在 50 人以下的称为小型俱乐部,会员人数在 51~200 的称为中型俱乐部,超过 200 的称为大型俱乐部。当然,会员人数不是判断俱乐部规模的唯一标准。北京的一家以中小学课外教育为主营业务的俱乐部有 800 多个会员,但是我们将它划分为小型俱乐部,这是因为会员与俱乐部之间联系的性质是松散的,并非那么紧密。欧洲五大足球联赛的 G14 集团也可以看成是具有俱乐部性质的职业俱乐部联盟。虽然联盟中仅有 14 个成员,但是每个成员的背后都有几万的会员,因此我们把它定为大型的具有俱乐部性质的组织。

二、营利性

以营利性为标准,可以将俱乐部划分为营利型俱乐部和非营利型俱乐部。

非营利型俱乐部的例子有很多,比如社区的象棋俱乐部、学校的长跑俱乐部、登山俱乐部、瑜伽俱乐部、武术俱乐部等。但一旦涉及商业因素、营利目的,就变成了营利型俱乐部,像刚才提到的健身俱乐部、武术俱乐部等。我们平常见到的具有经营性质的俱乐部都是营利型的。早期的俱乐部都是非营利性质的,为会员服务、一切为会员的利益着想,也是当时俱乐部的初衷。随着俱乐部规模的扩大,会员数量的增多,俱乐部的成本、费用提高,为了维持俱乐部继续经营下去,俱乐部开始向营利型转变。后来,出现了专门利用投资俱乐部来获取利润的投资者,他们组建俱乐部,通过收取会员费、服务费赚取利润。当然,在这个时候,俱乐部的性质已经完全变成以营利为目的了。

三、会员属性

以会员属性为标准,可以将俱乐部划分为私人俱乐部和大众俱乐部。

私人俱乐部的私密性较强,规模一般不大。多由一些特殊的群体或团体组成,有的私人俱乐部是由少数几个人或财团投资,有的私人俱乐部是由所有会员投资共同建立。私人俱乐部这种形式最早是100多年前在英国起源的,当时的王公贵族为了能有一个更私秘的聚会场所,按不同的兴趣及行业而兴建了各种形式的私人会所,为的是提供一个私人的地点,使相同背景及兴趣的人能定期轻松地交往。社会在进步,但人们希望享受到高档贴心服务的愿望并没有改变。一些高级成功人士在工作之余,以会员的形式参加一些公开或不公开的俱乐部,在那里,可以享受更高端的生活服务,同时可以扩大自己的交际圈子,结识更多的商务合作伙伴,一些重要的商务活动和交往也都是在这种私人俱乐部或者其他比较轻松的环境中完成的,通过俱乐部来进行商务活动与交际也成为一种流行的交流方式。这些高档私人俱乐部其商务的理念往往是领先的。它们都备有大大小小的会议厅等商务交流场所,营造出体贴入微的商务交流环境以及通过各种主题活动营造出的商务交流机会。中西式的餐饮服务以及各类健身娱乐设施同样必不可少,而一般健身和娱乐设施的使用通常是免费的。

相对于私人俱乐部,大众俱乐部简单得多。所谓的大众俱乐部主要是会员众多,申请成为会员的门槛较低,更像一种公共休闲的场所。俱乐部与大众,这两个概念原本是相互矛盾和抵触的,俱乐部本身就是"小众"的、私密的,但大众俱乐部的概念打破了俱乐部的私密性。大众俱乐部的形式更像是早期的工人文化宫,所不同的就是大众俱乐部仍是以会员制为组织形式的。另有一种对大众俱乐部的理解,即公众化的俱乐部,像英国超级联赛中的曼联俱乐部,是世界上第一家上市的俱乐部,股份为投资者所有;但像曼联这样有上市行为的俱乐部也仅仅是昙花一现。

案例 2.3.1

私人俱乐部进入中国也有10多年的历史了。1993年,第一个以"顶级的展望"为理念的俱乐部——"京城"落户北京,拉开了高级私人会所登陆中国的历史。也许是因为其唯我独尊的排他性满足了京城人士的某种潜在心理需求,也许曾经是天子脚下的京城中云集了太多的重量级人物,落户京城的私人俱乐部无论规模还是会员数量都在大陆独占鳌头。目前京城已经形成四大私人俱乐部:京城俱乐部、北京美洲俱乐部、北京中国会和长安俱乐部。各个俱乐部在成员和组织上都各有特色。

就北京市四大俱乐部而言,几家俱乐部均由外资的专业会所管理集团经营管理,会员的组成主要是外企高级经理、私企老板等高级工商界人士,律师等高收入专业人士,政府高级官员以及各界社会名流。在经营方式上均实行"会员邀请入会制",想要入会者必须由1至2名原有会员推荐,经俱乐部董事局或理事会批准,交纳入会费及年费后才能取得会籍。

加入这样的私人俱乐部需要相当大的费用支出,一般入会费在1到2万美元之间,会员每年交纳的年费约为1 500美元。而取得会籍成为会员后,每位会员的会籍都是家庭会籍,也就是会员的配偶以及21岁以下未成年子女也都成为会员,享受会员待遇。

四、职业性

以职业性为标准,可以将俱乐部划分为职业俱乐部和业余俱乐部。

职业俱乐部出现在19世纪中期,即我们所说的俱乐部发展的第二个阶段。商业化俱乐部的出现打破了原有俱乐部不以营利为目的的属性。为了有更出色的发挥和更精彩的表现,很多选手做起了职业选手,俱乐部也转型为职业俱乐部。职业俱乐部通常是以体育活动为主要内容,如职业足球俱乐部、职业篮球俱乐部、职业象棋俱乐部等。职业俱乐部的出现,促进了体育活动向更加高端的方向发展,赛事也越来越精彩,同时,体育俱乐部和运动员也获得了丰厚的回报。

业余俱乐部的会员都有自己的本职工作,只是闲暇的时候来到俱乐部参与活动。业余俱乐部可分为营利性和非营利性两种。大多数的业余俱乐部均属于非营利性的。早期,职业俱乐部的前身都是营利性质的业余俱乐部。另外,在中国,很多业余体育俱乐部脱胎于地区的体委下的一些训练学校或训练基地,其经营性质在后来得到了增强。

五、经营性质和内容

以经营性质和内容为标准,可以将俱乐部划分为商务会所型俱乐部、健康休闲型俱乐部、主题型俱乐部和客户型俱乐部。

(一)商务型俱乐部

商务型俱乐部是为俱乐部成员提供商务服务,并为俱乐部成员提供商务交往平台的俱乐部。

商务型俱乐部的经营理念以商务为主,定期或不定期地组织各种商务活动,为俱乐部成员提供交流的机会,同时也为成员个人的商务活动提供服务。这类俱乐部通常由国际专业管理公司进行管理,管理相对比较规范,大多采用会员制且收费较高,为俱乐部成员提供人性化、私密性服务。

京城俱乐部即是北京著名的商务俱乐部之一,该俱乐部从定位、组织到设计都是围绕为中国高层商界人士服务这个中心而策划的。俱乐部于1994年10月

14日正式开业,由中国国际信托投资公司和美国会所管理集团的子公司国际会所管理公司共同合作建立。到目前为止,京城俱乐部是北京首屈一指的集商务、健身、社交于一体的顶级私人俱乐部。华丽的餐厅,设备齐全的会议室和融入了最新现代科技的娱乐和健身设施为会员提供了最佳的宴请、娱乐休闲和社交选择。目前,京城俱乐部会员人数已超过1 000人,他们代表了北京中外商界和政界的领袖。

(二)健康休闲型俱乐部

健康休闲型俱乐部是以为俱乐部成员提供休闲、健身等服务为主要业务的俱乐部。健康休闲型俱乐部致力于为俱乐部成员提供放松身心的环境以及活动。这种俱乐部大多采用半开放型——为会员提供服务的同时,也为偶尔来一次的散客提供服务,但会员支付的一次消费额低于散客。瑜伽、健身、高尔夫俱乐部均属于此类俱乐部。

中体倍力健身俱乐部即是一家著名的健康休闲型俱乐部。中体倍力健身俱乐部有限公司是由中体产业股份有限公司与美国倍力健身公司强强联手共同创建的。2002年5月,中体倍力健身俱乐部第一家旗舰店——长安店正式开业,目前,中体倍力通过特许加盟体系迅速发展壮大,已经发展至20家俱乐部,深受中高收入都市白领的喜欢。在俱乐部中,俱乐部成员可以尽情地放松、锻炼,除了能够使用各种高标准的硬件设施,还能够享受俱乐部提供的专业性、针对性的私人教练服务。

(三)主题型俱乐部

主题型俱乐部是为某一具有相同志趣或相同利益的群体专项服务,并以此为辅助手段来维系与该群体关系的俱乐部。主题型俱乐部大多是作为一种辅助手段来维护企业与顾客的关系,从这个意义上讲主题型俱乐部也可称为企业俱乐部。富力城、张裕·卡斯特VIP俱乐部均属于此类俱乐部。张裕·卡斯特VIP俱乐部成立于2005年3月12日,是中国首个酒庄俱乐部。张裕葡萄酿酒股份有限公司设立酒庄俱乐部的主要目标就是尽早发现葡萄酒的高端客户,并通过提供高品质产品、个性化服务与文化附加值来留住他们。

(四)客户型俱乐部

客户型俱乐部主要是企业将俱乐部作为一种营销手段,将自己的客户人为地组成俱乐部。一方面,可以提高企业的品牌知名度,扩大影响;另一方面,可以形成客户的忠诚度,促进客户多次消费。像国美实行的俱乐部制度、中国移动公司的高端客户俱乐部、银行的钻石客户、一些汽车制造商或经销商成立的汽车俱乐部都属于这种类型的俱乐部。另外,很多高尔夫地产企业通过赠送高尔夫俱乐部会籍来促进高尔夫别墅、高档住宅的销售也属于这种情况。

富力会会所拥有近 2 万平方米的建筑面积，上下共六层，紧临富力城一期浩淼水面，并与富力双子座写字楼自然衔接。它是全国知名地产商——富力地产倾多年心血在北京打造的第一个超大型生态会所，旨在专为成功精英人士提供私家俱乐部休闲场所，创造真正属于知性群体的品位生活。很显然，富力会属于我们前面提到的私人俱乐部或商务会所型俱乐部，但是每个购买富力城的业主都可以成为这家高级俱乐部的会员，从这一点来看，富力会又是一家客户型俱乐部。

六、地域性质

以地域性质为标准，可以将俱乐部划分为城市俱乐部和乡村俱乐部。

美国的一些学者喜欢将俱乐部按地域性质来划分。城市俱乐部多为一些商务会所型俱乐部、健身俱乐部、体育俱乐部等，而乡村俱乐部多为一些高尔夫俱乐部。城市俱乐部的范畴相对较为广泛，前面涉及的很多俱乐部都属于城市俱乐部的定义范畴；高尔夫俱乐部是一种很重要的乡村俱乐部形式。

俱乐部的分类方式很多，从经营性质上看，俱乐部还可以分为职业俱乐部、商业性俱乐部和公益性俱乐部；从参加者情况看，有青年俱乐部、妇女俱乐部、老年人俱乐部、残疾人俱乐部、家庭体育俱乐部等等。在日本，俱乐部大致分为：市内会员俱乐部、县内会员俱乐部、学校俱乐部和同好会、民间会员制俱乐部、单位俱乐部和同好会、其他类型俱乐部等，而且在这些俱乐部下又设有许多小的俱乐部组织，如学校俱乐部中的学校运动部、体育少年团、体育俱乐部学校、道场等。德国体育俱乐部活动方式则以单一项目为主，大约 65% 的体育俱乐部只有一个项目，仅有 9% 的体育俱乐部活动项目在 4 项以上。此外，法国、英国等在俱乐部的划分上也有自身的一些特点。但概括地讲，上述俱乐部都是按照年龄、项目、区域和目标等进行划分的，同我国传统的条块体育划分有一定的相似性，但组织形式、经营特点和发展规模等使其有了很大的灵活性、可操作性和实践性。

思考题

1. 如何正确认识俱乐部的含义？
2. 俱乐部是如何分类的？
3. 俱乐部的组织形式是怎样的？
4. 有人说"俱乐部是一种营销方式"，你怎么看待这个问题？

第三章

俱乐部管理模式

学习目的
1. 了解国内外俱乐部的管理模式。
2. 掌握俱乐部的经营机制。

在前面,我们详细研究了俱乐部的沿革历史、分类等问题。在这一章中,我们将从俱乐部宏观的角度就俱乐部管理模式等问题做进一步的阐述。鉴于由俱乐部历史、类型、发展环境的差异所带来的俱乐部管理模式的差异,我们将以国际、国内俱乐部对比的方式,就俱乐部不同类型的管理模式作对比研究。①

第一节 国外俱乐部管理模式

一、职业体育俱乐部的管理模式

职业体育俱乐部经过一百余年的发展历程,逐渐形成了既不同于业余体育俱乐部,又区别于其他产业的管理模式。职业体育俱乐部的运作是一个十分复杂的体系,涉及众多的问题。在此仅从职业体育俱乐部的组织机制、经营运行机制、发展机制、竞争机制、约束机制等角度探讨其管理模式。

---

① 本章仅就比较典型的职业体育俱乐部、休闲俱乐部和商业俱乐部的管理模式做出分析,诸如业余俱乐部、高校俱乐部等不在我们的分析之中。

(一)以联盟为枢纽的组织机制

1. 管理体系

职业体育俱乐部以向社会提供体育竞赛与表演为生存手段,依靠运动员高超的竞技水平及运动技能来吸引观众。职业体育俱乐部自诞生至今,就自下而上逐步形成了以联盟为枢纽,以竞赛活动管理为主要任务的管理体系。国外职业体育俱乐部大多数采用三级管理的管理体系,即由全国单项运动项目协会(或称联合会)、职业体育联盟(或称联赛)、职业体育俱乐部组成。它们之间是一种"伙伴关系",既各自独立、互不干涉,又彼此依存、相互合作,以职业联盟利益最大化为前提,共同维护职业体育的正常运转。意大利的职业足球就属此种管理体系(图3.1.1)。它由意大利足球联合会、意大利全国职业足球联盟和职业足球俱乐部三部分构成。意大利足球联合会是意大利奥委会下属机构,属半官方性质,它代表奥委会全权处理意大利境内所有的足球事务,是一个职能管理部门,依法对下属机构实行领导、监督和宏观调控,但不直接参与或处理职业俱乐部的具体事务。它与职业足球既是领导与被领导的关系,又是平等的伙伴关系。在职业足球的运作中,意大利足球联合会代表国家利益,监督职业足球管理机构和职业俱乐部的各项法律实施,维护国家足球运动的整体利益。意大利职业足球管理机构有两个平行的机构:意大利全国甲乙级职业足球联盟、意大利全国丙丁级职业足球联盟。它们的主要职责是管理和协调足球俱乐部之间的事务,并负责制定有关组织机构、转会、竞赛等法规,协调各俱乐部与意大利足球联合会的关系。它代表联盟内俱乐部的整体利益,是职业足球的权力和经营机构。意大利各职业足球俱乐部是独立的经营性实体,属于民营资本,自主经营,自负盈亏。职业俱乐部必须向意大利足球联合会注册,但直接受职业足球联盟的领导。意大利足球联合会章程涉及足球机构的管理、运作、监督和奖惩,是职业足球联盟和职业足球俱乐部的行为准则。

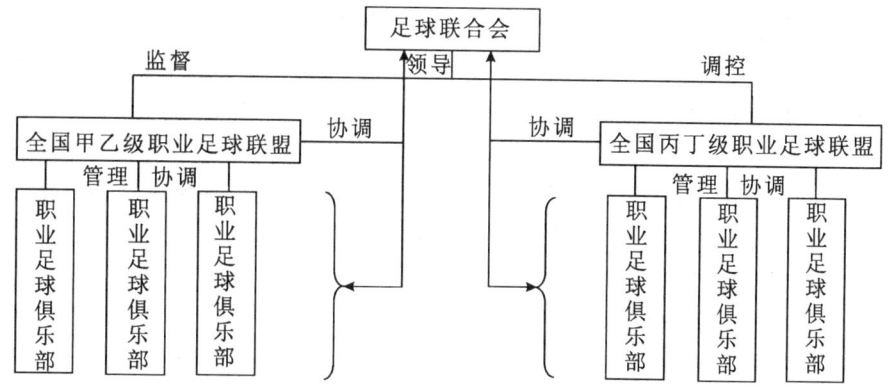

图 3.1.1 意大利职业足球管理体系框架

2. 管理机构

在国际上,职业体育通常都设有自身的管理机构,它们属于民间性质的社团组织,具有独立的法人资格。它们的基本任务是维护各职业俱乐部的共同利益,协调彼此间的各种矛盾和关系,约束职业俱乐部的行为,促进该项目的健康发展。

职业体育的管理机构通常采用委员会的组织形式,其成员由各俱乐部业主或代表组成,并成为最高决策机构。委员会推选或聘任主席(或称总裁、总干事等)作为代表负责处理涉及俱乐部的各项事务,根据其管理职责下设若干职能部门或办事机构。下面就以比较典型的美国职业篮球大联盟(NBA)为例,来详细阐述这一问题。

NBA 大联盟的管理机构通常采用委员会的形式,董事会是整个联盟的最高权力机构。它由 30 支球队的老板或老板指定的代表组成,每年的 1 月份召开一次董事大会,并采用投票制对涉及俱乐部或联盟的重大事宜做出决策。联盟的最高行政长官为总裁,NBA 董事会和 NBA 总裁是雇佣关系,董事会拥有决定权,总裁和总部拥有最高行政权。如要做出重大决策,总部都要向董事会通报并征得董事会的同意,当总裁的决议经董事会通过后,各个球队都必须无条件地执行;对于总裁(总部)各个部门在自己职权范围内所做的决定和对各种纠纷的处理决定,球队必须执行。其下属还有一个总部办公室、一个 NBA 资产公司、一个 NBA 娱乐公司、一个 NBA 电视、新闻媒体公司和 WNBA 联盟。在 NBA 的组织机构中,NBA 总部办公室下设 10 个部门,分别是行政管理部、内外联络部、财务部、人力资源部、法律事务部、篮球运营部、球员培训部、大型活动部、球队服务部和保安保卫部,各个部门分工明确,各司其职(如图 3.1.2 所示)。

3. 组织结构

职业体育俱乐部作为具有独立法人资格的经济实体有明确的组织结构,一般情况下其组织结构为:由俱乐部投资者或代表组成俱乐部董事会,俱乐部主席由董事会推选或指派,通常由出资最多的一方或由其指定代表担任。董事会聘请总经理负责俱乐部的日常事务和运作,并对董事会负责。俱乐部设有主管具体业务活动的职能部门,并对总经理负责。由于国情、项目特点、俱乐部性质与规模的不同,俱乐部的组织结构也不尽相同。下面就以 NBA 大联盟中的芝加哥公牛队为例,做出进一步的阐述。[1]

公牛队作为职业篮球俱乐部不属于地方政府的体育部门,而是属于一伙投资者,是投资者营利的产业,是自主经营、自负盈亏、独立核算的经济实体,所以

---

[1] 本部分在邹统钎主编的《俱乐部经营与管理经典案例》一书第三章中有详细论述。

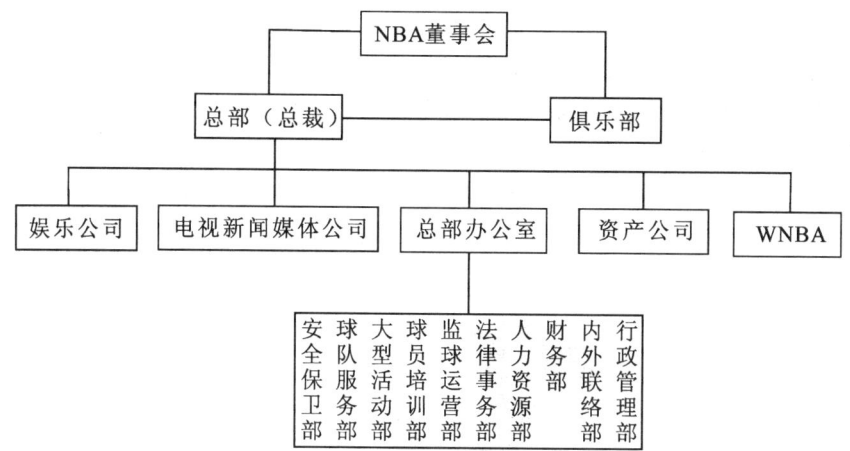

图 3.1.2　NBA 大联盟的管理机构框架

产权归属明确,责、权、利一致。它采用股份制组建而成,因此球队设立了董事会,并聘请经理负责球队日常的运营工作。股东通过投票的形式决定球队资产的转移、变更。董事会和经理负责球队的经营、决策、管理工作,肩负着球队发展与资产保值、增值的重任;而独立董事专为监督和保障董事会、经理遵守联盟、俱乐部所制定的规则或股东意愿开展工作;运动队的训练则由俱乐部聘请的主教练和几位专项教练负责。俱乐部内部分工细致明确,各部门分管各项事务,这些部门包括竞赛部、经营部、财务部、推广部、行政管理部、联络部、法律服务部等,各个部门相互配合,共同为其俱乐部和球队的发展服务(如图3.1.3所示)。

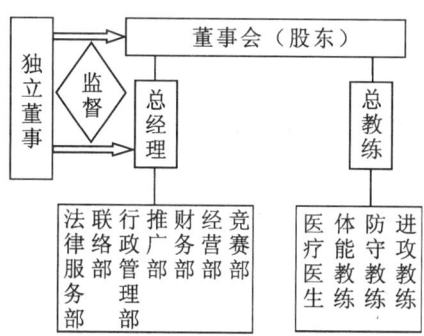

图 3.1.3　公牛队的组织结构框架

(二)经营运行机制

职业体育俱乐部作为自主经营、自负盈亏、独立核算的经济实体,要在激烈的竞争中求得生存,就应特别注重俱乐部经营水平的提高。其中,俱乐部的市场收益渠道多元化和资金使用增值化是经营运行机制的关键内容之所在。

1. 市场收益渠道

由于各国职业体育俱乐部经营环境、经营水平的不同,其市场收益渠道也存在很大差异。下面就以英超联赛中的曼联俱乐部为例,来分析职业体育俱乐部市场收益渠道的构成。

2004年曼联俱乐部的收入构成是:门票收入占31%、媒体转播费占26%、商务开发占20%、广告与赞助占16%、餐饮及其他占7%(如图3.1.4所示)。

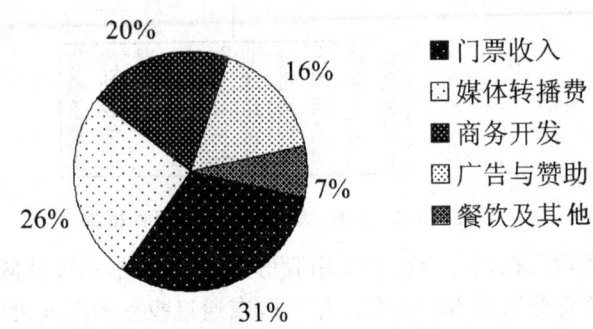

图3.1.4 2004年曼联俱乐部的收入构成

(1)门票收入

门票收入是职业体育俱乐部经营收入的主要来源之一。欧洲足球俱乐部的门票收入一般占俱乐部总收入的20%~40%,在英国,门票收入大多能够达到俱乐部总收入的30%,曼联俱乐部2004年的门票收入就占31%,其他赛季有时候会更多。

门票收入客观地反映了观众对比赛的满意程度,是衡量俱乐部经营优劣的重要标志,因此,职业体育俱乐部都想尽一切办法提高比赛的上座率。这些措施包括:科学制定门票的价格、向球迷推出各种有折扣的套票(曼联所售票中的90%是季票)、向球迷提供服务和便利、塑造球星(如偶像级球星贝克汉姆和后来的小小罗)、提高比赛的激烈程度和观赏性……

(2)媒体转播费

媒体转播费是职业体育俱乐部经营收入的又一大收入来源,在一些职业体育联盟(如美国的职业体育大联盟)中,这一收入甚至成为最主要的来源。

随着电视的发展以及对职业体育的追逐,电视转播费成为国外职业体育俱乐部举足轻重的财源之一。1992年,英超从电视中获得的利益由此前的每年500万英镑上升到1 500万英镑,此后每续签一次合同,电视转播费就成倍增长。根据2002年开始执行的新合同,英超每年从天空电视台获得的转播费高达3亿多英镑,每个俱乐部获得的电视转播费高达2 000万英镑。2004年曼联的媒体转播费就占到26%。

此外,各职业体育管理机构将各俱乐部电视转播权捆绑起来整体出售,加强了俱乐部与电视机构的竞价能力。在这方面表现突出的是美国的职业体育大联盟,其中尤为突出的是NBA大联盟。

(3)商务开发

商务开发主要涉及俱乐部标志物的转让使用费、俱乐部标志产品、俱乐部延伸产品、球迷会员费等体育竞赛相关产品的开发与利用。国外俱乐部都很重视以体育竞赛产品为中心来进行商务开发,以便扩大俱乐部的经济来源。像曼联,它在这方面的收入就占到20%左右,他们出售有俱乐部标志的服装、运动用品、饮料、糖果、食品、纪念品等商品。

国际职业体育俱乐部向来注重商务开发,它们以此作为俱乐部经营水平的体现,提高俱乐部的"造血"功能,创造稳定的收入来源。

(4)广告与赞助

广告与赞助收入也是职业体育俱乐部一项重要的收入来源,对于扩大俱乐部的影响,开展俱乐部营销,平衡俱乐部收支平衡具有极其重要的作用。俱乐部的广告赞助主要有球员运动服广告、场地广告、出让冠名权及其他广告赞助。曼联历史上最值得称道的两个广告赞助合同是:与耐克签下的为期10年、价值3亿英镑的赞助合同和1999年与恩宝签下的为期6年,价值0.95亿英镑的球衣广告合同。

除去以上四项收入来源外,俱乐部在球员转会上也可以得到一部分收入,这既可能是战术的需要,又可以平衡俱乐部的工资支出。有些俱乐部(像荷兰的阿贾克斯)就是以培养新星、通过出售球星获得收入来运转球队的。

2. 资金使用

职业体育俱乐部作为独立的经济实体,在俱乐部资金的使用上,基本原则是依据球队的运营收益,在满足日常开支的情况下,争取剩余资金去开拓更有活力的发展空间。俱乐部资金的支出主要包括:商务活动支出、训练竞赛活动支出、行政管理与场地设施支出、补贴转会球员的预留费及俱乐部人员的工资、奖金、保险和其他福利,其中最后一项是俱乐部最大的支出,约占总支出的一半以上。例如,NBA球员工资支出占球队市场营销毛收入的50%左右。2005年的新劳资合同明确规定,未来6年,NBA将保证球员得到联盟篮球事业收入的57%,以NBA 2005年总的篮球事业收入30亿美元计算,这意味球员将拿到17.1亿美元,而NBA联盟方面和各俱乐部坐享剩下的43%,约12.9亿美元。

(三)社会发展机制

职业体育俱乐部的发展需要两大基本条件的支撑,即资金条件和人才条件。

俱乐部只有保证资金的投入，才能得以生存、发展；俱乐部只有保证高水平后备人才和专业体育管理人员的补充和供给，才能得以长足发展。而这两方面又有赖于社会需求和社会支持，尤其是球迷对俱乐部的关爱和忠诚，可以说球迷是俱乐部最大的资产。因此，只有建立以球迷为核心的社会基础广阔的发展机制，职业体育俱乐部才能得以生存并获得长足的发展。让我们来看一下曼联在这方面的表现。

曼联的球迷遍及世界各地，曼联在英国和爱尔兰拥有 1 100 万球迷，在斯堪的纳维亚半岛为 340 万，在其他西欧国家为 960 万，在北美大约为 420 万，在澳洲和非洲为 400 万。不过，曼联最庞大的球迷队伍还是在亚洲，在亚洲曼联拥有将近 1 700 万的球迷，已经远远超过了英国本土(见图 3.1.5)。另外，曼联还拥有 15.1 万名会员，他们每年为俱乐部带来 250 万英镑的收入。在门票和俱乐部商品销售的过程中，曼联建立了一个数据库，其中搜集了 70 万球迷的数据资料。

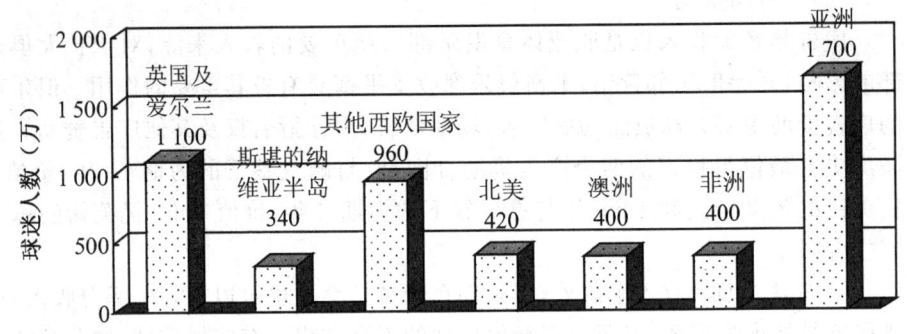

图 3.1.5　曼联俱乐部的球迷分布图

(四)联盟的约束机制

联盟的约束机制就是为了规范各职业体育俱乐部的行为，协调各俱乐部之间的矛盾，平衡俱乐部之间的实力，进而增加比赛的不确定性，保障联盟的整体利益最大化。在这方面做得最突出的是美国的 NBA 大联盟，表现在：

(1)通过球员合同和交易控制的权力，限制球队间对球员的无序竞争，避免球队间为争取球员而进行无序竞价。联盟特别控制天才运动员的分配以使各方势均力敌，确保比赛精彩，结果充满悬念，以保证比赛结果具有不确定性来吸引球迷。

(2)统一行动来接纳或拒绝新的球队，控制球队的数量和分布，保护俱乐部专属区域内的优势地位来减少俱乐部间的竞争，保护俱乐部的既得利益。

(3)控制全国性电视转播权，把俱乐部的电视转播权捆绑起来集体与媒体公司谈判、交易，这增强了俱乐部的谈判势力，能保护俱乐部的利益。

（4）规定球员最高工资，实行球员工资封顶，征收工资"奢侈税"。这一方面避免了俱乐部整体工资水平上涨过快，更主要是避免一些财大气粗的俱乐部疯狂囤积球星，使联盟各球队的实力维持相对的平衡，提高比赛的竞争性。

（5）联盟收益分享，表现为对竞赛水平高、经济实力强的俱乐部补贴，扶持弱小的俱乐部，保持经济实力上的平衡，以实现竞赛实力的平衡。

二、休闲俱乐部的管理模式

休闲俱乐部是面向大众开展各种运动、娱乐休闲活动的社会组织，也是国外大众休闲最主要的基层组织，一种高级的大众休闲组织形式。随着现代社会的发展，越来越多的人加入休闲俱乐部，进行各种休闲活动，并将其作为社交活动的一部分，以满足现代社会人们的心理需求。因此，作为能满足各种人群的不同需要的各类休闲俱乐部，以迅猛的态势发展起来。

（一）组织结构

1.委员会型

考察俱乐部的内部组织结构发现，大部分的俱乐部是以委员会的形式进行管理的。一个正规化的休闲俱乐部的内部组织结构，一般可以分为以下几部分（如图3.1.6所示）。

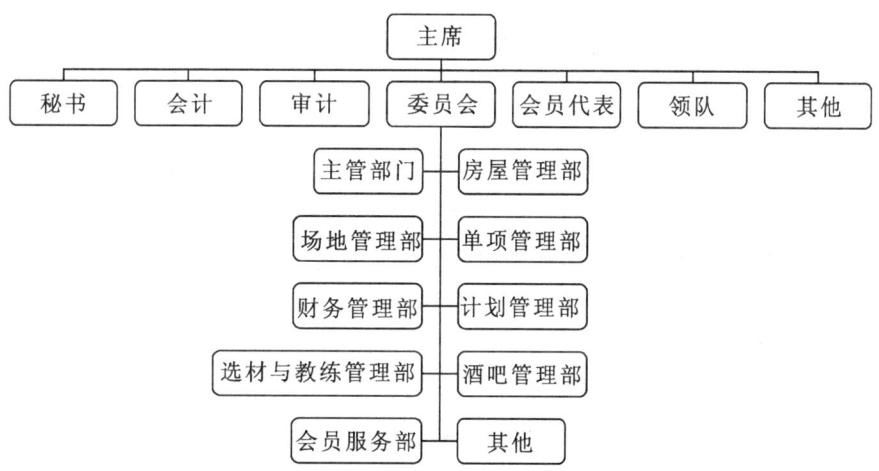

图 3.1.6 委员会型休闲俱乐部的组织结构框架

从图3.1.6可见，俱乐部的结构健全，分工细致，是一种系统化程度较高的组织形式。同时由于俱乐部这种组织形式本身就有自发、自主的特征，因此在西方大部分俱乐部发达的国家中，都采用了民主化的管理方式，特别是对那些志愿形成的非营利的俱乐部来讲，会员们可以自己选举俱乐部的管理者，自己讨论制定规章制度,俱乐部的各种活动都要向会员公开,包括俱乐部的财务状况。

2.公司型

休闲俱乐部发展到现在已经成了营利性的独立经济实体,因此,俱乐部一般采用更有效的现代公司型的组织结构。一提到公司,通常会想到股份制的形式。公司型的组织结构通常可以描述为:由俱乐部投资者组成俱乐部董事会,俱乐部董事长由董事会推选或指派,通常由出资最多的一方或由其指定代表担任。通常也会设监事会或独立董事来监督董事会及董事长的工作。董事会聘请总经理负责俱乐部的日常事务和运作,并对董事会负责。根据俱乐部规模、业务特点等的不同,总经理下面还可能会设分管副总经理。俱乐部设有主管具体业务活动的职能部门,并对总经理负责。其中,会员管理对俱乐部具有举足轻重的作用,只有提高全面的会员服务质量,吸纳更为广泛的会员,俱乐部才能做到盈利和长足发展。图 3.1.7 展示了一个简单的公司型休闲俱乐部的组织结构。

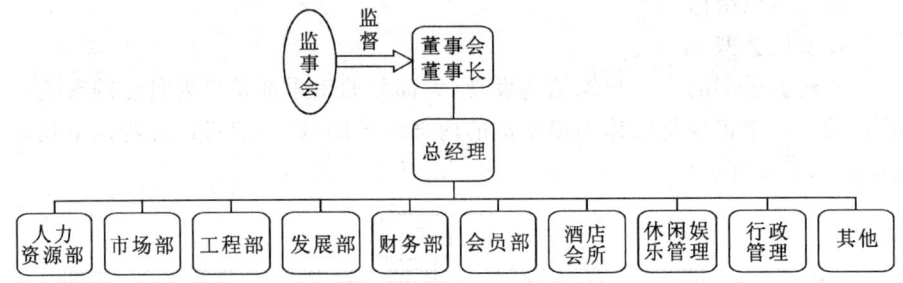

图 3.1.7 公司型休闲俱乐部的组织结构框架

从图 3.1.7 可见,公司型的组织结构在组织运行的有效性、权力监督、激发员工活力、广泛融资等方面更符合作为独立经济实体的现代休闲俱乐部。

这里都涉及俱乐部会员的问题。下面就阐述俱乐部的会员管理。

(二)会员管理

休闲俱乐部一般都实行会员制的管理体制,其营业对象主要是加入本俱乐部的会员。据调查,休闲俱乐部的经营形式 66.7% 采用会员制,会员制与临时顾客相结合的占 21.5%,完全临时顾客的只占 11.8%(如图 3.1.8 所示)。

1.资格限制

各种各样的休闲俱乐部往往对加入俱乐部的人员设置一定的限制条件,如年龄、性别、身体条件、支付能力等,这是由俱乐部提供服务的特殊性决定的。目前,世界上已有各种规模的游艇俱乐部数百家,它们的组织形式一般采用会员制。要成为游艇俱乐部的会员,其身份、地位都须经严格审查,其会员主要包括:银行家、投资家等资产拥有者;企业拥有者;贸易公司、国际大商号等拥有者;政

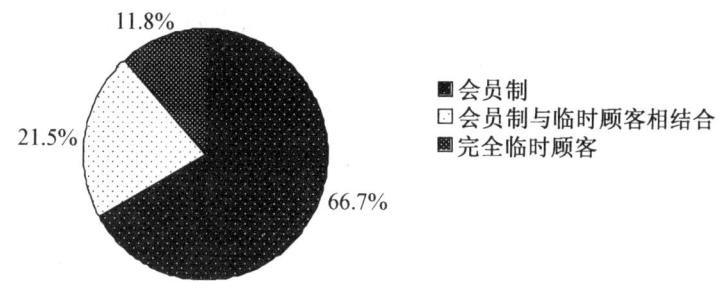

图 3.1.8 休闲俱乐部的经营形式分布

界、军界巨子和社会名流等。会员有名誉会员、公司会员(法人会员)、个人会员之分,除名誉会员外,公司和个人会员都须交纳会员费。

也有例外。有些休闲俱乐部对会员没有特殊的限制。例如,曼哈顿西区网球俱乐部(WSTC)严格遵守权利平等的原则,会员不受年龄、性别、种族、宗教信仰、民族、出身或身体状况等的限制。

2. 会员申请程序

休闲俱乐部在会员申请程序上是各异的。一般情况下,在会员入会办法和章程上都有具体详细的说明。在符合俱乐部会员资格的基础上,通过一定的程序就可以申请加入俱乐部。例如,要申请加入曼哈顿西区网球俱乐部(WSTC),只要符合俱乐部会员章程,就可以在每月两次的茶会上申请。这里涉及下面要讲的会员费用问题。

3. 会员费用

不同的休闲俱乐部,会员的费用是各不相同的,这与休闲俱乐部提供的服务相关。一般情况下,在会员入会办法和章程中,根据申请人的年龄、会员的类型、享受服务的档次等收取不同的费用。例如,要参加地中海俱乐部[①]的行程必须是会员,通常的入会费标准折合人民币 250 元左右,必须缴纳会费,因为其包含保险费,与会员权益有关。会员有效期是一年,会员续会费为人民币 170 元左右。

4. 会员服务

为会员提供全面服务,培养会员忠诚度,是一个休闲俱乐部顺利经营的保证。

例如曼哈顿西区网球俱乐部(WSTC)为自己的会员提供全面而周到的服务,根据顾客需要,不断健全俱乐部会所的设施,开发新的项目,让会员有宾至如归的归属感,培养了顾客的忠诚度。俱乐部每年为会员提供的各种有趣活动有:

---

① 地中海俱乐部位于法国地中海之滨,是唯一的全球连锁度假村。

• 观看日落、举办私人宴会、个人生日派对、主办婚礼、社交活动、假日休闲庆祝活动,有时还为会员提供旅游机会。

• 播放优秀运动员在网球比赛中的经典片段。

• 在一些重要节日里,举办特殊的庆祝会:为纪念日(像劳动节)举办的充满乐趣的BBQ;为情人节、复活节、母亲节、父亲节、感恩节和新年前夕而准备的晚宴,以及为一些社会性的节日(比如品酒节)而设的特殊晚宴等。

• 为孩子们提供各种娱乐活动,每周为他们举行一次野营活动,并为3~8岁的孩子提供网球运动。

• 为会员提供健身房,健身房内健身设施齐备,会员可以在打球以外的时间去健身房,锻炼身体,加强会员间的交流,增进感情,这也是俱乐部的收入来源。

5. 一个原则——自愿性

是否加入休闲俱乐部,完全建立在自愿的基础上,目的是为了个人的健康和快乐,而非外界强迫所致。这是俱乐部会员管理中一项很重要的原则,这体现了休闲俱乐部向会员出售"休闲"、"体验"的服务宗旨。

(三)经营运行机制

1. 传统休闲俱乐部的经营运行机制

在国外传统的休闲俱乐部中,大部分是由会员或志愿人员业余或义务为俱乐部工作,有特殊专长的会员作为指导来辅导大家进行体育活动,俱乐部的各项活动以社区为依托来展开,很多公益性俱乐部的活动场地及设施也是由社区学校或政府免费提供。

(1)市场收益渠道

俱乐部收入来源的社会化成为其突出的一个特点。许多休闲俱乐部除了开展休闲活动外,还开设酒吧、商店和各种娱乐项目,有的俱乐部还有下设的公司,俱乐部尽最大可能来拓宽资金筹集渠道。其主要收入来源包括:①会员费(包括入会费);②酒吧收入(包括酒类、各种快餐等);③举办游戏、录像、博彩等娱乐活动的收入;④举办比赛的收益;⑤出售包括饮料,食品,运动服装、设备及一些带有俱乐部标志的商品的收入;⑥出租俱乐部设备、房屋的租金;⑦地方政府的贷款、赞助、税收补贴等形式的补助;⑧来自会员或外部组织的捐赠;⑨广告收入;⑩债券(有的俱乐部可以发行);⑪通过各种社会渠道和会员关系获得的商业赞助;⑫俱乐部在其他领域投资的收益;⑬举办一些社会活动的收入(包括杂货拍卖、举办趣味体育日等)(如图3.1.9所示)。由此可见,传统的休闲俱乐部已不仅只是一个为人们提供体育服务的场所,而发展为一种社会的经营体系,它在发挥自身经营能力的基础上,充分挖掘着社会各种资金来源渠道。

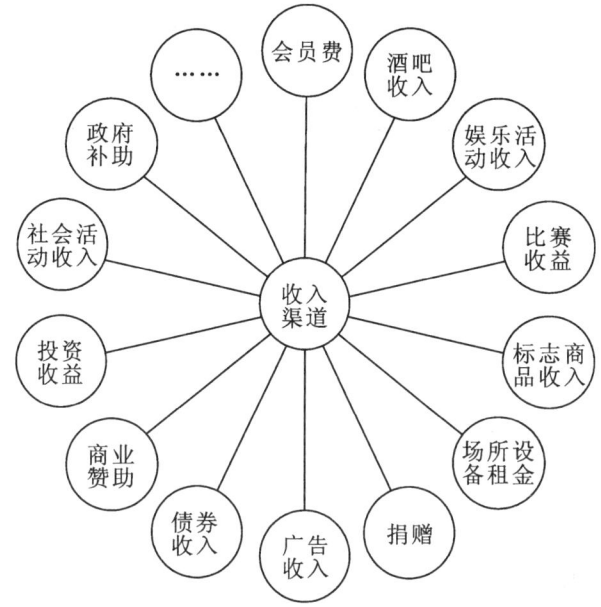

图 3.1.9 传统休闲俱乐部的收入渠道

(2)资金使用

传统休闲俱乐部在资金使用上,坚持财务收支平衡的原则,尽最大可能把资金投入到会员服务上去。俱乐部主要的资金支出包括:开展休闲娱乐活动及社会活动的费用;工作人员的工资、福利等支出;场所、设备维护费用;其他会员服务支出等,其中第一项的支出占多数。

2.现代休闲俱乐部的经营运行机制

现代休闲俱乐部在继承了传统休闲俱乐部服务的休闲性、娱乐性基础上,也在扩展自身的经营范围,凸现出休闲俱乐部经营的商业性、营利性。它们一般以公司的形式建立组织结构,具有营利导向性。其市场收入渠道宽广,资金使用有序。

(1)市场收益渠道

现代休闲俱乐部在营利导向下,以为会员服务为核心,扩大经营范围,因此,其收入来源也具有广阔的社会性。它包括了以上所阐述的传统休闲俱乐部的收入来源(在此不再赘述)。下面我们还以曼哈顿西区网球俱乐部(WSTC)的具体实例来谈现代休闲俱乐部的市场收益。

WSTC 费用来源以会费为主,其他为辅。俱乐部经营项目种类较多,其收费包括:出售各种大型的网球锦标赛、公开赛、木地网球公开赛、夜间赛等门票;举办音乐会、华尔兹舞会门票;游泳池的使用费;各项课程的培训费;娱乐设施的使用费;餐饮费;WSTC 的世纪基金;草场费;室内网球费;木地网球费以及客人的接待费等。其具体的收费标准如表 3.1.1 所示。

表 3.1.1 WSTC 的收费标准一览表

网球会员	单身	$3 169/年	26~30 岁:$2 065/年
			19~25 岁:$1 518/年
			8~18 岁:$1 104/年
	结婚夫妇	$5 392/年	26~30 岁:$3 526/年
			19~25 岁:$2 634/年
	家庭	$6 204/年	
	单亲家庭	$3 984/年	
非网球会员	单身	$908/年	
	结婚夫妇	$1 408/年	
	家庭	$2 364/年	
	单亲家庭	$1 455/年	
游泳池	单身网球会员	$400/年	
	单身非网球会员	$650/年	
	孩子	$100/年	
音乐会门票、入场费	由于举办活动的规模不确定,收费标准不一样,根据举办的规模来具体确定		
其他费用	餐饮费	$600/年	
	WSTC 世纪基金	$30/月	
	包裹寄存费	$50/年	
	草场运动费	$16/两小时·人	
	晚间网球费	$10/两小时·人	
	木地网球费	$12/两小时·人	
	接待费	$15/次(周一到周四下午) $25/次(周二到周六和假期) 儿童半价	
	室内网球费	形式不同,收费方式也不同,根据实际情况收费	

一些重要的收入来源及其他的收入来源说明如下:

· 门票费

俱乐部每年举办大量的网球公开赛、锦标赛、冠军赛等,这些赛事的举办,吸引了大量球迷的观看和参加,门票销售紧俏,收入也是大幅度增加。因此门票费是一个主要的收入来源。

· 音乐会的门票

对 WSTC 来说,音乐会是一个神话,尤其是华尔兹音乐舞会,能够吸引众多的会员及非会员的参与,因为音乐会能够请到大量的知名音乐人和舞蹈家,这无形中增加了音乐会的吸引力,同时也增加了俱乐部的收入。

• 赞助费

WSTC 受到很多公司、企业的赞助和支持,有大量的赞助商,像 Jacob&Co.、CD101.9、Panasonic、the Verve Music Group 等一直是 WSTC 和 USTA 各项活动的赞助者,此外,American Airlines、Doriet Tennis Apparel、New Sun Health Drink、Tennisweek.com、Queens Ledger Newspapers、Marriott Fairway Villas at Seaview、Orange V Vodka、Arizona Beverages、Pernod Ricard USA、Health Gain 和 TMK Sports & Entertainment、LLC 等也是俱乐部的赞助者。

• 游泳费

为满足会员需要,俱乐部常建有小型的综合游泳池。此外,为方便会员,还配备了相应的教练员进行授课,并收取一定的费用。

集体课程:会员 $40.00(4 周课时);非会员 $56.00。

私人课程:会员 $35.00 (半小时课);非会员 $40.00。

(2)资金使用

现代休闲俱乐部具有传统休闲俱乐部的资金流向,以使财务收支平衡,并能为俱乐部开拓发展空间留有充裕的资金为原则,以会员服务为核心,规划俱乐部自身的资金使用方案。俱乐部主要的资金支出包括:开展休闲娱乐活动及社会活动的费用;股东分红;工作人员的工资、福利等支出;场所、设备维护费用;其他会员服务支出等。相对于传统休闲俱乐部,现代休闲俱乐部在资金支出上更注重俱乐部的长足发展,员工的工资、福利等支出的比重也有很大程度的增加,并且资金支出增加了股东分红。

比如,先前讲的曼哈顿西区网球俱乐部(WSTC),其经费主要用于举行大型的公开赛或锦标赛等比赛。比赛结束时为获胜者颁发奖金、奖品等都需要大量的资金。此外,经费还用于设备更新,以及进行相关项目的开发和基础设施的建设等。

(四)商业性休闲俱乐部发展的一个重要模式——连锁化经营

扩张分为纵向扩张和横向扩张,这成为一家企业实现竞争力提升、扩大市场份额面临的两种选择,纵向扩张有助于降低交易成本,而横向扩张有助于实现规模经济,开拓市场份额。对于休闲俱乐部来说,销售链条短,纵向扩张技术难度大,资金要求高,而横向扩张可以充分发挥品牌及人力资源优势,又有利于品牌建设,扩大市场份额,实现规模经济。因此,采取横向扩张,开展集团化、连锁化经营,成为休闲俱乐部发展壮大的一个重要模式。

俱乐部企业成立俱乐部连锁组织或管理集团,俱乐部会员可以在所有连锁俱乐部享受服务,这样就扩大了会员享受服务的范围,增加了会员的利益,从而增加了俱乐部的吸引力。

据统计,当今美国排名前25位的商业性运动休闲俱乐部都开展连锁化经营,其中排名前5位的企业都有250家以上的分支企业,最大的一家美国俱乐部系统(ACS)有661个分支企业。

让我们来看一下世界知名健身俱乐部的连锁之路。

祖籍英国的健乐菲力斯第一健身俱乐部(FITNESS FIRST CLUB)是目前欧洲最大的健身俱乐部控股公司——FITNESS FIRST PLC.投资建立的。对于采取护照会籍制度的健身俱乐部来说,连锁俱乐部数量越多,范围越广,会员旅行时选择的自由度和享受服务的方便度就越大。健乐菲力斯考虑到这一点,选择了横向连锁扩张的发展模式。1996年成立俱乐部上市公司是健乐菲力斯横向扩张中一个非常重要的转折点,上市使俱乐部拥有了更强的筹资能力,为它实现超速连锁扩张提供了强大的经济支持。从1993年的第一家俱乐部,到1996年的6家俱乐部,再到2005年的450家俱乐部,经过短短十几年的时间,FITNESS FIRST PLC.就在全球全资拥有超过450家同名连锁健身俱乐部,遍及欧洲大陆、亚洲、澳大利亚、英国等15个国家。其中,英国有166家,欧洲大陆有173家,澳大利亚有41家,亚洲有45家。公司在中国大陆直接投资建立的首家俱乐部于2001年11月在上海开业,它在香港也拥有7家健身俱乐部。到目前为止,健乐菲力斯约有120万会员。健乐菲力斯通过连锁占领了世界范围内的市场,使它的健身之门不仅向欧洲敞开,也渐渐向世界敞开,使其获得了更高的知名度和更广阔的发展空间。遍及全球的连锁俱乐部经营及护照会籍制度的实施,使健乐逐渐成为健身者名副其实的国际家园。

在俱乐部经营中不仅要扩大服务的范围,还要增加服务的内容,也就是增加会员的利益。例如,由美国俱乐部管理集团与中信房地产公司通过合作方式建立起来的北京京城俱乐部,不断扩展服务领域,增加会员利益。它主要向会员提供商务会议、餐饮和健身娱乐等服务,但由于地处市中心,场地比较狭小,很多健身娱乐活动(如网球、高尔夫球项目)不便开展,而这些项目又是高档俱乐部不可缺少的,因此俱乐部与朝阳网球俱乐部和京郊数家国际高尔夫球场建立了合作关系。俱乐部不仅与这些行业建立了广泛的合作关系,而且还在其他领域扩展服务,如俱乐部与会员制的和睦家医院建立了合作关系,俱乐部的会员在和睦家医院看病可以享受如医院自己会员一样的服务,并享受价格上的特别优惠。

总之,采取连锁方式扩大了俱乐部的服务范围,增加了服务项目,提高了俱乐部竞争力和盈利能力,是增加俱乐部对会员的价值,吸引顾客加入俱乐部,或保持俱乐部会员的一个重要手段。

休闲俱乐部发展到现代越来越具有商业性色彩,接下来我们将进入商业俱乐部,对其管理模式进行详细的分析。

三、商业俱乐部的管理模式

商业俱乐部存在很难界定的问题,它与其他类型的俱乐部在划分上存在着交叉。比如,休闲俱乐部中的商业性运动休闲俱乐部就可以划分到商业俱乐部中。因此,很难归结出商业俱乐部的一般管理模式。

在本部分对商业俱乐部的管理模式的分析中,将以典型的健身俱乐部来分析运动型商业俱乐部,以汽车俱乐部来分析商务型商业俱乐部。

(一)运动型商业俱乐部的管理模式

运动型商业俱乐部是以提供体育休闲娱乐服务为载体,进行商业化运作的现代新型俱乐部,与前面分析的商业性运动休闲俱乐部存在很大的相似性。

1.组织结构

运动型商业俱乐部作为营利性的独立经济实体,一般采用现代企业的公司型组织结构。这种类型的组织结构通常为:由俱乐部投资者组成俱乐部董事会,俱乐部董事长由董事会推选或指派。通常也会设有监事会或独立董事来监督董事会及董事长的工作。董事会聘请总经理负责俱乐部的日常事务和运作,总经理对董事会负责。根据俱乐部规模、业务特点等的不同,总经理下面还可能设有分管副总经理。俱乐部设有主管具体业务活动的职能部门,其对总经理负责。

下面就以现代发展迅猛的健身俱乐部的一个简单的组织结构来具体描述这一类型的俱乐部(如图 3.1.10 所示)。

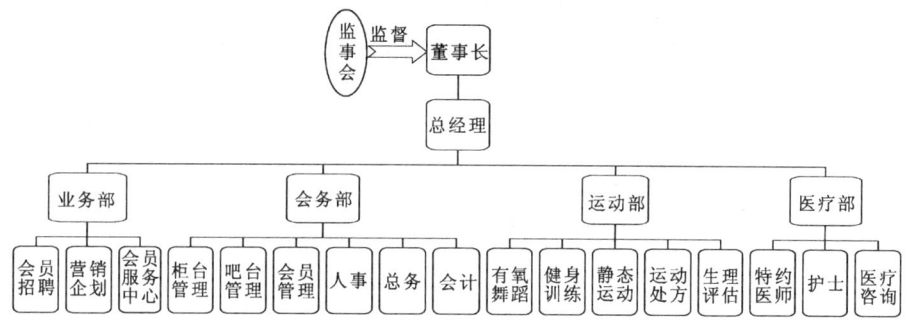

图 3.1.10 健身俱乐部组织结构框架

2.会员管理

在休闲俱乐部部分,已经对会员管理有详尽的阐述,鉴于运动型商业俱乐部的会员管理与之有很大的相似之处,本部分只做简要的说明。

(1)资格限制

对俱乐部会员资格是否有限制,要由俱乐部所提供服务的特殊性,俱乐部的经营理念、发展战略等所决定。一般情况下,运动型商业俱乐部会对加入俱乐部的人员设置一定的限制条件,如年龄、性别、身体条件、支付能力等。比如在健身俱乐部,由于健身运动的特殊性,对会员的年龄、身体条件、支付能力就有一定的限制。然而,对一些大众性的运动型商业俱乐部、倡导平等理念的俱乐部,其对会员没有特殊的限制。比如,美国俄亥俄州辛辛那提市的女王城网球健身俱乐部(Queen City Racquet and Fitness Club)对它的会员就没有明确的特殊限制,但有可能在运动性质、会费等方面对会员申请人的加入形成无形的壁垒。

(2)会员申请程序

运动型商业俱乐部不同,会员申请程序也不同。一般情况下,在会员入会办法和章程上都有具体详细的说明。在符合俱乐部会员资格的基础上,通过一定的程序就可以申请加入俱乐部。如申请加入女王城网球健身俱乐部的人只要赞同俱乐部章程,在线填写一份申请表,通过俱乐部的审核,确定会员类型,再交纳相应会员类型的会费就可以成为俱乐部的会员。

此外,在国外,一些发展成熟的运动型商业俱乐部尤其是健身俱乐部十分注重会员的体验,把其入会流程作为其体验、展示、营销的平台。从下面某国健身俱乐部的入会流程可窥一斑:

A. 电话预约,网上申请,联系本俱乐部会籍顾问。

B. 预约来俱乐部参观。

C. 前台填写《来宾资料卡》。

D. 根据来宾具体情况,由俱乐部会籍顾问带领参观并讲解。

E. 利用《健身投资计划表》与会籍顾问确认健身计划表。

F. 填写《会员申请表》。

G. 凭会籍顾问填写的消费凭单在前台收银处交纳入会费及会籍费。

H. 到制卡处拍照,录入您的基本资料。

I. 取会员卡,会员确认函,交纳领卡押金。

J. 领取《会员手册》。

(3)会员费用

运动型商业俱乐部不同,会员的费用也各不相同,这与运动型商业俱乐部提供的服务相关。一般情况下,在俱乐部会员管理制度中,会根据申请人的年龄、会员的类型、享受服务的档次等收取不同的费用。还是以女王城网球健身俱乐部为例,该俱乐部就是按照会员类别的不同按月交纳会员费用,并在同一会员类别中设立不同的会费标准,每一会费标准对应不同额度的启动费。值得指出的是,该俱乐部通过称为 CHECKFREE 的计划来收取会员费用和其他费用，会员不再以信用卡或现金的形式交纳会费及其在俱乐部的消费，这种支付方式既方便又安全，会员只需在账单上签字即可。这给会员带来了极大的服务附加值。下面的表 3.1.2 给出了该俱乐部的会费标准(注：此会费为 2006 年 5 月 1 日的标准)。

表 3.1.2　女王城网球健身俱乐部会费标准一览表

会员类别	会费标准(按月交纳)
个人会员	$59.95($75 启动费*)
	$49.95($150 启动费)
	$39.95($250 启动费)
	现有会员(至少 1 年)$39.95($150 启动费)
家庭会员	$89.95($75 启动费)
	$69.95($275 启动费)
	$59.95($400 启动费)
	现有会员(至少 1 年)$59.95($250 启动费)
青年会员(21 岁及以下)	$25($75 启动费)

* 启动费为一次性费用，会员退会则返还。

(4) 会员服务

全面而周到的会员服务和高度忠诚的会员是一个会员制俱乐部经营发展的根基。运动型商业俱乐部同样注重建立健全会员管理制度，根据顾客需要，不断健全俱乐部会所的设施，开发新的项目，完善会员服务，让会员有宾至如归的归属感，培养会员的忠诚度。如在女王城网球健身俱乐部，俱乐部赋予会员多样的优惠：室外网球免费，短网拍墙球、壁球免费，球机免费，舍宾、瑜珈、有氧运动和普拉提课程免费。同时，俱乐部非常注重提升会员的价值体验，比如以上提到的 CHECKFREE 计划的推行就给会员带来了超值的价值体验。

(5) 一个重要工具——信息反馈系统

提高会员服务质量，培养会员的忠诚度，很重要的一方面就是加强俱乐部同会员之间的沟通。因此，俱乐部应该以积极主动的态度，充分了解会员意见和反映，向会员介绍各种自办活动并邀请会员参加，加强俱乐部与会员之间的互动。为达到这样的效果，建立信息反馈系统就成了会员管理中最好的沟通工具。

在信息反馈系统中，一个非常重要的方面就是沟通方式。沟通方式的多样、有效，有助于信息反馈系统在会员管理中充分发挥其应有的作用。在信息反馈系统中会采用如图 3.1.11 所示的沟通方式。

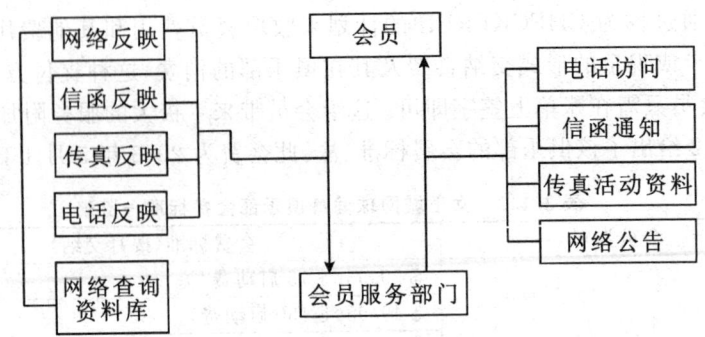

图 3.1.11　俱乐部与会员的沟通方式

如图 3.1.11 这样一个信息反馈系统主要解决会员管理中如图 3.1.12 中所示的服务项目。

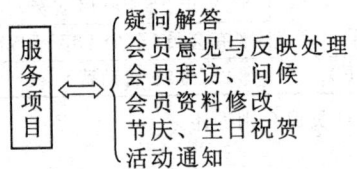

图 3.1.12　信息反馈系统解决的服务项目

总之,在会员管理中做好俱乐部会员的信息反馈管理,以各种有效的沟通形式达成俱乐部与会员之间的双向信息联系,以提高服务质量和会员的满意度,最终提高会员对俱乐部的忠诚度。

3.经营运行机制

运动型商业俱乐部作为以提供体育休闲娱乐服务为载体,进行商业化运作的现代新型俱乐部,属于营利性的独立经济主体。其经营运行遵循的是现代企业的机制,在以提供运动休闲服务为服务核心的基础上,进行相关多元化经营,因此,其市场收益渠道同样是多元的,资金使用同样是有序的。

(1)市场收益渠道

运动型商业俱乐部作为营利性的经济实体,以会员服务为核心,开展相关多元化经营,因此,其收入来源也是多渠道的。

通常其收入来源可归结为:会员费;举办比赛、娱乐活动及社会活动的收益;酒店、会所及餐饮方面的经营收入;出售运动服装、设备及一些带有俱乐部标志的商品的收入;出租俱乐部会所、设备的租金;商业赞助;场地广告收入;俱乐部在其他领域投资的收益……

接下来我们以美国 Forest View Racquet and Fitness Club 2004~2005 年度的收入来源为实例来说明运动型商业俱乐部的收入来源情况(图 3.1.13)。

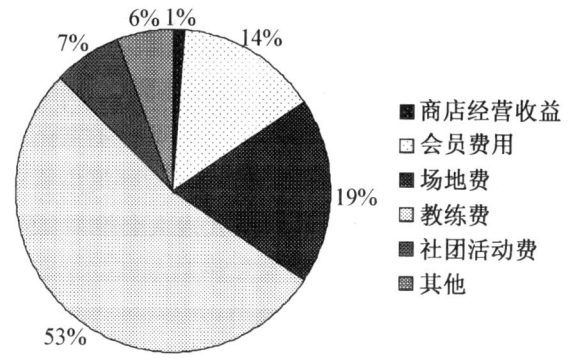

图 3.1.13　Forest View Racquet and Fitness Club 2004~2005 年收入来源

(2)资金使用

在资金使用上,运动型商业俱乐部以盈利为目的,以财务收支平衡为原则,以会员服务为核心,着眼于为俱乐部长远发展提供充裕的资金,来规划俱乐部自身的资金使用方案。俱乐部主要的资金支出包括:举办比赛、运动休闲娱乐活动及社会活动的费用;股东分红;员工的工资、福利、保险等支出;场所、设备维护费用;会员管理支出;其他会员服务支出等。

(二)商务型商业俱乐部的管理模式

商务型商业俱乐部作为提供纯粹商务性服务的俱乐部,与运动型商业俱乐部区别开来。这种类型的俱乐部以提供各种服务为载体,开展营利性的经营活动,因此,可以把它看成一种服务型的现代企业(虽然它比一般的服务型企业负有更多的社会责任)。下面通过对全德汽车俱乐部[①]实例的引用可以看出商务型商业俱乐部的这一特性。

1.组织结构

类似于服务型现代企业的商务型商业俱乐部通常采取现代企业的组织结构,一般的组织结构形式为公司型(在前文中已有多次论述,在此不再说明)。

商务型商业俱乐部的服务类型不同、规模不同、历史沿革不同、发展战略不同,其组织结构存在着一定的差异性和特殊性。在此引用全德汽车俱乐部(ADAC)的组织结构来对这一类型的俱乐部做具体化的分析。

全德汽车俱乐部共设立有 18 个地区性汽车俱乐部,负责 ADAC 各项服务业务在各个地区的开展、会员管理与发展和救援业务的协调。在 18 个地方性俱

---

① 简称 ADAC,总部位于德国慕尼黑,是一家集信息服务、路援服务、金融服务为一体的综合性商业俱乐部。

乐部下设有179个次级的办事处,负责全国范围内的全方位服务。在全国范围内设立8个呼叫中心,以便俱乐部能及时得到求救信息,及时有效地进行救助。俱乐部的最高领导机构是每年召开的会员代表大会,由各个地区俱乐部根据其会员人数在会员总数中所占的比例,分派相应名额的代表参加会员代表大会。会员代表大会选举出一个8人主席团,由8人主席团负责俱乐部发展战略及规划,其职责就相当于董事会。俱乐部主席由会员代表大会推举,经8人主席团审议通过,负责平时的俱乐部管理运作(如图3.1.14所示)。

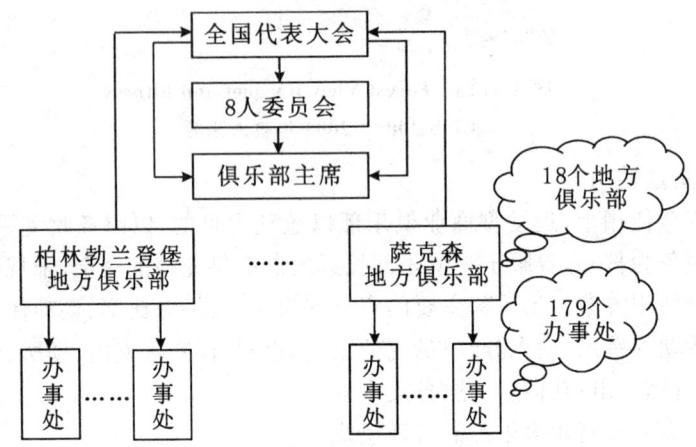

图 3.1.14　全德汽车俱乐部的组织结构框架

2. 会员管理

对商务型商业俱乐部来说,会员管理对俱乐部的经营、拓展具有重要的作用。只有拓宽俱乐部的会员服务层面,进行全面而周到的会员服务,俱乐部在竞争中才具有优势,才能巩固盈利的基础。

(1)资格限制

俱乐部所提供服务的特殊性,俱乐部的经营理念、发展战略等决定了对俱乐部会员资格是否有限制以及有什么样的限制。一般情况下,商务型商业俱乐部对俱乐部会员资格有较少的限制条件,只是在诸如年龄、成员身份[会员是否俱乐部所提供服务的业内人士(有的俱乐部无此限制)]、支付能力等方面做出一定的限制。比如,澳大利亚悉尼的美洲人俱乐部(The American Club)在它的会员资格中规定,只要是年满21周岁的任何国籍的任何人都可以申请加入俱乐部。

(2)会员申请程序

会员申请程序因商务型俱乐部的差异而不同。一般情况下,在会员入会办法和章程上都有详细的说明。在符合俱乐部会员资格的基础上,通过一定的程序就可以申请加入俱乐部。如美洲人俱乐部(The American Club)在它的会员章程中详细规定会员申请程序:会员申请人填写完整的申请表(附上大纲)送交俱乐部秘书处,然后被邀请同俱乐部委员会成员面谈,在面谈的4小时内即可得到是否被接收的通知,通过俱乐部的审核后会员按照会员类别交纳相应的会费和订金即可成为该俱乐部的会员。当然,会员必须遵守俱乐部的规章制度。

(3)会员费用

会员的费用在商务型俱乐部之间及其内部存在着很大的不同。在俱乐部之间,服务的差异带来了会员费用的差异;在俱乐部会员管理制度中,会根据申请人的年龄、会员的类型、享受服务的档次等收取不同的费用。如美洲人俱乐部(The American Club)将会员分成普通会员、公司会员、青年会员和附属会员四种类型,其会费标准也各不相同(如表3.1.3所示)。

表 3.1.3 The American Club 的会员费用标准

会员类别		会员费/年	年度订金
普通会员		$550	$1 298
公司会员(至少3人)		$1 650	$869/人
本土和洲际会员		$363	$517
青年会员 (会员子女)	21～30 岁	$221	$440
	31～36 岁	$221	$649
青年会员 (普通)	21～30 岁	$275	$440
	31～36 岁	$275	$649
	附属会员	无	$198

(4)会员服务

会员作为会员制俱乐部的衣食父母,全面而周到的会员服务,对商务型商业俱乐部具有极其重要的作用。因此,俱乐部应建立健全会员管理制度,根据会员需要,不断健全俱乐部会所的设施,开发新的项目,完善会员服务,培养会员的忠诚度。如美洲人俱乐部(The American Club)依据会员年龄层、经济承受能力和服务需求的不同划分出四种会员类型,做到了对不同的年龄层在经济可承受范围内提供所需的服务。俱乐部为会员安排了特殊的商业会谈:会员可以同澳大利亚的商业领袖交谈;优雅的就餐环境还可以为会员提供私人的、个性化的餐饮服务;俱乐部还为会员提供多种多样的社会活动,既可以扩展会员的人脉,又为会员提供高档的休闲娱乐;现代、快捷、设施完备的商务中心能够更好地满足会员的商务需要;贴心的预订服务使会员更加舒心;与澳大利亚及世界其他地区多达295家类似俱乐部建立互惠合作关系,使会员走到哪里都能享受到放心、舒心的服务,让会员体验到俱乐部服务超值的一面。值得一提的是,在美洲人俱乐部中,除附属会员外,其他会员还享有俱乐部事务的投票权,这使会员感觉到俱乐部家的温暖。

3.经营运行机制

商务型商业俱乐部作为提供纯粹商务性服务,进行商业化运作的现代新型俱乐部,属于营利性的独立经济主体。其经营运行遵循的是现代企业的机制,在提供俱乐部核心服务的基础上,扩展服务内涵,进行相关多元化经营,因此,其市场收益渠道同样是多元的,资金使用同样是有序的。

(1)市场收益渠道

商务型商业俱乐部作为营利性的经济实体,以会员的商务服务为核心,开展相关多元化经营,因此,其收入渠道是广阔的。通常其收入来源可归结为:会员费;举办娱乐活动及社会活动的收益;扩展服务的收费;出租俱乐部场所、设备的租金;商业赞助;政府的补贴;俱乐部在其他领域投资的收益……例如,ADAC就是以会员费为主要的收入来源,截至2004年底,该俱乐部会员总数首次超过1 500万,会费收入则高达约5.2亿欧元。俱乐部在汽车培训、汽车租赁、会员购车检测上也有收入。自20世纪70年代开发出金融服务(信用卡和保险)以来,金融服务就成了俱乐部主要的盈利点并成为俱乐部未来发展的方向。比如,提供的交通法律保险,这项服务的费用为250欧元。俱乐部在信用卡、储蓄和个人理财中也获得了很高的收入。

(2)资金使用

在资金使用上,商务型商业俱乐部同样是以盈利为目的,以财务收支平衡为原则,以会员服务为核心,着眼于为俱乐部长远发展提供充裕的资金,来规划俱乐部自身的资金使用方案。此类型俱乐部主要的资金支出可归结为:举办娱乐活动及社会活动的费用;股东分红;员工的工资、福利、保险等支出;场所、设备维护费用;信息采集费用;会员管理支出;其他会员服务支出等。比如,ADAC在扩展自身的收入渠道的同时,也在增加着自身的资金支出项目,即每一笔收入意味着每一笔支出。如俱乐部的汽车救助,特别是直升机医疗救助、新车检测、大范围的道路信息采集等服务都需要很大的成本支出。

(三)商业俱乐部发展的一个运营模式——电子商务化

随着电子技术和因特网的发展,信息技术作为工具被引入到商贸活动中,产生了电子商务。现代生活中,随着人们工作压力、时间压力的增大,以及网络的普及,人们越来越多地考虑通过电子商务的方式进行商业俱乐部服务的消费。对此,我们要把握住时代的潮流,将商业俱乐部的运营和电子商务结合起来,充分运用信息时代的各种便利工具为俱乐部的发展提供有利条件。

按照目前的具体情况分析,电子商务与商业俱乐部的结合应用可提供网上交易和管理等全过程的服务,它具有广告宣传、咨询洽谈、网上支付、电子账户、服务传递、意见征询六方面的功能。

1. 广告宣传

商业俱乐部可凭借电子商务的网页浏览功能,在 Internet 上发布各类信息。消费者可借助网上的检索工具迅速地找到所需信息,而俱乐部可利用网上主页和电子邮件在全球范围内作广告宣传。与以往的各类广告相比,网上的广告成本最为低廉,而给顾客的信息量却最为丰富。

2. 咨询洽谈

电子商务可借助非实时的电子邮件(E-mail)、新闻组(News Group)和实时的讨论组(Chat)来了解市场和商品信息、洽谈交易事务,如有进一步的需求,还可用网上的白板会议(Whiteboard Conference)来交流即时的图形信息。网上的咨询和洽谈能超越人们面对面洽谈的限制、提供多种方便的异地交谈形式。这一点,特别为俱乐部的连锁经营提供了有力的通信技术支持。

3. 网上支付

电子商务要成为一个完整的过程,网上支付是重要的环节。消费者和俱乐部之间可采用信用卡账号进行支付。在网上直接采用电子支付手段可节省交易成本。但是,网上支付需要更为可靠的信息传输,要进行安全性控制,以防止欺骗、窃听、冒用等非法行为。

4. 电子账户

网上支付必须有电子金融来支持,即银行或信用卡公司及保险公司等金融单位要为金融服务提供网上操作的服务,而电子账户管理是其基本的组成部分。信用卡卡号或银行账号都是电子账户的一种标志,而其可信度需配以必要技术措施来保证。

5. 服务传递

俱乐部应将已付款的商品尽快地配送到消费者手中,电子邮件将能在网络中进行物流的调配。而最适合在网上直接传递的产品是信息产品,如俱乐部服务项目的相关知识(安全知识、相关法律知识、常识等)、俱乐部活动信息等。这将为消费者提供更好的服务,提高自身的信誉。

6. 意见征询

电子商务能十分方便地采用网页上的"选择"、"填空"等格式文件来收集消费者对服务的反馈意见,这样使商业俱乐部的市场运营能形成一个封闭的回路。消费者的反馈意见不仅能提高服务的水平,更能使俱乐部改进服务、发现商机。

以商业俱乐部应用信息为平台,实施电子商务,对提高商业俱乐部的服务水平和竞争力有很大帮助。从单纯的现实消费转换到电子商务的电子消费,实现面向终端消费者的商务服务,是商业俱乐部发展的一个方向。因此,建议商业俱乐部顺应时代潮流,应用电子商务进行营销管理,以求进一步的发展。

第二节 国内俱乐部管理模式

一、职业体育俱乐部的管理模式

长期以来,我国体育运动的发展一直采取国家投资、集中统一行政管理的"举国体制"。尽管这种体制使我国竞技运动取得了长足的进步,但是随着竞技运动改革的深入发展,其缺陷也日益显露出来。1992年的红山口会议拉开了我国体育界改革的帷幕。体育界以足球项目为试点,进行职业化改革,告别了计划经济时代的专业队体制,开创了与社会主义市场经济相适应的俱乐部体制。可以说,体育俱乐部是在我国建立社会主义市场经济体制、进行体育体制改革中涌现出来的一种新的体育组织形式。下面就对处在风头浪尖上的我国职业体育俱乐部的管理模式进行阐述。

(一)组织机制

1.管理体系

长期以来我国对运动项目的管理方式是由体育行政部门直接管理,但随着市场机制的建立,以单项运动协会为运动项目主要管理部门的协会制逐渐确立起来。由各级体委将该运动俱乐部占用的原国有资产以租赁形式划拨给省(市)单项运动协会,由省(市)单项运动协会通过租赁、参股、拍卖、转让等形式行使这部分国有资产的经营管理权。这样就在体委与俱乐部之间形成一个隔离带,有效地减少了政府对俱乐部具体事务的直接干预。单项协会受体委的委托,经营管理委托范围内的国有资产,成为社团型的经济实体,上对体委负责并接受监督指导,下对俱乐部派驻产权代表参加俱乐部的董事会,并参与俱乐部的重大决策与利益分配。但是,我国缺少职业体育联盟这一级经营者的环节,即缺少一个完全适应市场经济体制的职业体育运行机构。至此,我国形成了体育总局(体委)—单项运动协会—职业体育俱乐部的三级管理体系(如图3.2.1所示)。下面就以我国职业足球为实例来分析我国有别于国外的三级管理体系。

我国职业足球是由中国足协统一组织、协调全国足球运动,即足协—职业足球俱乐部的管理形式。中国足协既作为体育总局(体委)下属的政府机构又兼为社会组织来管理足球运动。中国足球协会是具有独立法人资格的事业实体,是由各省、自治区、直辖市足球协会、各行业足球协会及解放军相应的运动组织为团体组成的,是全国性、非营利性的联合组织。根据国家的体育方针、政策和国际足

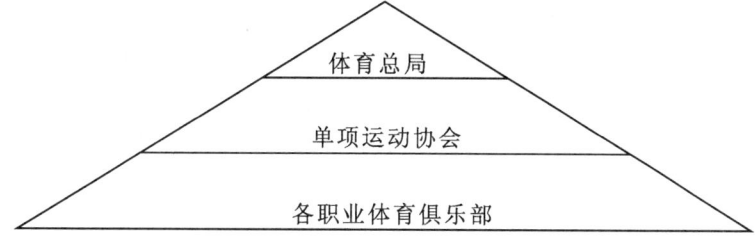

图 3.2.1 我国职业体育俱乐部的管理体系框架

球联合会的章程指导全国足球运动的发展,推动其项目普及和提高,并通过开展必要的经营活动,为足球运动的发展筹集资金。

2.管理机构

由我国职业体育俱乐部的管理体系可以看出,各职业体育俱乐部是由该项目的运动协会或运动管理中心来管理的。例如接下来分析的我国职业篮球俱乐部。

在我国,作为行政管理部门的中国篮球运动管理中心和作为社会实体化组织的中国篮球协会是"两块牌子、一套人马",组成了我国篮球的基本管理机构。它下设竞赛部、运动员管理部、办公室、青少年训练部、市场开发部和国家队(如图3.2.2所示)。

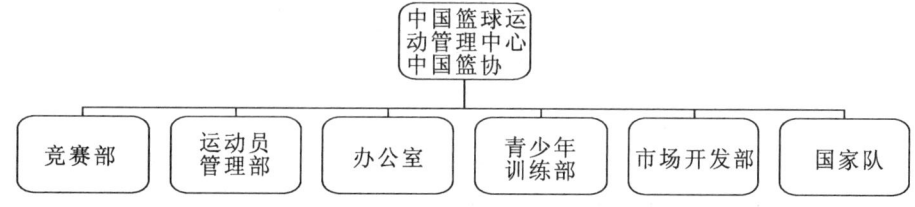

图 3.2.2 中国篮球管理机构框架

3.组织结构

经过体育体制改革,我国职业体育俱乐部已基本上进入了股份制的组织形式,由社会、企业参股组建股份有限公司或企业独资的有限责任公司。我国职业俱乐部主要以四种方式形成:一是企业仅资助部分资金,体育局负责训练和比赛,这是大部分排球、乒乓球和围棋俱乐部的模式;二是由企业将运动队整体并购,成为企业的部门,由企业负责训练和比赛,如首钢男篮俱乐部,其运动员和教练员都是企业职工;三是企业将运动队整体并购后,将俱乐部变成企业法人,形成国有独资公司,如北京国安、天津泰达足球俱乐部等;四是几家企业共同出资收购俱乐部的股份,形成股份有限责任公司,如山东鲁能泰山、上海中远汇丽(现为西安浐灞)、辽宁足球俱乐部,广东宏远篮球俱乐部等。

目前,我国俱乐部的管理体制大部分采取公司制,企业基本都是股份有限责任公司或有限责任公司。其组织结构可归结为:俱乐部内部设立股东大会、董事会和监事会,公司的最高权力机构是股东大会,执行机构是董事会,监督机构是监事会。具体的运行模式:一是实行董事长领导下的总经理负责制,总经理负责整个俱乐部的对外经营、市场开拓、管理和赛事组织安排;二是实行主教练全权负责制,主教练负责俱乐部训练,比赛战略、战术的确定,队员的选拔和引进,临场指挥与用人,技能训练等。在我国职业足球超级联赛中号称"中国皇马"的山东鲁能泰山俱乐部就是由山东电力集团买断组建的股份有限责任公司,其组织结构可用图 3.2.3 表示出来。

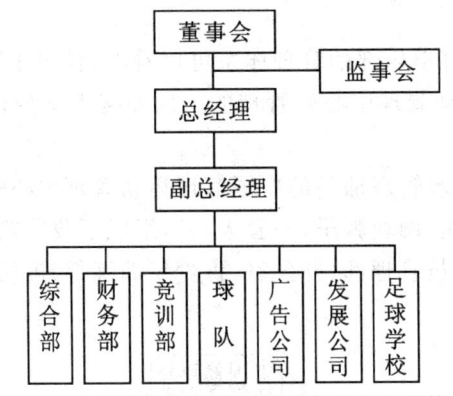

图 3.2.3　山东鲁能泰山足球俱乐部的组织结构框架

(二)经营运行机制

我国的职业体育俱乐部经过体育体制改革以后,一些高水平的职业体育俱乐部已经实现了向独立自主、自负盈亏的经济主体的转变(虽然有相当一部分俱乐部还没有真正实现这一方面的转变,还只能称之为半职业俱乐部,但是由政府或事业单位的附属单位向独立经济主体转变的趋势已不可逆转)。因此,现在我国的职业体育俱乐部采取的是现代企业的运行机制,当然还有相当一部分"中国特色"。

广州运动学院课题组对我国 21 家高水平职业运动俱乐部的调查发现,有 47% 的俱乐部亏损严重,0.5% 的企业有亏损,31.5% 的基本持平,另有 21% 的俱乐部稍有盈利,这表明我国俱乐部的经营情况不容乐观。这一结论通过表 3.2.1 可以清晰地得以印证。

表 3.2.1 我国足球俱乐部收支一览表

单位:万元

俱乐部	门票收入	冠名权	场地广告	胸前背后广告	电视转播	足协分成	支出
足协平均值	500	1 000	800~400	300~400	100~150	400(固定)	2 500~3 500
上海申花	900~1 200	2 000	1 000	300	400		3 000
辽宁抚顺	1 500	1 000	1 000	600	120	400	2 000
山东泰山	1 500		900	700	100	400	4 000~5 000
四川全兴	800	700	1 000	700	120	400	2 500~3 500
重庆隆鑫	600~800	1 666	800	700	80	400	2 500
大连实德	700		1 000	120(美元)	100	400	3 500~4 500
北京国安	600		1 000	800	150	400	2 000
深圳平安	400		700	600	80	400	2 500~3 000
青岛海信	400		500	500	80~120	400	3 000~3 500
天津泰达	500		300	300	100	400	2 000~3 000
吉林敖东	700	600	200	200	50	400	
沈阳海狮	150		300	300	50	400	3 000
武汉红桃 K	200		300	180~220	150	400	2 500
广州松日	200		200	250	60~100	400	2 500

注:引自《世界体育周报》,2000 年 3 月 7 日,第 2 版。

关于我国职业体育俱乐部具有中国特色的经营运行机制的分析如下:

1. 市场收益渠道

尚处于发展初期的我国职业体育俱乐部,有相当一部分俱乐部还没有真正成为独立的经济主体,其经营还没有发展到国外发达俱乐部的水平,体育相关产品开发还未被充分重视起来,其收入来源还处于低水平发展阶段,还处于"输血"阶段。通过表 3.2.2 中我国职业足球俱乐部与足球俱乐部发达的英国、德国相比较,可以清晰地看出我国与世界发达国家高水平俱乐部之间的差距。

表 3.2.2 中、英、德三国职业足球俱乐部收入来源比较一览表

国家	职业足球开展起始年	平均每场观众(万人)	平均上座率(%)	门票收入占总收入(%)	产品广告占总收入(%)	电视转播收入占总收入(%)	其他收入占总收入(%)
中国	1994	2.17	55	28	69	1	2
英国	1892	3.06	84	50	15	15	20
德国	1963	3.28	75	42	23	28	7

从一项对我国职业体育俱乐部经费来源的调查中发现,俱乐部的经费来源依次为:企业投入、门票收入、广告收入、政府拨款、电视转播费、球员转会收入、

会员会费收入、开发销售标志产品、私人赞助、发行股票。显而易见,我国职业体育俱乐部最主要的四大收入渠道是:企业投入、门票收入、广告收入、政府拨款。从北京国安足球俱乐部2003年的收入来源分布图中也可窥见一斑(图3.2.4)。

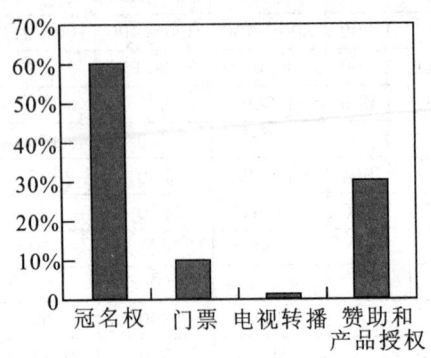

图 3.2.4 北京国安足球俱乐部2003年收入来源分布

(1)企业投入

我国目前各职业俱乐部在经费来源方面大部分仍以企业投入为主。足球、篮球两个项目均超过60%,而俱乐部靠自主经营、自我发展所得收入远远不能满足支出需要。据统计,12家男篮中超俱乐部仅1998年以企业名字冠名总收入约4 600万元,平均每家380万元。对于男子足球项目来说,企业投入更是多于篮球,通常冠名权的市场价值不低于1 000万元。在1999赛季,辽宁足球俱乐部把冠名权卖给一个城市——抚顺,再加一个企业"双菱",两个冠名权创造了1 600万元的收益(抚顺市出资1 000万,双菱出资600万)。

(2)门票收入

门票收入应该是职业俱乐部最基本的收入之一。国外运作良好的职业球队其门票收入约占俱乐部全部收入的1/2～2/3。像意大利的AC米兰队,在20世纪90年代初门票收入竟占总收入的75%以上。有人对欧洲足球俱乐部收入做过统计,仅门票收入一项便占全部收入的55%左右。

据有关数据统计,1998年,男足中甲联赛平均每场观众为2.13万人,观众上座率约为55%,门票总收入1亿多元。同年,男篮中超联赛共进行了172场角逐,现场观众人数达到62万多,平均每场3 700人,大部分赛区上座率在75%,东莞、杭州、沈阳等赛区甚至超过100%,门票总收入达1 410万元,其中收入最高的广东宏远俱乐部为200万元。从统计数字看,我国的职业联赛在门票收入方面随着经营管理的不断完善,已经取得了不小的成绩。但是我们也应清醒地认识到,我国职业联赛的门票销售情况并非己尽如人意,尚存在诸多的不足之处。总体上各俱乐部在门票收入方面还有很大的开发余地。

(3)广告、赞助收入

随着职业体育运动在世界范围内的广泛普及,其影响越来越大,于是花钱在赛场做广告成为企业促销产品的一大手段。有资料报道,仅耐克公司借NBA球队、球员做形象广告,每年支出超过1亿美元。当然,每年几十亿美元的回报也令耐克老板喜不自禁。

广告收入对于我国各职业俱乐部来说基本上是第三大收入来源。1998赛季,12家男篮中超俱乐部自我经营场地广告总收入为130万元。男篮职业联赛之初,中国篮球管理中心将男篮中超联赛的冠名权、推广权和75%的场地广告权整体转让给国际管理集团,每年的收入为2500万元人民币。男足中超联赛的冠名权、推广权及大部分的场地广告权也在联赛之初卖给了国际管理集团,每年获取的资金近5000万元人民币,另外还有部分场地广告收入。但是等到这笔资金再具体划分到各个俱乐部、管理中心或协会以及场地单位等户头上,最后各个俱乐部到底能从中获取多少也就可想而知了。这就要求俱乐部的经营者们充分发挥自身优势,采取多种策略手段,使那些企业、公司从"驻足观望"发展为"慷慨解囊",使广告、赞助收入真正成为俱乐部的重要经济来源之一。

(4)国家拨款

自从我国体育体制改革以来,竞技体育相继推行职业化、走向市场,国家在这些项目上的资金投入呈逐年下降趋势。改革前,国家每年对足球的投资约1 200万元;1997年,下降为630万元;而1998年国家有关部门已经把足球作为体育界的纳税大户。篮球改革的步伐稍慢一些,目前也基本不再依靠国家拨款。而据我们的调查结果,仍有20%的足球俱乐部、30%的篮球俱乐部把国家拨款作为经费来源的主要途径之一。经过进一步的调查发现,原因是一些地方政府依然在对其所属的俱乐部进行"输血"。相比较国外同类职业体育运动发达国家,根本不存在国家拨款搞职业体育之说。所以,应先彻底地断掉我国各职业俱乐部的"皇粮"——不论是国家的、还是地方政府的,要充分认识到,如果不走自我发展之路,势必死路一条。

(5)电视转播费

电视转播费收入在一些国家早已成为俱乐部收入的重要组成部分。美国的NBA电视转播费用是以天文数字计算,仅以NBC全国电视网为首的电视台,每年向NBA的30个球队上交的电视转播费用就占俱乐部总收入的30%。

对我国的各职业俱乐部来说,电视转播费几乎是一片尚未开发的空地。1999年初,中国足球协会与中央电视台谈判电视转播问题,最终1999年全国中甲联赛以每轮13万元共338万元的价格转让给中央台,此举向电视转播权的有偿转让迈出了坚实的一步。对各俱乐部来说,要把电视转播费作为俱乐部的一项重要收入来源，还需各方面有关人员付出巨大的努力。

(6) 球员转会费

关于球员转会费收入，在国外，职业体育比较发达的国家，也是俱乐部资金来源的重要组成部分。在我国，球员转会工作一直进展不太顺利。从我们的调查结果看，球员转会费列俱乐部资金来源前3位的，足球仅占3%，而篮球还是一片空白。对于肩负制定转会条例及协调各俱乐部与球员关系两项职责的中国篮球管理中心或中国足球协会来说，规范球员转会市场、完善球员转会制度是关键。只有这样，才能促使各俱乐部培养出更多、更优秀的运动员"产品"。有了球员"产品"，再加上合理的球员市场转会机制，才能使球员转会费真正地成为各俱乐部经费收入的重要组成部分。

(7) 开发销售标志产品

所谓标志产品，即一些能够反映俱乐部形象的产品，如纪念品、球迷用品、运动服装等。据调查，大部分俱乐部都已经开始具体实施，但是经营效果多不尽如人意，不少俱乐部因经营不善而出现亏损。分析其原因，经营者认为：一方面俱乐部市场开发经验欠缺；另一方面，目前国情不太适宜搞这项产品开发。从球迷的反映来看，俱乐部市场开发人员经营意识不强是一个重要因素。比如，自1993年始，国内每年举行1次大型体育用品博览会，可是每届都几乎找不到有哪家职业俱乐部的标志产品参展。另外，标志产品式样无新意，质量欠佳，也是不足之处。大批球迷认为，俱乐部开发其标志产品是大有市场潜力的。当然，这里面还有一个重要因素，即俱乐部标志产品的开发、销售状况是与其球队成绩休戚相关的。面对大量的国外知名俱乐部标志产品涌入国内，我们的各家俱乐部应该努力开拓市场，争取把标志产品的开发收入作为俱乐部经费来源的重要补充。

企业投入、门票、广告、政府拨款为我国目前职业体育俱乐部的四大经费来源渠道，说明各俱乐部还存在严重的收入结构不合理现象。增加自身"造血"功能是亟待解决的问题。

2. 资金使用

职业体育俱乐部资金的使用都是本着财务收支平衡的原则，尽量减少不必要的成本支出，以追求利润最大化。俱乐部的资金支出是与其经营活动相对应的，鉴于我国职业俱乐部经营发展水平还不是很高，俱乐部经营还没有实现由"输血"向"造血"的转变，俱乐部在资金支出上盲目地高投入，激励机制严重失衡。典型的是我国的职业足球俱乐部。

我国职业足球是一项高投入、高耗费的产业，职业足球俱乐部的资金支出主要包括：教练员、球员的工资奖金，场地租赁（新建和维修）费，训练及比赛费用，高水平的球员和教练所支付的转会费，管理人员和后勤人员工资，办公行政费用,广告宣传费,足球市场的开发费用,后备梯队建设费用,裁判员的接待费用及其他方面的费用。

俱乐部在资金支出数额上的构成比例,我们通过表3.2.3所示的2000年我国职业足球俱乐部各项支出平均数额一览表可窥一斑。

表3.2.3 2000年我国职业足球俱乐部各项支出平均数额一览表

支出项目	平均数额(万元/年)
球员工资总额	350～400
奖金	500～700
外援、外教费用	900
球队训练、比赛支出	300
后备梯队花费	300～400
俱乐部管理费	100～200
总计	2 450～3 100

(三)约束机制

所谓约束机制是指将组织及其构成人员的行为限制在既定目标要求范围内的制约功能。我国职业体育俱乐部仍处于发展的初级阶段,在许多方面尚不规范,政府的行政组织约束与行政直接调控虽有减弱但仍大量存在。与此同时,与市场经济相适应的一些约束机制正在建立,表现为:

1. 政策、法律、制度约束

政府通过制定完善的法律条文为俱乐部提供行为规范,这些法律条文成为检查和监控俱乐部活动的标准。

行业自律组织(如俱乐部联赛组织、运动项目协会)通过国家法律体系的制度完善来约束俱乐部的行为。

各职业体育俱乐部在球员、教练、员工聘用上普遍实行工作合同制,俱乐部在日常经营中也同有关人员、机构签订具有法律约束力的合同,这些合同以契约形式约束双方的行为。随着我国职业体育俱乐部进一步规范,规章制度的健全,执法力度的加大,制度与法律约束的作用与效果会进一步显露出来。

2. 竞争约束

随着我国职业体育俱乐部逐步进入市场,竞争机制对俱乐部的约束作用日趋明显。一方面,竞技场上激烈的竞争促使俱乐部强化对运动员训练、日常生活、比赛等各项活动的管理,不断建立与完善各项规章制度使管理工作规范,不断提高对教练工作的要求,这就在客观上对俱乐部及其成员的行为构成约束。另一方面则是人才的竞争,其中突出表现为运动员的竞争。当前,我国职业体育俱乐部的运动员转会市场的初步建立就意味着,若运动员训练不刻苦,竞技水平不高,比赛态度不积极认真,存在道德问题,则将会被淘汰。这就对运动员自身行为形成一定的自我约束。

3. 社会舆论约束

我国职业体育俱乐部作为竞技体育改革的产物,其提供的竞技产品代表了一个国家、地区的名誉,职业体育俱乐部成为社会关注的焦点,运动员、教练员成为社会公众人物,因而备受电视、广播、报刊、杂志等媒体及社会公众的关注。这在客观上形成一股社会舆论力量,对俱乐部竞赛、训练、经营管理等各项行为及其成员的行为从各方面构成压力,形成强有力的约束。

二、休闲俱乐部的管理模式

我国的休闲俱乐部是伴随着经济体制改革和居民生活水平的提高而如雨后春笋般涌现出来的。物质上富裕起来的中国人越来越多地加入到休闲俱乐部,进行各种休闲活动,寻求精神上的追求和享受。相对于发达国家休闲俱乐部的发展情况,我国的休闲俱乐部在经营管理上又是怎样的呢?

(一)组织结构

我国的休闲俱乐部在初创时,基本上是照搬国外通行的俱乐部组织架构,以现代公司为蓝本建立起自身的组织架构。因此,我国的休闲俱乐部通常是按照股份制的形式来建立的。

其组织结构可以简单描述为:由俱乐部投资者组成俱乐部董事会,由董事会推选出俱乐部董事长。通常也会设有监事会或独立董事来监督董事会及董事长的工作。董事会聘请总经理负责俱乐部的日常事务和运作,总经理对董事会负责。根据俱乐部规模、业务特点等的不同,总经理下面可能会设有分管副总经理。俱乐部设有主管具体业务活动的职能部门,并对总经理负责。我们以图3.2.5来反映我国休闲俱乐部的现状。

(二)会员管理

我国休闲俱乐部通常实行会员制的管理模式,会员是俱乐部存在的基础,因此,提高俱乐部的会员服务水平、进而提高会员的满意度就成了关系俱乐部生存发展的大问题,会员管理就成了俱乐部管理的核心。

1. 资格限制

我国休闲俱乐部对会员资格是有一定限制条件的,如年龄、性别、身体条件、支付能力等,这是由俱乐部提供服务的特殊性、俱乐部的档次、俱乐部的经营理念和战略决定的。

以北京京华高尔夫俱乐部为例,其会籍章程及权益对会籍资格作了明确的规定(参见表3.2.4)。

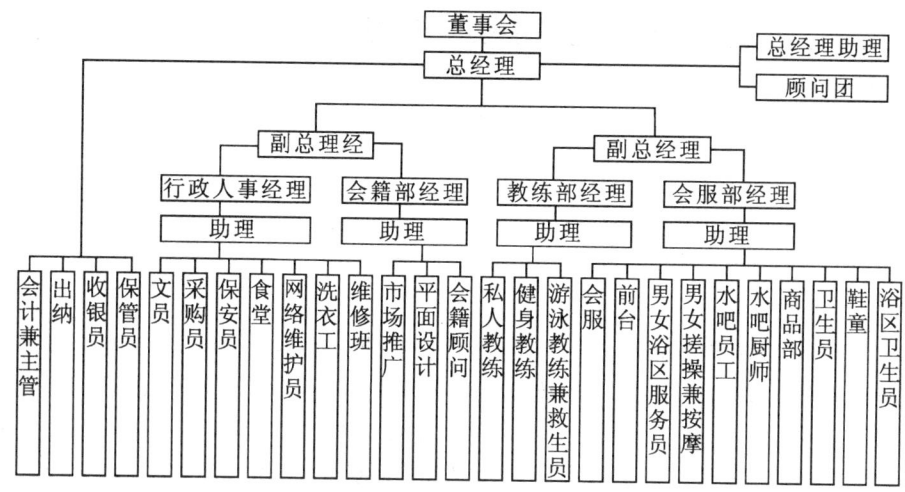

图 3.2.5　我国健身俱乐部组织结构框架示例

表 3.2.4　京华高尔夫俱乐部会员入会资格

会籍类别	个人会籍	公司会籍
入会资格	凡年满 20 岁之人士皆可申请成为首期个人会员	凡正式注册之公司,皆可以公司名义申请成为公司会员。公司会员申请入会时须即时指定提名人,该提名人与个人会籍享有同等权益。经本会同意,公司会员可更换提名人,并在首年内更换提名人免交转名费;之后每次更换提名人须缴付转名费 US＄500

然而,我国有些休闲俱乐部盲目竞争,对会员基本上没有特殊的限制,这也使我国休闲俱乐部走进了同质化竞争的深渊。

2.会员申请程序

我国休闲俱乐部在会员申请程序上是各异的。一般情况下,在会员入会办法和章程上都有具体详细的说明。在符合俱乐部会员资格的基础上,通过一定的程序就可以申请加入俱乐部。

例如在京华高尔夫俱乐部,凡年满 20 周岁的自然人或公司、合伙事业及社团均可提出申请加入该俱乐部。申请人填写申请表,通过俱乐部的审核后同俱乐部签订合约书,并按要求支付入会费,在取得会员证书后即成为该俱乐部会员。

3.会员费用

我国休闲俱乐部之间,会员的费用是各不相同的,这与休闲俱乐部提供的服务、俱乐部的档次密切相关。细到具体的休闲俱乐部,一般情况下,在会员入会办法和章程中,根据申请人的年龄、会员的类型、享受服务的档次等收取不同的费用。我们还是以京华高尔夫俱乐部的会费为例来加以阐述(表 3.2.5)。

表 3.2.5　京华高尔夫俱乐部会费一览表

入　会　费			
个人会籍		一位记名人	US $ 35 000
公司会籍		一位记名人	US $ 35 000
		一位无记名人	US $ 43 750
管　理　年　费			
US $ 500 元/年(不含附属卡)		US $ 800 元/年(含附属卡)	

4. 会员服务

会员服务是俱乐部管理的核心,为会员提供无微不至的服务、提高会员的满意度、培养会员忠诚度,是一个休闲俱乐部发展的百年大计。成为俱乐部的会员以后,会员通常享有俱乐部赋予会员的权益和优惠。如京华高尔夫俱乐部在它的入会须知中就明确说明了各类会员的权益(参见表 3.2.6)。

表 3.2.6　京华高尔夫俱乐部会员权益

会员类别	个人记名正会员	公司记名会员	公司无记名会员	配偶及子女会员
会员权益	a. 免除果岭费优先使用高尔夫球场 b. 优惠使用会馆设施 c. 可预约带领客人(限 3 人)使用球场 d. 免除练习场入场费,并享有练球优惠 e. 租车费、灯光费享有球场规定的优惠价格	a. 免除果岭费优先使用高尔夫球场 b. 优惠使用会馆设施 c. 可预约带领客人使用球场 d. 免除练习场入场费,并享有练球优惠 e. 租车费、灯光费享有球场规定的优惠价格	a. 免除部分果岭费优先使用高尔夫球场 b. 优惠使用会馆设施 c. 免除练习场入场费,练球优惠 d. 租车费、灯光费享有球场规定的优惠价格	a. 免除果岭费优先使用高尔夫球场 b. 优惠使用会馆设施 c. 免除练习场入场费,练球优惠 d. 租车费、灯光费享有球场规定的优惠价格
其他权益	a. 记名会员有为其配偶申请配偶会籍和子女会籍的权益 b. 会员享有本俱乐部提供的各种福利待遇 c. 会员享有本俱乐部规定的相应种类会籍具有的继承、转让、自由退会和更换记名人的权利			

我国休闲俱乐部在会员服务上,也都注重服务水平的提升和服务层面的扩展。例如,我国的中体倍力健身俱乐部就非常注重俱乐部的会员服务管理,它为每一位会员量身订制个性化的健身方案,同时教练通过一对一的方式为会员提供多方面的健身指导。俱乐部的每个顾客都可以来中体倍力免费体验一天,在邀请新顾客体验的同时,也不忘为老顾客提供始终如一的优质服务。

但在一些休闲俱乐部也存在一些短视行为,如为了吸引会员而夸大服务承诺,当会员加入到俱乐部以后,俱乐部的会员服务还是一切照旧,这损害了俱乐部会员的利益,降低了会员的满意度,受欺骗的会员当然不会成为俱乐部的回头客。

(三)经营运行机制

我国休闲俱乐部基本上是借鉴国外休闲俱乐部的经营模式建立起来的现代俱乐部,在为顾客提供休闲性、娱乐性服务的基础上,也以盈利为目的,为顾客提供多层次的相关服务,具有收入来源多元化发展的趋势,资金使用上也越来越有序。

(1)市场收益渠道

现在我国休闲俱乐部的收入来源虽具有多元化发展的趋势,但单一性特点还十分明显。众多的中小型休闲俱乐部基本上是以会员费为主要收入来源,在其他方面的经营收入很少。而一些大型的高档休闲俱乐部除了开展休闲活动外,还开展各种娱乐项目并开设会所、酒吧、餐饮、商店等,来拓展自身的市场收益渠道。其主要收入来源如图3.2.6所示。

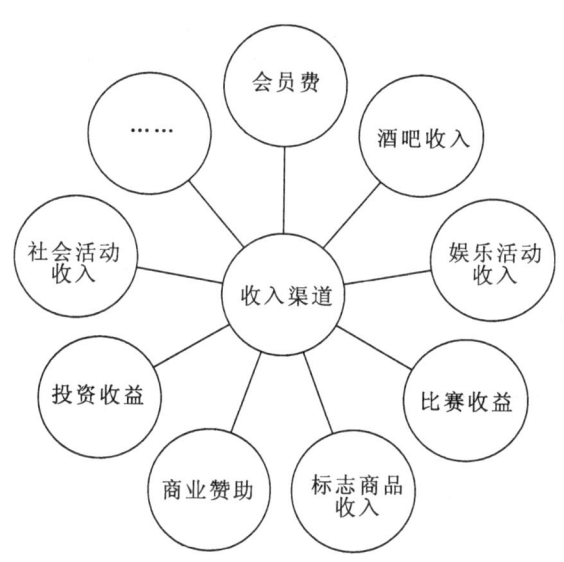

图3.2.6 我国大型休闲俱乐部的收入渠道

(2)资金使用

我国休闲俱乐部在资金使用上,也是坚持财务收支平衡的原则,以会员相关服务支出为核心,以有限的资金提高俱乐部的盈利水平。俱乐部主要的资金支出包括:开展休闲娱乐活动及社会活动的费用;工作人员的工资、福利、保险等支出;购买设备、场所租赁及维护费用;其他会员服务支出(如会员奖品、礼物等)等。

据业内人士介绍,我国这一类型的俱乐部基本上处于维持状态,盈利的俱乐部是凤毛麟角。一方面,这与俱乐部的服务水平有关,俱乐部的会员服务水平不高,俱乐部诚信意识不强,直接导致会员满意度的下降,俱乐部的会员数额就不能得以保障;另一方面,俱乐部在成本控制上出现问题,特别是一些中小型休闲俱乐部,在场所、设备的购进或租赁中处于弱势,内部管理不精细,自然导致成本居高不下。而一些大型的高档休闲俱乐部,如前面提到的中体倍力,统一安排货物采购,以集团采购的方式得到了价格上的折扣,内部的数字化管理也提高了工作效率,俱乐部的成本得到了极大的降低。由此可见,对我国的休闲俱乐部来讲,资金使用、成本控制同样是俱乐部盈亏的关键。

三、商业俱乐部的管理模式

在我国,运动休闲俱乐部作为改革和现代化发展进程的产物,是在借鉴国外俱乐部模式的基础上建立起来的,因此,我国的运动休闲俱乐部基本上是以盈利为目的的,可以划分到商业俱乐部的范畴。鉴于前面对我国休闲俱乐部的管理模式的阐述,本部分只对商务型商业俱乐部的管理模式做出分析。

作为提供纯粹商务性服务的商务型商业俱乐部,以提供各种商务服务为载体,开展营利性的经营活动,属于高档的俱乐部。可以把其看成一种服务型的现代企业。

(一)组织结构

如前所述,我国的商务型商业俱乐部类似于服务型现代企业,通常采取现代企业的组织结构,一般的组织结构形式为公司型。即"董事长—总经理—职能部门"的组织框架。

一些现代的商务型俱乐部由一个专业性的国际管理公司来管理,在俱乐部内部设立类似于董事会但又不参与俱乐部的实际操作管理的理事会,实行的是总经理负责制,总经理向管理公司负责。北京的长安俱乐部[①]就是类似这样的组织结构(如图 3.2.7 所示)。

(二)会员管理

商务型商业俱乐部作为高档的俱乐部,稳定的会员意味着俱乐部稳定的收益,对俱乐部具有重要的意义,因而,会员管理就成了商务型商业俱乐部服务管理的核心。

1. 会员资格

鉴于商务型商业俱乐部通常是提供商务服务的高档会所,在我国此类型俱

---

① 京城四大富人俱乐部之一,是一家以商务为重头戏的高档俱乐部。

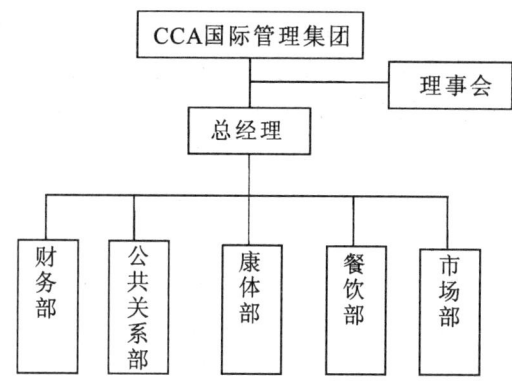

图 3.2.7　北京长安俱乐部组织结构简易框架

乐部建立之初,对加入俱乐部的会员会有一定的资格限制。如前面所提到的长安俱乐部,最初招募会员时把年龄限制在 40 至 50 岁之间的权贵、富人,而到 2003 年这个限制已经被取消。现在,我国各商务型商业俱乐部在会员资格上已不再有歧视性的限制,而接下来讲的会费对会员形成了无形的限制。

2. 会员申请程序

如前所述,俱乐部会员入会程序通常在会员章程里做出了明确的规定。下面介绍的长安俱乐部的入会程序可以代表一般的俱乐部会员申请程序。其入会程序为:

(1) 提交入会申请书;

(2) 提交身份证件或证照复印件,并提供有效原件核对;

(3) 缴纳入会会籍费及会所管理费;

(4) 填写会员登记表;

(5) 颁发会籍证、会员卡。

3. 会员费用

在我国,商务型商业俱乐部同国际上的此类俱乐部类似,会员加入俱乐部通常要交纳高额的入会费,当然因俱乐部的差异而各有不同。如长安俱乐部的公司籍会员(终身)的入会费是 18 000 美元,个人会籍会员(终身)的入会费是 16 000 美元,其他(如 10 年会员)的入会费略低且各不相同。

4. 会员服务

商务型商业俱乐部作为高档会所,认识到了会员服务的重要性,其提供的会员服务都是星级的。俱乐部同会员之间通常会形成一种共赢的模式,俱乐部通过全面、周到、个性化的服务给会员带来满足。同样,会员支持俱乐部可使其更好地为会员服务。

服务体现在细微之处。俱乐部的全体员工会认识每一位会员,并记住每一位会员的名字,俱乐部就像家一样;俱乐部的员工也会知道每位会员的喜好和口味,通过更好地了解俱乐部会员,能够提供更具个性化的贴身服务;俱乐部通过举行一些商务活动,来增进俱乐部会员之间的相互认识与交流,为会员建立持久的关系网。长安俱乐部就做到了这些。

(三)经营运行机制

我国商务型商业俱乐部在经营运行上坚持以商务服务为经营的核心,来扩大与商务服务相关的经营项目,以扩大收入来源,同时又加强管理、控制支出,以实现盈利的目的。

1.市场收益渠道

我国的商务型商业俱乐部如国外的此类型俱乐部一样,作为营利性的经济实体,以会员的商务服务为核心,开展相关的多元化经营,以扩大收入渠道。通常其市场收益渠道包括:会员费;举办娱乐活动及社会活动的收益;扩展服务的收费;出租俱乐部场所、设备的租金;商业赞助;管理公司的投入;俱乐部在其他领域投资的收益等。

2.资金使用

如前所述,在资金使用上,我国的商务型商业俱乐部同样是以盈利为目的,以财务收支平衡为原则,以会员服务为核心,着眼于为俱乐部长远发展提供充裕的资金,来规划俱乐部自身的资金使用方案。此类型俱乐部主要的资金支出可归结为:举办娱乐活动及社会活动的费用;股东分红;员工的工资、福利、保险等支出;场所、设备维护费用;信息采集费用;会员管理支出;其他会员服务支出等。

思考题

1. 对职业体育俱乐部而言,我国的职业体育俱乐部与国外先进的职业体育俱乐部相比,在管理体制、所有权治理、经营管理及营销方面有哪些不足?有哪些国外的成功经验可供借鉴学习?

2. 随着八一篮球俱乐部的改制,至 2007 年 CBA 才算真正开始全面走向职业化之路。但是,除去几家民营的俱乐部外,其他俱乐部还多少与当地政府有着一定的关联,可以说,还没有彻底实现市场化运营。借鉴 NBA 的经验和我国在经济体制改革中其他行业的企业所走过的道路,试为 CBA 的俱乐部找到一条适宜的改革发展之路。

3. 最近几年,商业俱乐部随着经济的发展在我国呈现出了长足的发展趋势,然而,这些俱乐部的盈利能力却不容乐观,试分析存在这一问题的深层次原因是什么。

4. 我们知道,商务型商业俱乐部主要是把目标顾客定位于社会中的富裕阶层,但随着我国中产阶层的崛起,这一类型的俱乐部能否在定位上做出扩展,或者组建适合中产阶层的俱乐部?这一设想能否成立?请解释。

5. 在我国,一些较成功的休闲俱乐部或商业俱乐部多是国外成功俱乐部的"衍生品",本土俱乐部通过借鉴发展能否走出一条像我国优秀的民营企业那样的自我发展之路?

第四章

俱乐部餐饮管理

学习目的
1. 了解餐饮在俱乐部经营中的作用。
2. 掌握俱乐部餐饮的经营形式、方式。
3. 理解俱乐部餐饮与其他形式餐饮经营与管理的差异。

俱乐部的餐饮管理与经营和其他形式的餐饮有所不同,本章将营利型俱乐部餐饮的经营、管理与其他餐饮形式相区分,并对俱乐部餐饮经营、管理的特殊性进行详尽阐述,最后对俱乐部餐饮的发展趋势进行展望。

第一节 餐饮管理概述

通常俱乐部的顾客群体都相对稳定,提供的服务领域也较为专业单一,如健身俱乐部主要就是提供健身服务,各种球类俱乐部(网球、篮球、足球、高尔夫等)也是专营于专业领域内的业务。但是随着人们消费需求的变化,俱乐部为了满足客人的需求,同时也为了增加收入,也都相继扩大经营范围。

民以食为天。餐饮在服务业中的作用越来越大,除了专门经营餐饮业务的社会各类餐馆、以餐饮为主营业务的酒店餐饮,许多俱乐部也开始经营餐饮业务。由于俱乐部自身的特点,在餐饮管理方面与其他经营形式还是存在差别的。

简单而言,俱乐部是有着共同兴趣爱好群体相互交流的场所。Kinton, Cesarani 和 Foskett 认为,可以从三个方面评估人们为什么吃和吃什么——个人需要、关系需要和情感需要。而这三者也是影响人们选择俱乐部的重要因素。因此,管理好俱乐部的餐饮,对俱乐部整体的协调发展来说有着重要的意义。

一、餐饮在整个俱乐部经营中的作用

在俱乐部的发展过程中,餐饮的作用日益重要。最初,不是所有的俱乐部都提供餐饮服务。有的俱乐部只是为了满足会员简单的用餐需求,或是因为法律规定出售酒水的场所必须提供餐饮服务才有一些简单的餐饮服务。但是随着俱乐部的会员和客人在俱乐部用餐的比例越来越大,餐饮对俱乐部利润的贡献也越来越大,餐饮在俱乐部经营中的作用也越来越大,具体可以归纳为三点:

1. 餐饮收入成为俱乐部的主要收入来源之一

俱乐部的收入主要来自主营业务,如会费、各种比赛的门票、转播费等,但随着人们在俱乐部用餐需求的增加,以及餐饮本身毛利就很大,餐饮收入占俱乐部总收入的比重也不断提高,成为俱乐部主要收入来源之一。

2. 开展餐饮业务可以充分利用俱乐部的资源

俱乐部的一些原有设施,如在淡季闲置的室内和室外空间,可以用来充当举办大型宴会的场所;同样为服务业,俱乐部员工经过系统培训后,可以提供高质量的餐饮服务,因此可以充分利用人力资源。

3. 餐饮可以扩大俱乐部的影响

俱乐部的客源主要是来自同一阶层,或有着共同爱好的群体,范围较为集中、单一。餐饮的服务对象较为广泛,不局限于会员,如果餐饮业务经营成功,能形成自己的特色,可以为俱乐部作宣传,扩大影响力。

二、俱乐部餐饮和酒店餐饮及社会餐饮的比较

同为餐饮业务,但由于服务的对象、依托的资源不一样,俱乐部、酒店和社会餐饮在餐饮经营方面仍然存在很大的差别。在俱乐部餐饮业务兴起的同时,酒店餐饮正面临社会餐饮的严峻挑战,目前社会餐饮的顾客盈门与酒店餐饮的冷清形成了鲜明的对比。越来越多的住店客人和宴请的客人越来越少地在酒店内用餐,通常都选择酒店以外的酒家和餐馆。通过比较三者的优劣势,可以让俱乐部餐饮扬长补短,更好地为俱乐部服务。

(一)俱乐部餐饮的优劣势

1. 俱乐部餐饮的优势

客源优势:俱乐部大多采取会员制,因此原有的会员成为俱乐部餐饮客源的主体和保证。

宣传优势:俱乐部最初的定位就很清晰,再加上采用会员制,因此俱乐部餐饮的宣传更具有针对性和影响力。而且会员的经济社会地位和背景广泛,他们的口碑宣传能达到很好的效果。

2.俱乐部餐饮的劣势

经营范围劣势:俱乐部的会员制虽然是其优势,同时也使得俱乐部餐饮的客源过于狭窄。而且其环境氛围,也使得客源限制在某一层次,不够广泛。

空间劣势:餐饮占用的空间较大,对于那些寸土寸金的俱乐部来说,特别是中小规模的俱乐部,要扩大餐饮规模较难。

(二)酒店餐饮的优劣势

1.酒店餐饮的优势

人才优势:有专业的管理人员和厨师队伍;员工经过专业培训后素质得以提高,可提供高质量的服务。

设备优势:各项功能设施齐全;具备承办各种会议和大型宴会的能力。

环境优势:提供高雅的用餐环境和高质量服务。

2.酒店餐饮的劣势

组织结构劣势:酒店餐饮经营灵活性不够,管理层级多,信息传递速度慢,推出新菜的程序复杂,速度慢。

经营范围劣势:价格昂贵而缺乏特色,菜式变化少,有的高档酒店还要加收服务费,门槛高。

服务劣势:服务过于标准化、规范化,缺乏亲和力。

价格劣势:前期投入大,过高的成本使得菜肴没有价格优势。

(三)社会餐饮的优劣势

1.社会餐饮的优势

组织结构优势:管理层级少,机构简单,信息传递速度快,总经理往往就是餐馆的所有者,敢于创新,对市场反应敏锐,新菜品推向市场的速度很快。

服务方式优势:服务方式灵活,提供亲情化服务,富有亲和力,顾客就餐时感觉轻松、随意。

特色优势:菜式特色鲜明,往往以经营某一地方菜系或某种原料为主的菜肴作为招牌菜,独具风格且价格实惠;高、中、低档的众多餐馆可以满足不同层次的消费需求。

采购方式优势:采购制度灵活,环节少,有利于采购成本的控制。

装饰优势:主题鲜明,采用个性化的装修风格,如有以蒙古包作为餐厅外形的,也有以热带雨林为装修主题的,等等。

2.社会餐饮的劣势

管理水平较低,员工整体素质不高,厨房的产出品、提供的服务常常有差异性,缺乏标准化和规范化;饮食安全难以保证;对于大型的酒席,往往力不从心,难以提供全面服务。

(四)俱乐部餐饮要在创新中发展

俱乐部餐饮要保持特色,发挥自身优势,关键就是要敢于冲破传统,敢于创新。

1. 观念创新

现在消费者的消费观念已经日趋成熟,消费更为理性化,面对日趋激烈的竞争,俱乐部餐饮要在保持特色的基础上,向社会餐饮和酒店餐饮借鉴经验。要改变"为饮食而饮食"的观念,人们来俱乐部用餐绝不仅仅是为了填饱肚子,而是为了享受、为了放松等其他更高的追求。因此,在经营观念上要改变传统看法,要随时把握消费者的消费心理,在观念上要保持创新。

2. 菜式创新

饮食文化博大精深,而且世界各地餐饮也各具特色,因此竞争非常激烈,消费者的口味变化得也很快,要想分得一份蛋糕,就需要在菜品上不断创新。可以从菜名、配料、烹饪方法等方面着手。如健身俱乐部,可以专营营养膳食,甚至把运动器材作为菜品的造型。

3. 服务创新

俱乐部可以结合自身的特点,在服务上出奇制胜。如在服务环境方面,可以充分利用俱乐部的室内和室外空间,使用餐环境与俱乐部的整体环境浑然一体,相互辉映。如高尔夫俱乐部可以考虑在果岭开辟出一个用餐地点。也可以在服务方式上创新,如服务员的着装、上菜器皿和服务程序等的创新。

4. 营销创新

由于俱乐部和酒店及社会餐饮的业务范围和运营模式都存在一定的区别,因此俱乐部可以从差异中寻找创新机会。同样,采用促销方法可以在促销组合和奖励上有别于他人。俱乐部的会员大都有自己的交友群体,俱乐部可以考虑利用会员资源进行联合促销。

第二节 餐饮经营与管理

餐饮管理涉及的方面非常广,这里从餐饮管理、菜单管理、酒水管理、宴会和会议管理等方面进行论述。

一、餐饮管理

1. 自主经营和外包经营的选择

俱乐部提供餐饮服务，但是不一定由俱乐部自己负责经营，可以根据自身情况选择自主经营或外包经营。这主要取决于俱乐部的规模大小、俱乐部的资源状况和经营成本。通过比较自主经营和外包经营的优劣势，进行最优选择。

(1) 自主经营

采取自主经营形式的优势有：

- 俱乐部直接进行管理，有利于统一服务标准，有利于培训员工的多样化技能。
- 丰富员工的工作内容，提高员工的工作自豪感。
- 可以充分利用现有的设备（冰箱或储存设施）。
- 能够获得更高的利润。
- 更容易以低工资雇用新员工和见习经理。
- 充分安排员工的工作时间。
- 更为有效地提供低价食品（采取促销手段）和竞争者竞争。

采取自主经营形式的劣势有：

- 成本很高；包括人员工资、保险、制服；厨房设备和餐具、瓷器、布巾、餐桌椅、电、气；各种项目和设备的安放以及控制资源的发放，防止丢失和盗窃，监管等成本。
- 如果管理不善，会对俱乐部的经营带来不良影响。

(2) 外包经营

外包经营的优势：

- 在具备成本优势的条件下，以收取租金或按营业额比例提取利润的方式获得利润。
- 减少工资、工人赔偿等方面的责任。
- 减少对员工的管理和监督。
- 不必为储存的安全性和浪费问题负责。
- 餐桌椅和厨房用具由外包商提供，电、气也由外包商负责。
- 酒水销售可以按比例或固定成本的形式转给承包商。
- 价格、菜谱的选择和标准仍然可以由俱乐部规定。
- 营业时间也可以由俱乐部规定。

外包经营的劣势：

- 失去了对餐饮经营的直接控制。
- 重复购置设备，包括储存、冰箱和测量用具等。
- 不能在第一时间处理客户投诉，会影响俱乐部的声誉。
- 俱乐部员工和外包商的员工会有摩擦，部门之间的关系更难处理。

如果采取外包经营,一定要明确双方的责、权、利,签订正式的合同,避免不必要的纠纷。合同的基本内容应该包括:合同期限;经营范围;营业时间;具体菜谱;价格和收费;租金或补贴;员工要求;责任范围;解除合同的条款;解决纠纷程序;双方共同产生成本的分摊。

当然俱乐部还可以采取自主经营和外包经营的联合形式,这样可以获得联合利益。如销售渠道多样化,给会员更多的选择、更多的收益,提高对俱乐部其他设施的光顾率。

表4.2.1从成本、服务、控制/管理/支配、后果与责任、可行性、竞争对手六个方面对自主经营、外包经营和联合经营进行了对比。

表4.2.1 自主经营、外包经营和联合经营的比较

项目	自主经营	外包经营	联合经营
成本	俱乐部承担所有成本	俱乐部没有直接成本	各自负责自己的成本
服务	俱乐部制定和维持标准	俱乐部对承包商的标准负责	俱乐部为自己和承包商的服务负责
控制/管理/支配	俱乐部有控制权	承包商有控制权,但是俱乐部得承担责任	俱乐部为自己和承包商的控制负责
责任	俱乐部负责	主要由承包商担责,但是俱乐部可能要承担代理人责任	和其他方式类似
后果与责任	俱乐部预测后果并承担责任	承包商有责任,但对俱乐部负责	和其他方式类似
可行性	俱乐部取决于位置、会员和合适的员工	俱乐部和承包商谈判	和其他方式类似
竞争对手	其他餐饮经营方式、俱乐部和相关场所	同自主经营	同自主经营

2.餐厅规模与市场定位

(1)餐厅规模

餐厅的规模取决于俱乐部的规模和服务对象,如果是规模较大的俱乐部,餐厅的规模可以较大,由于团体餐和宴会的利润较高,俱乐部可以考虑提供空间(如宴会厅)作为接待大型会议和活动的场所。而规模较小的俱乐部,餐厅的规模也不宜过大,否则会造成拥挤现象,降低服务质量,甚至造成原有客源的流失。

如果俱乐部的服务对象在俱乐部的活动以休闲、健身、娱乐、交友为主,用餐只是为了满足不时之需,那么餐厅的规模就不应该太大,因为如果客流量不足,不但会造成空间等资源的浪费,还会增加经营成本。

(2)餐厅市场定位

餐厅作为俱乐部的一部分，进行市场定位时应该从俱乐部的整体出发，考虑多个因素。主要是从俱乐部的市场定位和会员特性的角度考虑：

- 会员的规模

会员的规模有助于决定餐饮卖场的数量和生命力。通常至少应该有两个餐饮卖场。设备应该能随着会员人数的增加而扩大。对于规模较小的俱乐部而言，空间是非常珍贵的，因此可以采用两种菜单。比如说，周末和晚上使用家庭风格菜单，其他时间则使用档次更高的菜单。

- 会员的收入

如果会员是来自某个特殊的社会经济群体，这将是决定餐厅卖场风格的重要因素。会员收入的多样性也要求卖场选择的多样性。

- 会员的饮食习惯

如果俱乐部以前就有餐饮卖场，以前会员的口味有助于决定卖场菜单的风格。管理者应该征询会员、客人、参观者和员工的看法，以确定他们的感受和期望。

- 会员的年龄

年龄会影响菜单和食品的偏好。年轻一代是在"快餐"饮食风格下成长起来的，他们和成年人的期望有很大的不同。如果是以家庭为导向的俱乐部还需要提供儿童菜单，而以健身为主题的俱乐部则可以侧重提供健康菜品。

- 俱乐部的地理位置

俱乐部的地理位置决定其是否能提供早餐、午餐、烤肉、咖啡屋、零点餐等，或是这些种类的综合。在中央商务区（CBD）的俱乐部和位于郊区的俱乐部在营业时间和经营方式上是有差异的。许多位于 CBD 的俱乐部一周营业 6 天，有的只营业 5 天。大部分的顾客都是商务客人，或者是和同事一起用餐的人。他们通常喜欢提供零点餐服务。许多这种俱乐部的会员在早上使用俱乐部的健身房，同时在俱乐部用早餐。他们也可能使用提供用餐服务的会议设施，但一般很少在俱乐部用晚餐。而位于郊区的俱乐部，会员一般要求每天都提供用餐服务，晚餐的时候则偏爱零点餐。

- 服务标准

俱乐部为会员提供的其他服务标准也可以作为餐厅市场定位的参考。如果是管家式的高档服务，那么提供家常菜式风格的餐厅就与俱乐部的形象极不相称了。如果是以家庭周末度假为主题的俱乐部，则可以定位为提供家庭套餐或自助餐。

- 俱乐部在市场上的定位

俱乐部在市场上有自己的定位，因此对餐厅进行定位时，还必须分析俱乐部会员的结构,两者要保持基本一致,而从事餐饮业务的大多数俱乐部在附近区域都有竞争者——不管是来自其他俱乐部、酒店、餐厅还是俱乐部内部的外包餐厅。为了让俱乐部成为该地区餐饮的领先者,还必须有持之以恒的服务、特色和创新。

3.餐饮卖场数量和种类的确定

餐饮卖场是客人的消费环境,即客人购买场所和服务的空间与场所。由于餐饮服务生产和消费同时性的特点,卖场数量是否合理,风格是否协调,都会影响客人的消费质量。

(1)餐饮卖场数量的确定

确定合适数量的卖场,要考虑以下因素:会员的数量、会员的社会经济地位和人口统计的分布、当地的竞争水平、俱乐部其他活动的影响、外出用餐的趋势,以及餐厅定位的客源市场情况。

(2)卖场种类

不同经营形式,其服务对象、服务标准、成本等要求都各不相同,因此要结合俱乐部的情况进行选择。

① 根据服务方式和经营内容划分

• 高档餐厅(Fine dining)

对大众开放,是俱乐部提供的最好的、也是最贵的餐厅,一般提供桌餐,菜品种类丰富,还配有各式的酒水。主要是在午餐和晚餐时营业,有的只经营晚餐。

• 酒馆(Bistro/ Brasserie)

这种模式很适合中小规模的俱乐部。通常提供较多的菜品选择,有时以公告的形式提供。提供桌餐或是柜台服务,提供优质食物和咖啡等,比较适合会员或客人聚会的地方。价格比较合理,通常和俱乐部的营业时间一样。

• 自助餐馆(Buffet)

可以销售在别的渠道销售不佳的菜品。提供较为便宜的用餐,菜品和饮料品种丰富。客人自己动手,服务员及时清理用过的盘子,并提供帮助。可以在一些特别的时间提供自助餐(如母亲节、圣诞节等),这是非常有利可图的经营方式。

• 咖啡馆(Café)

现在咖啡馆在俱乐部变得越来越受欢迎。从提供的菜品和服务来看,咖啡馆和酒馆比较相似,但是咖啡馆更侧重于提供点心、茶水、咖啡、软饮和奶制品。一些咖啡馆还专营甜食、蛋糕、甜点等。

• 柜台餐馆(Counter meal)

柜台餐是俱乐部提供的一种很传统的用餐服务。客人自己取盘,沿着柜台挑选自己喜欢的菜品,一般菜品放在柜台后面的展示柜里。菜品种类有限,提供基本的饮料。服务员清洁桌边,从柜台后面提供食品。有的时候,也可以在柜台点其他的菜,然后给客人一个排号,当叫到号时,客人到柜台取菜。

· 其他特色餐厅

如以火锅、烧烤、海鲜为主的主题特色餐厅或者是和俱乐部主营业务相关的主题餐饮店,如健身俱乐部可以提供以保健食品为主的餐饮店等。

② 根据经营方式划分

· 自营餐厅

· 外包经营

③ 根据点菜方式划分

· 标准餐餐厅:由餐厅事先确定菜品种类和用餐标准,主要是服务于大型宴会和会议。

· 零点餐餐厅:客人根据菜单点菜。

· 自助餐餐厅:餐厅提供一定数量和品种的餐品,客人根据自己的喜好选择食物,用餐标准也是确定的。位于商业区的俱乐部可以采取这种形式为公司商户提供工作餐。

二、菜单管理

菜单决定了俱乐部可以向客人提供哪些餐饮产品,同时在很大程度上决定了采购、服务、成本等各个方面,因此菜单是餐饮管理中最基本和最重要的控制手段。同时菜单也是向客人直接展示俱乐部餐饮产品信息的重要工具,因此一份制作精美的菜单可以成为俱乐部的宣传品和艺术品。

1. 菜单种类的选择

(1)根据就餐时间分类

可以分为以下三类:

早餐菜单:专为早餐设计,菜单主要列出餐厅提供的早餐食品。

正餐菜单:主要是用于午餐和晚餐,菜品和酒水种类丰富。

宵夜菜单:提供夜宵食品,主要在子夜前后提供。对于那些提供博彩活动的俱乐部来说,一份好的夜宵菜单是必要的。

(2)根据服务方式分类

俱乐部餐厅的菜单主要分为两种:标准餐(table d'hote)菜单和零点餐(a la carte)菜单。标准餐菜单提供的菜品种类和服务,可以分为不同档次,但是每个档次的菜品和价格基本是固定的,客人的选择较为有限。零点餐则是客人自己根据菜单点菜,选择范围较广。由于俱乐部餐饮服务对象主要是俱乐部会员,这与一般餐厅主要针对流动性大的散客不同,因此俱乐部要更加注意变化零点菜单上的菜品,不时地推出新菜,吸引客人。俱乐部还可以利用各种促销机会,如情人节、中秋节、圣诞节等推出临时节日套餐等。

(3)根据客源细分

俱乐部餐饮的客源主要由会员和非会员两部分组成。会员除了餐饮消费,还消费俱乐部的其他产品,消费具有稳定性、长期性的特点。俱乐部能掌握会员比较详细的特征,如兴趣偏好、消费特征、收入等,会员构成了俱乐部的主要消费群体,是俱乐部餐饮收入的主要来源。为了提高会员的忠诚度,提高会员对俱乐部的归属感,可以制定会员个性化和非会员标准化两套菜单。但是要注意的是,菜单的设计不能让非会员消费者感觉到被歧视。

2. 菜单的设计

菜单的设计通常是由厨师长、餐厅销售经理和餐饮经理共同协商。菜单的设计主要是以客人需求为导向,符合俱乐部的特点。设计菜单需要考虑的因素有：

(1)食品成本

食品成本是设计菜单必须考虑的一个关键因素。如果顾客群体对经济型的菜品感兴趣,就不应该制作需要昂贵用料的高价菜。

(2)营养搭配

现在的消费者越来越关心营养问题。而且现在的消费者和以前相比,饮食习惯也更加多元化,因此可以多提供一些营养丰富的菜品。

(3)季节性

尽管由于科技的发展,很多菜品用料可以忽略季节的影响,在各个季节都可以买到,但是,对于标准的事先定好价的菜品,以高价购买非时令的菜是很不合适的。因此,很多餐厅都在季节性很强的菜品后面不定价,而是标上"时价"。

(4)可获取性

设计菜单时,应该注意菜单上提供的菜品应该都能很方便地买到配料,因此应该寻找能提供质量保证和持续供应产品的供应商。

(5)菜单的平衡

首先是菜品的档次要平衡,根据餐厅的档次搭配高、中、低档的菜肴比例。其次,原料的搭配要合理,如鸡肉或其他白肉和白色调味或是浅色蔬菜配在一起,就不平衡。色、香、味、形、温度都是一个平衡菜品要考虑的。

(6)设备的限制

主要是指厨房和服务区受限制。如果小型俱乐部的餐厅接待团体餐或是宴会就不是很合理,因为设备和空间均受限制。

(7)劳动力

如果菜品的制作是劳动密集型的,就不太合适提供经济型菜品和快餐,否则会增加俱乐部的经营成本。

(8)菜肴发展趋势

现在菜肴的发展趋势是追求更加清淡、更加绿色的食品。俱乐部不但要把握社会菜肴的发展趋势,还要保持和会员的沟通,满足会员口味的变化。

(9)菜单的位置摆放

很多菜单设计者认为,顾客一般是从上到下浏览菜单的,因此把最好的菜放在菜单的最上面。事实上,菜单的视觉暗示、简单明了的文字、独特的设计、版面布局、图片等都会影响客人的选择。单页菜单、单折菜单和双折菜单的焦点位置就各不相同(如图4.2.1所示)。

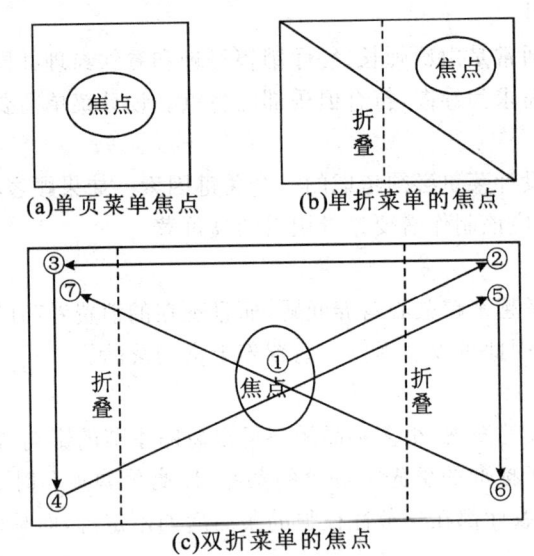

(假设菜单没有特别的图样,图中数字代表眼睛移动的顺序)

图 4.2.1 不同菜单式样的焦点

资料来源:《餐饮经营的计划与控制》(第五版),Jack D. Ninemeier 著,魏敬安主译,中国旅游出版社,2005。

对于菜单设计来说,还有一项重要的工作是更换菜品或者重新修订菜单。Jones 和 Mifli 提出可以有五种方法变化菜单:促销(promote)、重新配置(reposition)、保留(retain)、删除(eliminate)和更改(modify)。这五种方法既适用于整个菜单的变化,也适用于单个菜肴的。一些餐厅利用桌牌和特别推荐的方式促销。有些餐厅保留一些不赢利的菜肴,因为这个菜肴是餐厅的标志,代表着餐厅的风格和形象。

(10)用餐种类

菜单管理者应该明确俱乐部提供服务的种类和风格(餐具、托盘等)以及提供的用餐种类(早餐、午餐、晚餐等)。如果是团体餐或宴会,提供大量的和昂贵的菜品是不能达到成本优势的。例如把牛排作为主菜就不是明智的做法,因为每个人对牛排的生熟度偏好不一样。团体餐应该提供一些简单的菜品,例如能够提前准备又不会影响口味的菜品。

(11)其他影响因素

某些人有特殊饮食习惯(食低盐食品,对蘑菇、草莓过敏等),虽然他们占少数,但是关注他们是很重要的。还有些群体受文化和宗教影响,对食品有特殊的要求。如有些信仰禁食牛肉、猪肉或以某种方式烹调,俱乐部应该为这些人提供别的选择。另外,越来越多的素食主义者的需求在设计菜单时也应该考虑。

3. 菜品定价

菜价最起码要能抵消食品原料成本、人工成本(生产和服务)和其他固定和可变成本。一般来说,食品成本占售价的25%～33%。但是,在很多俱乐部,来自博彩活动的丰厚收入可以允许有更高的食品成本。定价不但要考虑成本和利润,同时也要考虑客人的承受能力。具体的定价方法有四种:

(1)以成本系数为中心的定价法

这种方法比较简单,主要是需要原料成本额和菜品的成本率两个数据,计算公式为:

$$菜品售价=原料成本额÷成本率$$

或

$$菜品售价=原料成本额×成本系数(成本系数为成本率的倒数)$$

(2)主要成本率定价法

以成本系数为中心的定价法只考虑了原料的成本,没有考虑人工成本,而餐饮服务属于劳动密集型企业,人工成本较高,因此主要成本率定价法把人工成本和原料成本作为主要成本来考虑。计算公式为:

$$菜品售价=(原料成本额+人工成本)÷主要成本率$$

(3)全部成本定价法

全部成本定价法是将每份菜品的全部成本加上一个百分比的利润计算菜品售价。计算公式为:

$$菜品售价=\frac{(每份菜的原料成本+每份菜的人工成本+每份菜其他经营费用)}{1-要求达到的利润率}$$

虽然该方法考虑了各种费用,但是没有考虑产量变化引起的单位平均成本变化因素。因为在单位全部成本中,有一部分总额是不受销售数量影响的固定成本。随着销售数量的增加,单位固定成本下降,从而单位成本也下降。由于菜品的实际销售份数是根据往年的销售数据测得的,因此,如果下年度菜品实际销售份数减少较多,该方法定价容易出现亏损。

(4)毛利率定价法

毛利率定价法是利用毛利在销售价格中所占的比率来计算价格。这里的毛利是指餐饮产品费用(包括固定费用和变动费用)、税金和利润三者之和。毛利率分为销售毛利率和成本毛利率两种。销售毛利率又称内扣毛利率,是毛利与销售价格的比率(毛利／销售价格)。成本毛利率又称外加毛利率,是毛利与原料成本的比率(毛利／原料成本),其中原料成本包括主料、辅料和调料的成本。餐饮行业,除有说明外,一般指的是销售毛利率。

采用毛利率定价法的计算方法有两种:

① 内扣毛利率法。计算公式为:

$$菜品售价 = \frac{菜品原料成本}{1-内扣毛利率}$$

使用这种方法可以使经营者清楚地知道菜品毛利在销售额中所占的比例,但是不能反映每种菜品的人工成本。

② 外加毛利率法。计算公式为:

$$菜品售价 = 菜品原料成本 \times (1+外加毛利率)$$

这种方法以原料成本为出发点,所以经营者难以知道菜品毛利在销售中所占的比例。

4.菜单的真实性

菜单的真实性是指菜单使用的词汇和其所要表达的意思是一致的。菜单是食品的文本广告。菜单必须向消费者传达正确的信息,其中一个重要方面就是数量的表达。使用提示份量比实际提供的要大的词语时要注意,不能使用那些易使顾客误以为可得到比实际份量更多的菜品的语言。如果标明了重量,要格外小心控制份量。质量和产地在菜单词汇中也很重要。例如"塔斯马尼亚的鲑鱼"(Tasmanian salmon),就应该是来自塔斯马尼亚的。"新鲜的"、"无盐的"都必须符合要求。可能顾客并不知道其中的差别,但是,任何投诉都会影响餐厅的声誉。还需要注意的是,顾客对菜单的品位和期望是经常变化的。风格化的菜单曾经很流行。有些餐厅采用一些晦涩的古文,再配上诗句,令人不知所云。而现在的顾客更希望使用平实的语言,能知道他们点到的是什么菜。

三、酒水管理

在整个餐饮收入中,酒水的纯利润是很高的,而一般俱乐部也都提供酒吧。酒吧销售酒水的数量和利润都比餐厅要高,因此酒水销售收入也越来越成为俱乐部收入的主要来源。

1. 俱乐部酒水销售的特点和优势

在一般的餐饮经营中,酒水都是作为一个附属部分销售的,如餐前酒或餐后酒。而俱乐部由于自身的特点,在酒水销售方面占有优势。主要表现为:俱乐部为会员和客人提供社会交流的场所;俱乐部是鼓励社会活动的促销工具,如运动、用餐和博彩活动;俱乐部为会员和客人提供娱乐活动。这些功能都使酒水销售的潜力很大,能成为独立的一项业务。

由于俱乐部的酒水销售具有自身的特点,因此在销售时要区别于餐厅销售方法,才能发挥潜力。在销售时要做好两方面的工作:一是让员工熟悉主要酒水的特点和饮用方法的基本常识,以便为客人提供服务和介绍;二是有的酒水是就餐时饮用的,有的是不能就餐的,适合在酒吧饮用,有的两者皆可。表4.2.2列出了一些常用酒水与食物的搭配。不同酒水的销售量和库存量都不一样,因此应该告诉员工那些销量不好、库存较多的酒水的种类,让员工根据情况向客人推荐,以减少库存、增加收入。

表4.2.2 酒水与食物的搭配

饮用时间	食物		可搭配的酒水
餐前酒	开胃菜		鸡尾酒、涩白葡萄酒、涩雪利酒、涩苦艾酒
佐餐酒	牛肉、羊肉、猪肉、奶酪、意大利面、火腿等	红葡萄酒	勃艮第红酒、波尔多红酒、玫瑰红酒
	沙拉、蛋卷、贝类、鸡肉、鱼肉等	白葡萄酒	勃艮第白酒、波特酒、波尔多白酒
	各种食物	气泡酒	香槟酒、气泡勃艮第
餐后酒	水果、甜点等		甜波特酒、甜雪利酒、匈牙利酒

2. 酒水成本管理

酒水的利润贡献率很大,同时酒水的成本也很高。为了提高盈利水平,就必须建立相关机制进行管理。一方面制定服务标准,减少销售中的成本;另一方面建立分析机制,科学管理。在服务操作中可以从以下方面着手:

(1)使用标准的计量器具

使用标准的计量和饮用器具,不但可以降低酒水成本,保证产品数量,还可以降低员工工作难度,提高工作效率。标准的计量器具主要有:标准量杯、标准量酒嘴、手动酒液计量器和电动计量器。俱乐部可以根据酒水种类和销售方式进行选择。

(2)标准配方

为了保证酒水质量的稳定和份额的一致,为了酒水成本的统一,在配置酒水时要使用标准配方。标准的配方需要包括以下内容:标准份额、配制酒水的各种配料的名称、用量和成本额;酒水的配制、加工方法;配制酒水的各种器具;饮用的载杯;每份酒水的标准成本。俱乐部可以制定统一的标准配方表,便于使用和管理。表 4.2.3 是酒水标准配方示例表。

表 4.2.3　酒水标准配方示例表

品名: 编号: 类别:		标准成本: 成本率: 售价:	
配　料		用　量	成　本
配制器具:			
配制方法:			
备注:			

(3)标准操作

主要是四个方面:

① 酒杯的温度处理

不同的酒水对温度的要求不同,因此对杯具的温度也有要求。常温下饮用的酒主要有:白兰地、红葡萄酒、利口酒等,杯具也就不要求作升温或降温处理;非常温状态下饮用的酒水的杯具一般要进行冰镇降温处理,主要包括啤酒杯、白葡萄酒杯、鸡尾酒杯、香槟酒杯等。

② 冰块的使用

冰块是酒水服务中最常用的配料之一。使用冰块时应根据标准配方的要求,选择不同的冰,如刨冰、碎冰、块状冰等,同时还要保证冰块的新鲜和卫生。

③ 充分混合

混合是根据兑和、调和、摇和、搅和等调酒常用的加工方法,针对不同种类的鸡尾酒进行制作。混合时间的长短,视具体情况而定。

④ 倒酒

如果使用调酒壶调制两份以上的酒水,在倒酒前应先将载杯准备好,排成一排,往每个酒杯先倒入 1/4 杯,然后 1/2 杯,直至倒完,不应倒满第一杯再倒第二杯。这样才能保证每杯酒水的浓度、颜色、数量和口味的一致。

除了服务操作上的控制外,还可以采用以下两种方法分析酒水成本是否合理。

(1)实际成本率和预期成本率的比较

酒水成本率是销售酒水的成本占销售收入的比例,通常用酒水成本率来控制酒水成本。为了计算预期的成本率,必须确定标准的配料和每份的分量,每种类型的饮品使用相同数量的成分,每种饮品的成分的总成本,每种饮品的售价。使用百分比有助于比较不同经营时期的成本和收益。不同经营时期的酒水成本率如果存在巨大差异,需要认真调查,并采取相应的措施进行调整。

很多俱乐部的酒水成本率是以日为基础的,其计算公式为:

$$日酒水成本率 = A \div B \times 100$$

其中:A 指当天直接采购的＋储存室的＋调进的－调出的－员工使用的;B 指当天的酒水收益。

采用日酒水成本率不是很精确,因为酒吧的存货——不论是当天直接采购的、储藏室的或是从别的部门调拨的——不一定在当天销售,因此更宜于采用累积酒水成本率,其计算公式为:

$$累积酒水成本率 = A \div B \times 100$$

其中:A 指当天销售的酒水的成本＋以前销售的酒水成本;B 指当天的酒水收益＋以前的酒水收益。

(2)比较预期销售和实际销售收入

如果实际销售收入比预期收入要低,原因可能是:

- 现金或库存失窃;
- 给客人倒酒时量太大;
- 收费不足或是赠送免费酒水;
- 由于将不同的酒水错误地混在一起造成的浪费;
- 溢出。

如果实际销售收入比预期的销售收入要高,原因可能是:

- 多收费;
- 给客人倒酒时,量不足;
- 员工销售自己供应的酒水。

3.酒水库存管理

由于酒水的易损性和高成本,因此管理者必须对酒水实行严格的控制。而且存货成本占酒水总成本很大的比例,因此控制好存货可以为俱乐部节约很多成本。可以通过合理的库存控制方法,分析原因,采取措施,减少损失。

对永续盘存和实地盘存进行比较,可以有效地分析酒水的库存。这里的永续盘存是指每次酒水购进时在明细账上计收进(计金额),使用酒水时计出库(计金额)。每次购买的酒水金额都要详细记入,并增加到永续盘存明细账上;每次出库的酒水金额从永续盘存明细账上扣除。这样永续盘存明细账上的余额就是净值。酒水的实地盘存进行得比较频繁,顾名思义,酒水的实地盘存就是到酒水库进行实物盘点。一般是每月或每周进行实地盘点一次。

如果定期盘存少于永续盘存,原因可能是:
- 酒水被盗;
- 未记录接收的供应商发货;
- 和供应商合谋制作发票和收货报告;
- 未记录的存货和丢失,如破损;
- 未记录更高成本的替代品的交货;
- 陈旧的存货没有记录直到进行定期盘存时才发现;
- 陈旧的存货以前已经处理了,但是永续盘存时仍记录;
- 陈旧的存货是以全价记录在账簿上,而在定期盘存时是以较低的价格登记;
- 从储存室调拨到酒吧时,永续盘存时没有记录;
- 登记错误;
- 连续登记两次收到的货品;
- 忽略日期差别;
- 计量单位的不同;
- 永续盘存过高估计成本,而定期盘存低估成本;
- 永续盘存时没有将退回到供应商的货品减去。

如果永续盘存少于定期盘存,原因可能有:
- 记录错误;
- 定期盘存计算错误;
- 定期盘存过高估计成本,而永续盘存低估成本;
- 计量单位的不同;
- 永续盘存没有记录所有收到的货品;
- 从储存室调拨到酒吧时,永续盘存时重复记录;
- 未记录低成本的替代品的交货。

四、宴会和会议管理

根据悉尼会议和观光者管理局(Sydney Convention and Visitors Bureau, SCVB)的统计,会议市场成了旅游业发展最快的市场。团队业务的多样性为各种规模的俱乐部提供了吸引商务会议的机会,也帮助其提高收益和利润,并可为会员和顾客提供延伸服务。

俱乐部吸引宴会和会议这块市场有很大的优势,主要因为对于有些宴会(如重大节日宴会或会议(年会))而言,召开的时间都比较集中,虽然酒店在这方面的资源相对优于俱乐部,但是因为经常会出现供不应求的状况,此时酒店的服务质量会降低,客人的投诉也越来越多,而有条件的俱乐部正好可以分流一部分客源。而接待宴会或会议也能为俱乐部带来收益:如果会议时间是俱乐部的淡季,则正好可以充分利用闲置资源;参加宴会或会议的人经常成为回头客,或是将俱乐部推荐给别人;参加宴会或会议的人数通常很多,相对于单个顾客而言,能在短时间内产生大量的收入,因为宴会销售量远远高于餐厅的零售销售;宴会的价格富有弹性,相同的菜可能有更高的价格(因为在短时间内要为大量的人提供服务以及宴会厅的成本较高);量大意味着更低的食品和人工成本;不必长时间地储存存货;供应商能按需供应,而且所有的宴会餐的菜单基本都是一致的;由于酒水的成本很容易控制,酒水利润很高,由于价格的灵活性,能获得更多的收入;因为提前知道用餐人数和用餐标准,员工的生产率达到最大,因此人工成本更低。

1. 宴会和会议市场的开发

要开发宴会和会议市场先要考虑三个问题:谁举办会议和活动,谁为会议和活动提供设备和场所,谁组织会议和活动。

宴会或会议的形式很多,可以是大型会议、婚礼,也可以是协会年会和管理论坛。一般来说,各种形式的协会和公司的会议和宴请比较多。

(1)协会

协会的数量和形式很多。协会也经常定期举办各种会议。协会举办的会议通常有以下几类:

- 一年一次的会议和博览会;
- 理事会;
- 研讨会、专题会和新闻发布会;
- 资金筹集会;
- 展览会;
- 专业和技术会议。

(2)公司

越来越多的公司也将会议安排在公司以外的地方召开。公司经常召开的会议有:

- 管理会议;
- 培训会议;

- 地区销售会议；
- 新产品发布会；
- 专业和技术会议；
- 全国销售会议；
- 奖励旅游；
- 股东大会；
- 签约合作会；
- 年会。

(3)政府机关
- 工作研讨会；
- 定期会议；
- 评审会；
- 招待会。

虽然对于协会和公司会议来说，大部分基本原则是一样的，但是它们之间仍然存在很大的区别，如表4.2.4所示。

表 4.2.4　各种会议类型分类

项目	公司	协会	政府机关
场所类型	相对较少的外部场所	更多的需要外部场所	视会议规模和会议主题而定，一般有正式规定
开会原因	随意性强；不可预期的时间、频率和参会人数	有书面规定；可预期的时间、频率和参会人数	有书面规定；可预期的时间、频率和参会人数
会议决策者	集权的，通常是由一个人负责	权力分散，通常是由委员会负责	一般由行政办公室负责
预算	公司整体计划的一部分	较为灵活，取决于会费和赞助	有限额
出席和参会	强制的；有些培训会对参会人员收费	参会人员自愿参加	强制的
参会者类型	较为统一，可预期	根据不同的会议，其议题不同	较为统一，可预期
财务	集中的，一个账单	灵活的，有的是个人付账，有的是协会统一结账	集中的，一个账单
提前预订时间	由于随意性大，相对较短	需要时间宣传吸引人参会和固定的时间，提前预订时间较长	提前预订，也有临时性的

(4)其他市场

除了协会和公司、政府机关组织的会议，还有其他各式各样的会议形式。俱乐部自己就可以发起一些社会活动,如音乐会和其他演出。俱乐部的会员和客人也能带来会议之类的活动业务,如婚礼和聚会等。现在娱乐已经成为俱乐部的一项主要业务。各种规模的俱乐部,不论处于什么地理位置,都为会员、客人和当地社区提供越来越多的娱乐活动。戏剧表演、乐队和歌手表演现在成为俱乐部经营的一景。这些活动一般是会议和宴会一起,不但可以带来大量的客流,还能提高俱乐部会议、餐饮、酒水和博彩的潜在收入。

另外,个体市场也存在很大潜力的宴请机会。表 4.2.5 为中国的消费市场各年龄段的宴请活动示例。由于个体市场较为零散,因此要争取与客人建立合作关系,稳定客源市场。

表 4.2.5 不同年龄段的宴请活动示例①

年龄段	宴请主题	
少年组 (1~14 岁)	满月、周岁宴请	庆祝元旦、国庆、中秋、新年等特殊节假日宴请
	生日宴请	
	入学宴请	
	毕业宴请	
青年组 (15~27 岁)	生日宴请	
	升学宴请(考入重点 高中或大学)	
	毕业宴请	
	新婚宴请	
中年期 (28~50 岁)	高升宴请	
	开业宴请	
	结婚纪念宴请	
中老年期 (50 岁以上)	寿筵	

2. 宴会和会议的营销

Schmidt 认为:如果是一个全天的会议,宴会(会议)厅一天至少可以使用三次(三餐期间各一次),或者全天都被使用。这样的话,一周有七天,宴会(会议)厅一周可以使用 21 次(3 次/天×7 天),一年可以使用 1 092 次(21 次/周×52 周)。如果一年使用了 200 次,年使用率也只有 18%;如果一天使用 2 次,而不是 3 次,年使用率也只有 27%,足见宴会和会议市场的潜力之大。而实际上,很多宴会(会议)厅都没有被充分利用,原因主要有:

• 餐饮业的季节性强;

---

① 资料来源:皱益民、黄浏英著:《现代饭店餐饮管理艺术》,广东旅游出版社,2001 年。

- 专攻某个细分市场(如婚礼),使得使用时间只限于某个时间段(如周末);
- 在一个宴会(会议)结束后,经营者经常没有对宴会(会议)厅进行再销售;
- 经营者在传统市场低迷时,没有对市场多元化。

为了充分利用宴会(会议)厅,就必须进行大量的营销工作:

(1)制作宣传册

首先,宣传册的制作要精美,给人以视觉冲击。因为一般宴会或会议都是比较重视档次的,精美的宣传册是一个外在表现。

其次,宣传册的内容可以按主题进行分类,让人一目了然。同时介绍俱乐部其他的服务和设施,扩大吸引力。最好提供实景图片,让客人身临其境,这样可以降低客人风险,提高信任度。

另外,还可以提供不同风格和标准的宴会菜单和会议接待程序,让客人有多种选择。

(2)加强广告宣传

在相关媒体(报纸、电视、网络等)上进行宣传,也可以在俱乐部会员活动时进行宣传,要将信息及时准确地传达给潜在客源。

(3)主动接近顾客

- 和公司或协会签订合作协议,协议客人可以享受一定的折扣。这样可以稳定一部分客源。
- 俱乐部会员的宣传和推荐。俱乐部会员的忠诚度都很高,应该充分利用这部分资源,不但挖掘会员的潜力,同时发动会员进行宣传和推荐。

3. 宴会和会议经营

为了成功接待一次会议活动和宴会,必须做好各个环节的准备工作:

(1)宴会和会议的预订

宴会和会议一般都是要事先预订的,因此做好预订工作有助于俱乐部提前作好准备,减少之后的协调和变化。接受预订时要确认以下信息:

- 活动的日期、时间;
- 活动的类型;
- 出席人数;
- 预订的会议厅或宴会厅地点和名称;
- 会议桌型或宴会台型要求;
- 会议准备材料(话筒、纸笔、接线板等)和菜单标准、酒水要求;
- 收费标准和付款方式(现金、支票、挂账等);

- 预订人的姓名、联系电话、地址和单位名称；
- 接受预订日期，经办人的姓名、电话；
- 特殊要求：挂横幅、摆鲜花等。

表 4.2.6 提供了一份预订单的参考模板。

表 4.2.6　预订单参考模板

```
                          预 订 单
                                              编号：
预订日期：_____ 抵店时间：_____ 离店时间：_____
宴会(会议)名称：_____
预订人姓名：_____ 电话：_____ 地址：_____ 公司名称：_____
出席人数：_____ 收费标准：_____ 付款方式：_____ 订金：_____
宴会具体要求：
宴会地点：            宴会台型：
菜单标准：            用餐时间：
会议具体要求：
会议地点：            会议台型：
会议用品：
投影仪：   幻灯机：   放映机：   银幕：   白板：   讲台：   纸笔：
录像设备：  扩音器：   秘书台：   横幅：
备注：

预订人：            核准人：

日　期：            日　期：
```

(2) 宴会和会议准备

因为宴会和会议的人数多，接待工作量大，因此一定要做好准备工作。宴会的准备工作主要是：明确用餐人数、用餐标准；做好备料和摆台工作，特别是有生猛海鲜的，一定要明确数量，因为这些原料一般都是现采购的，而且价格高。有些菜品可以先以半成品的形式先准备出来，以提高工作效率。会议的准备工作是：明确参会人员、会议地点、要求的会议桌摆放形式、需要准备的设备（投影仪、话筒等），并要提前调试。有些保密性高的会议，中间不允许外人进入，要提前将茶水准备充足。如果出席人数较多，或者是有两个以上的会议或宴会，应该在明显的位置设立指示牌或安排人员引路，避免客人走错和造成混乱。还要检查是否存在安全隐患，人员是否提前到位。

根据不同的会议主题和俱乐部自身的条件,会议地点可以不同,会议桌的摆放形式也不同,见表 4.2.7。

表 4.2.7 会议室布局

会议室布局	优 点	缺 点	适合的会议形式
剧院或礼堂式会议室	能容纳大量人员	不适合作笔记;后面的人视觉效果不好	讲座型会议
课桌式会议室	适合作笔记	每人占用的空间大,后面的人视觉效果不好	适合小型讲座和需要作笔记的专题讲座
会议室	鼓励参会人员互相交流和讨论	每人占用的空间大,使用视听设备较难	适合董事会议、管理会议和小团体讨论
宴会或圆桌形式	参会者不必更换地点就可以分成小组讨论,而且很方便提供食物和饮料	每人占用空间大,使用视听设备较难	适合宴会、研讨会和圆桌讨论

宴会对宴会厅台型布置和宴会席次的安排是很讲究的。台型的布置主要取决于宴会厅的大小、形状和出席人数的多少等因素。中、西餐的台型布置有一定的差异,中餐的宴会台面一般使用圆桌,台型布置的要求是:突出主桌,主桌的桌面一般大于其他的桌席,而且台布颜色也可能不一样;客人进出的通道要顺畅、宽敞;筵席桌次的排列要整齐,使宴会厅的布局匀称;主桌的位置要设在与正门相对的宴会厅的里侧,通常主桌的背后用花台屏风、壁画等装饰衬托。有的宴会还要求将主桌客人的名签摆在桌上,餐厅应提前准备好,并注意名签所用纸张的颜色和质地一定要和宴会标准匹配。有的档次高的宴会还要为主桌的每位客人准备一份菜单。

中餐宴会排列桌次的规律是:靠近主桌右手边的台子的客人身份仅次于主桌,然后依次是从右向左、由近到远排列(见图 4.2.2)。

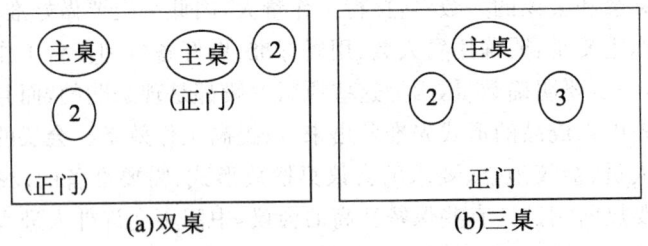

(a)双桌　　　　　　　　(b)三桌

图 4.2.2 中餐宴会台型

(3)菜单和服务

西餐宴会常用长台,根据宴会厅的形状和出席人数可以摆成"一"字形、T

形、马蹄形、山字形(或"E"字形)和"口"字形(见图 4.2.3)。

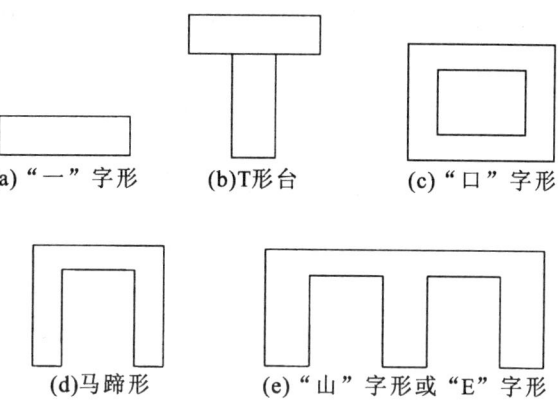

图 4.2.3　西餐台型

宴会席次的排列,特别是主桌席次的排列,应事先征求主办方的要求和意见。席次的座位通常是根据身份、地位、年龄、性别等确定。一般是主人坐在主桌位于正中央的位置。如果有副主人、主宾客和副宾客,副主人坐在主人的正对面,主宾客坐在主人的右侧,副主宾则坐在副主人的右侧,一般是将男女座次隔开,其他宾客没有严格规定。西餐席位安排原则和中餐一致。具体参考图 4.2.4。

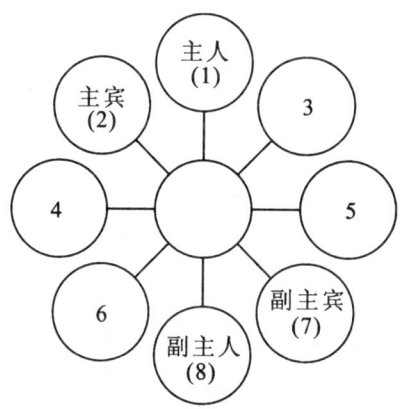

图 4.2.4　宴会度次

没有两个宴会或会议的目的、参会人员、预算和期望是完全一样的,因此应该提供不同的菜单选择、服务方式来满足不同客人的需求。

服务方式因价格、员工和宴会(会议)氛围不同而不同。团体业务通常有三种服务方式:美式服务、英式服务、俄式服务。

(4)食品和酒水收费结账

食品一般是按用餐人数计算,并事先约定好,一般不会出现差错。酒水结账稍微复杂一些,如果处理不当,很容易引起投诉,一定要事先确定好,一般有四种方式:

- 客人可以随意享用酒水,最后由主人买单;
- 客人自己付账;
- 会议组织者先统一购买酒水券并发放给客人,客人凭券点酒水,这样可以避免使用现金;
- 客人自己点酒水,店方提前准备好各种酒水,餐后根据客人的使用的酒水结账。

一般团队预订时,需要收取押金,多退少补。为了跟踪客人消费、不跑账,一般建立一个团队账户,记录团队的各项消费。而且有些需要负责人签字确认的一定要及时签字,并保存好。

五、规避潜在风险

餐厅在经营过程中要重视安全问题,落实预防措施,规避潜在风险。从客人的角度来说,餐厅要规避的风险主要有食品卫生安全、客人的人身和财物安全、客人过量饮酒。

1. 食品卫生安全

为了保证食品卫生安全,餐厅必须按规定操作,消除安全隐患,如餐饮服务人员上岗前更换工作服、消毒,生熟食品的保存,灭"四害"等准备工作。同时,服务员在点菜时应询问客人是否有忌讳和过敏的食品,如果有,一定要注明,以免出现问题时责任不清。

2. 客人的人身和财物安全

在可能给客人造成人身伤害的地方,一定要在醒目位置有警示语,如"小心楼梯"、"小心路滑"、"小心有电"等。客人的财物最容易在参加宴会和会议时丢失。因为参加的人数多,许多客人之间可能互不认识,俱乐部也无法辨认谁是参会者。如果给客人提供衣架,一定要提醒客人,贵重物品要随身带,不要挂在衣架上;如果给客人保存物品,也要给客人提示,并且在客人委托别人领取物品时一定要有凭证。

3. 客人过量饮酒

客人的饮酒量是很难控制的,这里除了技巧性地劝导外,还要注意在不同的国家有不同的规定。在有些国家,如果客人饮酒过量,俱乐部是有责任的,因此俱乐部一定要了解各个国家的规定,同时自身也要采取保护措施,如使用测量酒精度的仪器,当客人饮酒量超标时,一定要制止。

第三节　发展趋势

随着经济的发展，人们的生活水平和收入水平不断提高，信息技术给人们的生活方式和生活理念带来了很大的变化。掌握未来餐饮业的发展趋势有助于俱乐部及时调整经营策略。餐饮业未来将朝精致高雅与快捷方便两极化、主题特色化经营、复合式经营三个方向发展。

一、精致高雅与快捷方便两极化趋势

一方面，随着人们收入水平的提高，越来越强调享受生活，同时又面临着强大的工作压力和受各种高科技的"奴役"，也渴望释放自我，做自己的主人，因此一批从装修到服务都极为讲究的餐饮店应运而生，迎合了这部分人的口味。另一方面，人们的工作节奏越来越快，时间就是生命，时间已经成为现代人的奢侈品，因此那些提供方便快捷服务的餐饮店也在餐饮市场占有一席之地。

二、主题特色化经营

在越来越凸显个性的社会，人们对"吃"也要求与众不同，而且人们的偏好变化很快，如果餐厅没有自己的特色，只是随波逐流，那么就很难在市场上立足。不断地创新，有自己主题特色的餐厅经营形式将成为未来餐饮业发展的趋势之一。

三、复合式经营

这种经营模式是指餐厅与其他行业的结合，俱乐部经营餐饮就是其中的一种表现。这种经营模式主要是能整合资源、拓宽经营收入来源，同时能满足现有顾客的多种需求。

思考题

1. 怎样看待俱乐部餐饮与其他形式餐饮经营与管理的差异？
2. 如何决定俱乐部餐饮的经营形式？
3. 如何看待俱乐部餐饮的发展前景？
4. 怎样把握餐饮在俱乐部经营中的作用和地位？

第五章

俱乐部娱乐管理

学习目的

1. 了解俱乐部娱乐活动的基本内容。
2. 掌握俱乐部娱乐活动的管理模式及博彩俱乐部的组织结构及其管理特殊性。
3. 理解俱乐部活动对俱乐部经营的重要性。

娱乐活动是俱乐部最重要的活动方式之一,本章介绍最主要的娱乐活动方式,及娱乐活动的管理模式,主要包括顾客管理、服务质量管理和收银管理。

第一节 娱乐管理概述

一、娱乐活动在俱乐部经营中的地位和作用

娱乐项目是指通过提供一定的设施、设备和服务,使顾客在参与中得到精神满足的游戏活动。娱乐活动具有娱乐性、趣味性和参与性强的特点。随着经济的发展,人们的消费需求不断变化,需求的种类也丰富多彩。娱乐活动在弥补俱乐部经营中的业务空白、满足顾客需求等方面,发挥着越来越重要的作用。

(一)增加俱乐部的经营收入

娱乐项目一般在一次性的设备、设施投资之后,由于只要提供一定的空间和培训服务人员即可,后续追加的投资很少,因此能通过较少的投资取得高额的回报。而且能通过娱乐项目带动俱乐部其他项目(如餐饮和酒水)的消费,从而增加

俱乐部的整体经营收入。

(二)稳定和扩大俱乐部的客源

娱乐项目一般是由多人同时参与的,由于其娱乐性和趣味性,能吸引顾客重复消费,以会员制为特点的俱乐部可以通过娱乐活动稳定现有的客源,还可吸引更多的客人。

(三)完善俱乐部的服务范围

现在的顾客对服务的要求越来越挑剔,不但要求高质量,还关注速度、种类、变化等。"一站式"服务推出之后,备受欢迎,俱乐部提供娱乐项目能够完善俱乐部的服务范围,满足客人的多种需要,提高俱乐部的竞争力和吸引力。

二、娱乐项目设置原则

娱乐项目的设置主要考虑三个因素:顾客需求、俱乐部资源、项目匹配性。

(一)顾客需求

没有顾客就没有盈利,俱乐部要随时关注客人需求的变化,不但要适应顾客需求,还要分析顾客心理,引导顾客需求。从顾客的角度主要考察下列几个方面:

(1)俱乐部的现有客源结构。客源结构可以是多元化的,也可以是单一的。客源群体可以来自各个阶层,如企业家、外籍客人、高薪收入者、公司职员、政府人员、青年等。明确了客源结构后,还要进一步分析客源的数量、比例、地区分布等。

(2)顾客特征。从年龄、性别、职业、婚姻状况、收入、家庭背景、教育水平和宗教信仰等方面分析顾客,设置适合顾客特征的项目。

(3)顾客消费习惯。不同层次的客源有不同的消费习惯,对服务标准和设施设备的要求也不一样。如商务客人和休闲客人的偏好差异就很大。俱乐部要选择是服务于顾客原有消费习惯的某一个特定市场,还是要引导消费,开辟新市场,不同的市场设置的娱乐项目有所不同。俱乐部在设置新的娱乐项目时,要考虑原有客源消费习惯。新项目可以是对原有客源消费的补充和完善或是升级,但不要造成矛盾。

(4)顾客消费动机。这是建立在前面分析的基础上得出的结论,只有准确把握顾客消费动机,才能更好地满足顾客消费需求。

(二)俱乐部资源

俱乐部现有资源对于娱乐项目的设置有很大的影响,主要体现在以下几个方面:

(1)俱乐部现有人员状况。现有管理人员的管理能力和工作经验,服务人员的素质等都和娱乐项目经营成功与否有很大关系。

(2)俱乐部的财务能力。不同的娱乐项目的资金投入不一样,俱乐部的财务能力是否能支撑大型娱乐项目的投入。

(3)俱乐部现有接待能力。包括现有空间,设施、设备的配置状况。娱乐项目不要占用现有的资源,而应该盘活闲置资源。

(4)相对于竞争对手的优势。俱乐部设置娱乐项目的目的是为增加收入,提高顾客忠诚度,因此应该选择俱乐部和竞争对手相比有相对优势的项目。

(三)娱乐项目合理搭配原则

俱乐部在设置娱乐项目时,不但要以顾客需求为导向,同时还要兼顾各个娱乐项目之间的合理搭配。

1.主营项目与配套项目

主营项目应是具备一定的规模或一定特色,能成为吸引顾客的重要娱乐活动的项目,必须是俱乐部的优势项目,或与竞争对手比具有明显优势。确定了主营项目之后,还应有相应的配套项目,作为主营项目的完善和补充。配套项目既要考虑为客人提供服务功能的完整性,还要考虑与主营项目的一致性。主营项目和配套项目之间应主次分明,相辅相成。有些俱乐部追求大而全的项目,不但浪费资源,还对俱乐部的整体经营造成不良影响。

2.室内项目与户外项目

高节奏的生活使得越来越多的人追求自由空间和个性展示,很多探险性的户外娱乐项目满足了人们的这部分需求,许多户外项目也应运而生。和室内项目相比,户外项目具有更强的趣味性和吸引力,但是对人员、安全、环境等要求也更高。俱乐部在设置娱乐项目时,要从自身的资源和优势以及会员需求出发,不要盲目追赶潮流,同时要平衡好室内项目和户外项目的关系。

图5.1.1用来表示上述三个设置原则(见105页)。

三、娱乐项目经营目的的定位

有的俱乐部主营业务就带有休闲娱乐的性质,如高尔夫、网球等俱乐部,除了健身功能外,也定期举办音乐会、小型演唱会等活动,以丰富会员的生活。因此,如果俱乐部提供专门的娱乐活动,就必须正确处理主营业务和娱乐项目的关系,对娱乐项目的经营目的有清晰的定位,以免造成主次不分。这里主要介绍增值服务和补充性经营业务两种方式。

(一)增值服务

娱乐项目可以通过低成本为俱乐部带来更多的经营收入,但是俱乐部可以根据自己的特点,正确处理主营业务和娱乐项目之间的关系,可以把娱乐项目作为增值服务,而不是补充性的经营业务。例如,俱乐部可以开辟专门的场地,设立卡拉OK厅供会员免费使用,扩大会员利益。如果把娱乐项目定位于增值服务,

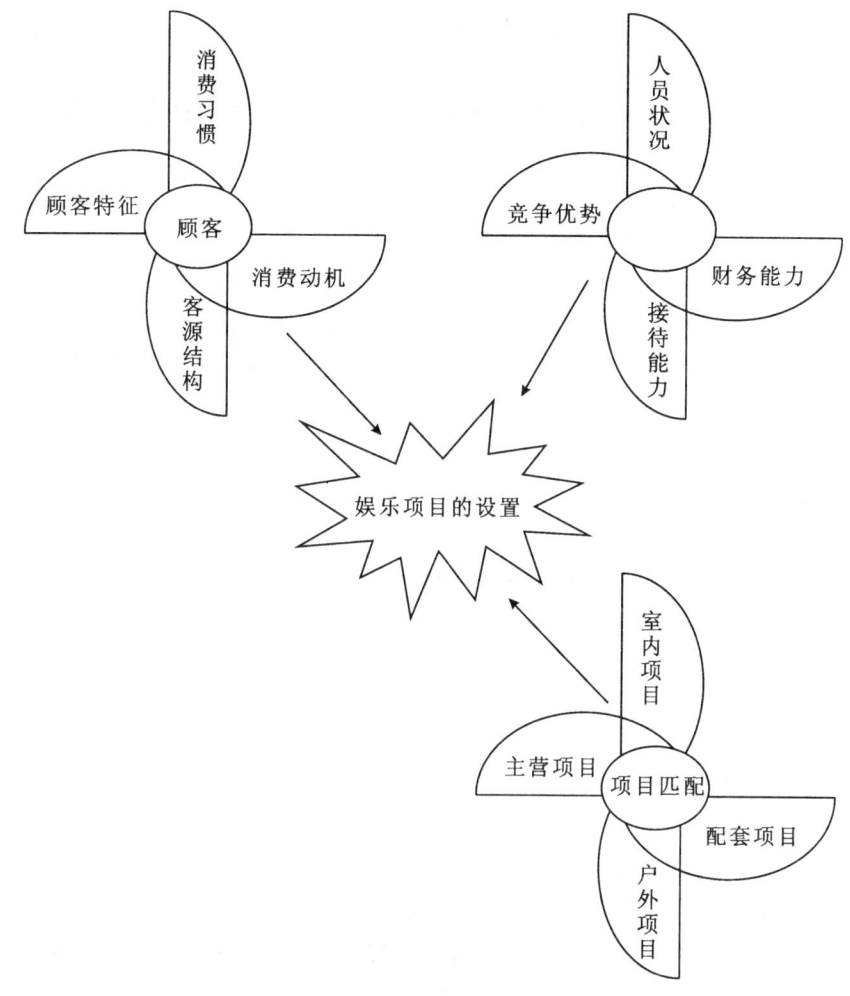

图 5.1.1 娱乐项目设置原则

要考虑以下问题：

（1）会员的规模：如果会员规模太小，会员的会费不足以支撑俱乐部运营免费的娱乐项目，就不能把娱乐项目作为增值服务。

（2）会员的反馈：如果会员对俱乐部提供的这项增值服务评价不高或不感兴趣，就必须改变经营方式。

（3）确定服务对象：一方面确定免费服务是针对所有会员的，还是根据会员级别向一定级别的会员开放的。另一方面，考察其他会员或客人对娱乐项目的需求状况。如果享受对象的范围划分引起其他会员不满或非会员对娱乐项目有很强的消费倾向，也要考虑改变经营方式。

（4）增值服务的项目：选择那些能够稳定现有客源的项目作为增值服务的项目。

（5）不断推陈出新：要把握娱乐发展趋势，适时推出新的活动项目，让客人觉得物有所值，而不是俱乐部在敷衍了事。

（二）补充性经营业务

俱乐部在人们的工作之外的生活中的角色越来越重要，人们不但把俱乐部当作交友健身、休闲娱乐的地方，也希望俱乐部能成为生活的"好帮手"，能为自己的生活带来更多的乐趣。这就要求俱乐部准确把握客人心理，不断创新。休闲娱乐产业是一个"无烟"的朝阳产业，俱乐部可以把娱乐项目作为增加俱乐部经营收入和满足客人多种需求的补充性经营业务。经营娱乐项目时要按照项目设置原则选择娱乐项目种类、营业时间、服务对象、收费方式等。

第二节 顾客管理与质量管理

一、顾客管理

娱乐项目的成功经营是提高顾客忠诚度的良好手段，因此顾客管理是娱乐管理的一个重要组成部分。下面将从顾客需求细分、顾客体验升级、顾客忠诚度的维持三个方面论述。

（一）顾客需求细分

在娱乐项目中，顾客的参与度很高，因此以顾客需求为导向是俱乐部设置娱乐项目的主要原则。俱乐部的主要客源主体是会员，因此正确把握会员需求对成功经营娱乐业务极为重要。会员一般来自同一阶层，有着类似的社会经济地位和兴趣爱好，而每个会员又拥有自己的个性特征。因此需要对会员需求进行进一步细分。这里的需求细分主要是指从会员的共性需求中寻找差异。

下面将以 4-H 俱乐部为例进行说明（4-H 俱乐部会员主要是青少年）。4-H俱乐部在设置活动项目之前，先是分析青少年的共同需要。

1. 共同点——青少年的五个基本需要

（1）归属感（Belonging）：归属感是与生俱来的，也使得青少年渴望和他人一起相处。

（2）情感（Affection）：情感或爱（love）在个性发展中是基本的。尽管年轻人有各种缺点，但他们应该知道他们是被关注和被爱的。

（3）成就感（Achievement）：年轻人希望他们的努力是值得的，是受人重视的。由于每个会员的成就感不一样，因此设置的项目应该和会员的能力保持一致。项目的设置要让会员富有成就感，应该是让会员不但觉得自己有能力完成项目设置的目标，同时还能帮助别人。

（4）独立性(Independence)：独立于父母是成长的标志。独立的愿望对于父母和项目领导者来说是很麻烦的，但是如果要让男孩和女孩们正常成长，就不能忽视这一点。独立性表现为对领导者指导的不耐烦和偏好自己作决定。

（5）新体验(New Experiences)：年轻人需要也渴望成长和具有主动性。他们需要新鲜的和不同体验来开拓视野。

在分析了共同点之后，再进一步分析不同年龄段青少年的不同特点和偏好。

2. 不同点——把握不同年龄段的特点（表 5.2.1）

表 5.2.1　不同年龄段会员的偏好

能力倾向	初学者(Beginner) （9~11 岁）	中级(Intermediate) （12~15 岁）	高级(Advanced) （16 岁及以上）
兴趣范围	多变的，持续时间短	随着经验的丰富，兴趣持续时间变长	如果是自我驱动的，则行为接近成年人
协调力	兴趣高，协调能力差	对某个特殊技能感兴趣，能够处理复杂工作	高技能
智力	处于兴趣的高峰，经验有限	经验的广度和深度增加	经验持续增加，能够理解关系
计划能力	由于有限的经验和判断力，能力有限	计划能力比执行能力强	有计划的需要和能力
和同龄人的联系	男孩对男孩 女孩对女孩	对异性感兴趣，对被团体接纳感兴趣	兴趣高

4－H 俱乐部在对不同年龄段的会员需求偏好和特点进行细分后，在组织活动时，针对不同年龄段的会员制定不同的活动方案，在活动难度、活动目的、指导原则、参与人数与性别比例方面都有所不同。

（二）顾客体验升级

在细分了顾客需求之后，还要为顾客提供优秀的体验环境，才有可能维系顾客。但是由于娱乐项目的不可控因素很多，同样的娱乐项目给不同的人带来的感受不同，而不同的娱乐项目给不同人的感受却可能是一样的。因此，要为顾客制造一个愉悦的氛围，需要综合考虑对顾客感受造成影响的内外因素。外在因素包括天气、噪音、活动空间、拥挤程度、设备运行状况等；内在因素主要是指顾客的心理状态和性格特征：兴奋、烦躁、孤僻、好冒险等。要升级顾客体验，要明确两个问题：顾客能体验到什么和顾客是如何体验的。图 5.2.1 的 4 个象限描述了不同的内外因素对顾客体验经历的影响。例如，第一象限反映了不好的外在因素导致的几种不好的顾客体验。狭窄的活动空间让顾客觉得有拥挤感,单一的娱乐项目让顾客觉得很单调。

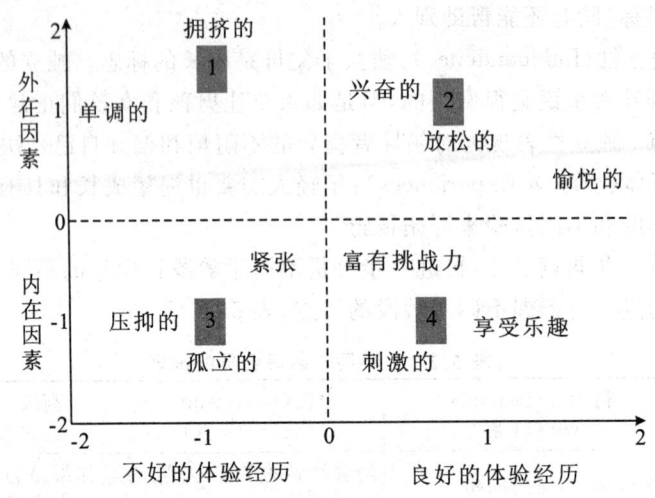

图 5.2.1　顾客体验感受结构图

(根据 Prem Chhetri, Colin Arrowsmith, Mervyn Jackson(2002)修改)

俱乐部可以通过改变娱乐项目布局,设计不同的娱乐活动路线,观察顾客的反应,收集顾客反馈意见,营造一个最佳的顾客体验环境。

(三)顾客忠诚度维持

有了明确的细分需求和良好的体验环境只是吸引顾客的基础,而要培养顾客的忠诚度还要采取其他配套措施。目前较为普遍的是发行会员卡。发行会员卡需要考虑以下几个因素：

(1)会员卡设计:包括文字、图片、材料、卡号等的选择,不同种类的会员卡应该有不同的设计。除了名称之外,还可以通过颜色区分。卡号的设计也需要注意细节,如可以跳开"4"或"13"等在某些国家不受人们欢迎的数字。会员卡上应该有俱乐部的标志和联系方式,这是宣传俱乐部的一个很好方式。

(2)会员卡的种类:可以根据等级分为钻石卡、白金卡、金卡等,也可以根据时间分为年卡、季卡和月卡等。有的俱乐部向某些重要贵宾赠送会员卡,这时选择两种会员卡赠送:一种是专门制作的会员卡,卡内没有金额,但是持有该会员卡的客人可以享受俱乐部规定的优惠;另一种方式,赠送已有的会员卡。在此情况下,持卡人享受的待遇也可以有两种。一是卡内无金额,持卡人凭卡享受该种会员卡的优惠,无须续费;二是卡内有金额,持卡人享受该种会员卡的待遇,但是当卡内金额消费完毕后,持卡人应该按照规定续费,否则不再享受该卡应该享有的待遇。

(3) 会员卡标准:如按等级区分的会员卡,会员卡的级别可根据累计消费金额或一次性存入卡内金额区分。例如,一年消费金额在一万元以上(含一万元)或一次性存入金额一万元以上均可办理金卡。

(4) 会员权利:不同的会员卡享受的待遇是不一样的,且有一定的差距,如钻石卡会员娱乐可以享受五折优惠,白金卡会员可以享受七折优惠,金卡客人享受九折优惠等。另外还有一项需要说明的是,会员卡可以根据卡内剩余金额进行区分,以决定持卡人所享有的待遇。例如有的俱乐部为了吸引更多的会员,推出只要一次办理会员卡,无论卡内金额多少,都终身凭卡享有该种会员卡的待遇。有的俱乐部为了吸收更多的资金,则根据卡内金额,会员的待遇经常变化。例如,一张白金卡的标准是卡内金额 1 万元,金卡标准是 5 千元,如果某客人消费后,卡内金额不足 1 万元,但高于 5 千元,那么客人再次消费,如果不续钱,则只能享受金卡待遇,而不是白金卡待遇。

(5) 会员卡的有效期和有效持有人:有效期可以是一年也可以是终身的。有效持有人是指会员卡是否可以授权给他人使用,还是持卡人本人使用有效。

(6) 会员资格的生效和取消程序:如果是现金交费,则一般是即时生效;如果是支票或是银行转账,则一旦款项到达俱乐部账户后即生效。会员资格的取消可以是会员自愿取消,或者超过有效期自动取消。

(7) 其他事项:包括变更通知,俱乐部服务员操作程序等具体规定,可结合俱乐部的财务规定进行制定。

会员卡不但是吸引顾客的手段,也是与顾客沟通的方式。俱乐部应该有专人负责会员卡的业务。一般是由销售部负责,要定期和会员联系,征求会员的意见,在节假日向会员致以节日的问候,或是在会员过生日的时候,送上生日祝福。要及时兑现对会员的承诺。

二、服务质量控制

娱乐项目的客人参与度高,灵活性大,因此在控制服务标准和保持质量一致性上的难度较高,而娱乐项目作为稳定和扩大俱乐部客源的重要工具,服务质量是一个很关键的因素。提供优质的服务,可以提高顾客的满意度,从而提高顾客忠诚度。下面借鉴 Cronin 和 Taylor 在考察顾客满意度和顾客忠诚度之间的关系的研究框架和台湾学者 Chang—Hsi Yu、Hsiu—Chen Chang、Gow—Liang Huang(2006)关于台湾休闲产业在服务质量、顾客满意度和顾客忠诚度关系的研究成果,对俱乐部如何提高娱乐项目的服务质量进行分析。

休闲产业影响顾客忠诚度的因素可以用图 5.2.2 表示。

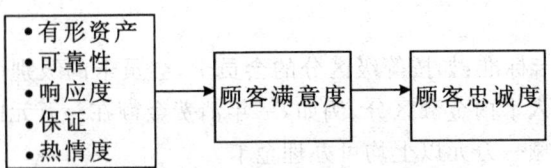

图 5.2.2　影响顾客忠诚度的因素

从图 5.2.2 可以看出,顾客的忠诚度是建立在顾客满意度之上的,而影响顾客满意度的因素很多,主要有有形资产、可靠性、响应度、保证和热情度五项。五项的影响因素又包含很多内容,具体见表 5.2.2。

表 5.2.2　影响因素

影响因素	具体内容
有形资产	设施有吸引力 员工穿着得体 环境清洁卫生 产品和设施摆放合理
可靠性	食品是卫生的 问题得到及时关注和解决 服务能满足顾客需求 产品质量有保证 公司形象好
响应度	服务人员提供主动服务 员工能提供公司新信息 服务人员在忙时也能对客人需求作出反应 服务人员能以最佳状态帮助客人
保证	价格合理 员工友好 员工了解关于产品的专业知识
热情度	交易过程让客人觉得很方便 服务人员关注客人需求 关注客人最大利益

俱乐部要培养顾客的忠诚度,首先要提高顾客满意度。尽管客人在娱乐活动中的参与性高,以自我服务为主,但是从表 5.2.2 可以看出,除了保证硬件设施的安全、卫生和标准外,服务人员的服务在满足客人需求方面占有很大比例。为了提供优质服务,应该培养服务员的主动服务意识,和客人形成互动,预测和及时满足客人需求,要做到"六勤":

(一)眼勤

服务员在服务时,注意力要集中在客人身上,在视线范围内随时关注客人是否有需求和需要帮助,要在客人需要之前为客人提供服务,要行动在客人要求之前。要做到"眼里有活",有主动服务意识。要关注不同的顾客,不要将视线集中在一个固定的客人身上,不要怠慢任何客人,特别是在举办大型活动时,更要提高服务意识。

(二)手勤

服务员服务时动作要熟练,要按照规定程序操作。例如,在歌厅或舞厅服务时,要及时为客人续上茶水,要及时清理游艺厅的垃圾(烟头、饮料瓶等)。

(三)脚勤

要在服务区多走动,观察客人是否被冷落或者有新的需求。当客人有需要时,能及时出现在客人面前,步伐要轻快,不要疾跑。同时还要注意场合,不要影响客人消费。如在舞厅服务时,不要在舞池内停留太长时间或过于频繁地出入舞池。

(四)嘴勤

要主动询问客人的意见,当对客人的要求不明白时,要问清楚,同时要清晰地重复一遍,不要引起投诉。要认真回答客人的问题,自己不清楚时,可以让相关部门的同事帮忙回答,或是打电话咨询,不要让客人去寻找答案。

(五)耳勤

如果听到客人的投诉或是对公司的评价,则应在能力范围内及时解决;不能解决的话应及时向上级反映,不要让客人把不满带走。

(六)脑勤

遇到问题,要随机应变,除了俱乐部规定的服务程序和职责,要鼓励服务员有创新精神和冒险精神,为客人排忧解难,为提高服务质量和公司形象出谋划策。

另外,娱乐项目的专业性较强,俱乐部在培训员工时,应该加强交叉培训,让员工掌握多种娱乐项目的服务技能和服务知识,同时各个岗位的员工要互相支持,把俱乐部作为一个整体,不要推诿和逃避责任。

第三节 娱乐活动管理与控制

策划和组织活动是提高俱乐部影响力的重要促销手段,俱乐部可以定期或是在各种节假日举办各种娱乐活动。这些活动可以是娱乐性的,也可以是竞赛性的。在举办竞赛活动时要做好以下几项工作:

一、活动前的准备工作

1. 确定参加对象

确定参加活动的对象,要弄清是属于会员内部活动还是针对所有的客人。邀请形式也要确定是发正式邀请函,还是电话通知,或是通过报刊媒体和促销海报宣传活动信息。

2. 确定活动项目

要选择那些参与性和趣味性强的项目,要能调动客人的积极性。还要确定活动持续的时间,尽量不要选择营业旺季和高峰时间,以免影响正常营业。当然有时也可以选择客流集中的节假日,如圣诞和新年,加强宣传攻势,强化俱乐部的影响力。同时要考虑活动场地,是否有足够的空间或是否存在安全隐患。有些国家对举办大型活动有要求,当超过一定人数时,需要防火安全部门备案批准。

3. 预算编制

预算主要是指活动的支出费用。支出主要包括奖品、宣传费、人工费、其他杂费(如场地布置)等。奖品的选择可以根据活动的规模和参加对象决定,可以是带有俱乐部标志的小礼品,为俱乐部作宣传。如果参赛是收费的,可以选择有诱惑力的奖品,吸引客人报名。最终是要保证收支平衡。

4. 资金筹措

俱乐部可以利用他人赞助举办活动,减少财务支出。赞助来源可以是政府机构、其他企事业单位冠名赞助;也可以考虑挖掘会员的潜力,如缴纳会费的时候,就包括定期举办聚会的经费;还可以利用重大节日,很多公司都包场举办聚会活动,俱乐部可以寻找这样的机会。这样不但可以减少开支,同时还可以带动别的消费项目,增加收入,和客户建立合作关系。

5. 奖项和奖品

根据活动项目设置奖项,如歌厅歌唱比赛可以设置一、二、三等奖,也可以评"最佳歌手"和"优秀歌手",应该让所有参赛者都能玩得尽兴。奖品可以是根据奖项不同而不同,也可以是一样的,如比赛后都可以免费享用自助晚餐等,以公平和吸引力为原则。

6. 设立比赛规则

比赛规则要科学、专业,同时可以考虑娱乐性,如歌厅可以邀请会员做裁判。比赛规则应该贴在比赛现场的醒目位置,比赛要公正。

7. 活动场地布置

要提前布置好场地,室内项目要提前调试灯光和音响设备。如果是公司包场,最好征求客户的意见,看他们对现场布置是否有特殊要求。户外项目要特别注意安全和环境问题。

8. 专门小组负责

另外，还应该成立专门的活动小组，对整个活动过程进行协调，并有书面指导文件。可以责任到人，以免遗漏重要环节。表5.3.1提供了一个活动的参考样本。

表 5.3.1 ×××活动纲要样本

圣诞卡拉OK比赛活动协调表

日期：_____ 地点：_____ 总负责人：_____

项目名称	具体事项	负责部门(人)	备注
观众入场	歌厅入口有迎宾员负责查票和引导	歌厅	控制入场次序和人数，以免引起骚乱
评委	安排观众评委就座，每人发评选表格一张、签字笔一支、矿泉水一瓶	歌厅当班服务员一人	
……	……	……	……
颁奖	准备好奖杯、证书和奖品	财务部负责采购	由总经理、销售部经理、歌厅经理分别向一、二、三等奖歌手颁奖

二、活动的实施

如果准备工作做得充分，活动实施起来就较为顺利。着重要做好协调和安全防范工作。要保证服务员都到位，并能保证服务质量。如果是室内项目，活动小组可以巡视各活动场所，预防事故和客人投诉。如果是户外项目，要保证沟通的顺畅，做好突发事件的预防和准备。

三、活动结束后的跟踪活动

举办娱乐活动要有长远眼光，着眼于和客户建立长期合作关系，培养忠诚顾客。活动结束后俱乐部要做好两个方面的工作：

1. 内部工作总结

活动小组召开总结会，总结活动成功和不足的地方，形成书面文件存档，为今后的活动提供参考资料。应该总结下面几个方面：预算是否合理；客人反映是否良好，如果有客人投诉，要分析问题的原因和改善办法；服务员的工作量是否合理；设施设备的磨损程度；对俱乐部整体经营的影响。

2. 跟踪客户

如果是公司包场，应该和公司的活动负责人联系，征求负责人的意见，并建立客户档案,并定期和客户联系,挖掘客户需求,逐渐建立稳定的合作关系。如果是针对会员的活动,可以举办一次会员研讨会,让会员对活动作出评价,提出建议和意见。

四、户外娱乐项目活动组织和案例分析

户外娱乐项目根据种类的不同,复杂程度也存在很大差异。俱乐部可以根据自身的资源条件选择适合自己的项目。可以把户外娱乐项目作为俱乐部的主营业务,也可以把户外娱乐项目作为定期的会员活动,或者把其作为吸引新客源的促销活动。鉴于户外娱乐项目的复杂性,我们将结合案例进行分析。

1. 户外娱乐项目概述

户外娱乐项目通常是指非竞争性的活动,如登山、野营、潜水、骑马、狩猎、滑雪、航海等,但也不局限于这些。户外娱乐项目具有以下几个特征:

- 在建筑物范围之外(如户外)进行;
- 不局限于有组织的竞争和正式规则;
- 在没有建筑设施或基础设施的条件下也可以进行;
- 可能需要大面积的陆地、水域等;
- 可能需要户外独特未经改造的自然地形。

2. 户外娱乐场景

户外娱乐不仅仅是指在户外场所举办活动,还需要综合生物物理、社会和管理特性的场景。

(1)生物物理特性

- 地形;
- 周围建筑物的数量和类型;
- 大自然里的气味(如花香、雨水等);
- 大自然里的声音(如瀑布声、冲浪声、鸟鸣、风声等)。

(2)社会特性

- 参与者的数量;
- 参与者的活动;
- 由机器和参与者活动造成的声音;
- 由机器和参与者活动带来的气味。

(3)管理特性

- 场地的所有权和管理安排;
- 某个场所的规章制度;
- 场地和设施的设计和标准。

因此,户外项目组织者在选择和布置场地时应该综合考虑这三方面的因素。为成功组织户外活动打好基础。

3. 户外娱乐活动的计划

在计划一个户外娱乐活动时,要收集和分析以下信息:
- 客人的需求和活动的目的;
- 现有的或计划的娱乐场景;
- 现有的或计划的娱乐活动机会;
- 现有的或计划的娱乐设施;
- 现有的或计划的娱乐设施项目;
- 娱乐活动的报名费;
- 利益团体关于娱乐活动的观点;
- 影响以上方面的人口因素;
- 娱乐对生物物理、社会和管理方面的影响。

这些信息有助于对资源的分配(资金、员工、场地等)作出决定。

4. 案例参考

户外娱乐项目对客人具有很大的吸引力,但是对俱乐部的要求也很高,要综合考虑宏观和微观因素,有的还涉及法律问题。下面提供一个娱乐项目管理的计划书目录,案例选自 MAINE DEPARTMENT OF CONSERVATION Bureau of Parks and Lands 2003 年所做的计划书 *The Recreation Management Plan for the Public Islands on the Maine Island Trail* 2004~2014。

设计户外娱乐项目的主要内容有:

(1)介绍
- 计划综述;
- 管理目标。

(2)背景信息

A. BPL Coastal Islands 概述
- 大小、位置和特征;
- 地质资源;
- 自然生态;
- 野生资源;
- 文化资源。

B. Maine Island Trail 历史和娱乐活动的使用
- 实施的传统的娱乐活动;
- Maine Island Trail 的形成;

- 从管家到管理；
- 指导未来管理的基准。

(3) 娱乐管理

A. 娱乐活动使用事宜和行动
- Maine Island Trail 周围公众使用权；
- 社会/生态承载能力；
- 个人岛屿的娱乐开发；
- 公平使用分配；
- 影响（生态、文化和美学；野生生物；营火；人类活动带来的垃圾；宠物）。

B. 管理项目
- 合伙与合作；
- 参观者教育；
- 场地保养；
- 环境与社会监控。

虽然该案例主要是针对专门的大型户外活动的，但是其中的思路可以作为俱乐部户外娱乐活动的参考。

第四节 收银管理

由于娱乐场所分散，信息传递环节较多，因此流畅的收银管理非常重要。不同的结账方式，管理的重点也各不相同。

一、按结账时间分类

1. 即时结账

即时结账主要是指在消费开始或结束时，俱乐部即可得到并可即时支配的营业收入。有的项目是在消费开始时结账的，如玩电子游艺机时需要提前购买游艺币；有的项目是在消费结束时结账的，例如量贩式卡拉OK。

2. 预收结账

预收结账指顾客在消费之前预付一定的消费金额，在实际消费时冲减。这主要是指采取会员制的会员用会员卡消费，顾客在获得会员卡时已经支付了一定的金额。预收结账对俱乐部来说有很大的益处，为俱乐部利用资金的时间价值提供了机会，并能促进稳定营业收入，因此这种结账方式很受企业欢迎。这里还涉及会员的折扣问题，因为有些俱乐部对会员卡的卡内余额要求很严格，不同的余额享受的折扣也不一样,因此服务员在结账时一定熟知规定,并向客人说明,以免造成投诉。

3.赊账签单结账

指顾客先欠账进行消费,之后根据签单来结账。赊账签单结账与即时结账的区别是,即时结账仅限于在消费结束后当时结账,不能延迟,而赊账签单结账可以延迟一段时间再结账。这种结账方式一般适用于消费额度较大,信誉良好的客人,顾客的支付形式以转账支票或信用卡为主。采取这种结账方式时,要采取各种措施,保持和客人的联系,避免因跑单而给俱乐部造成损失。

二、按计价方式分类

1.计时收费

按客人的消费时间收费,如歌厅消费。

2.计量收费

按顾客使用服务设备或消费产品的数量收费。适用于便于统计数量的康乐项目,例如:电子游艺机是以使用次数为计费单位的。

3.计人次消费

按顾客消费人数和次数为计费单位而取得的收入。这种计费形式适用于多人共同消费的统一项目,例如:夜总会、舞厅或户外娱乐活动等。

三、按营销方式分类

1.常规销售

这只要按照俱乐部规定的收费方式收费即可。

2.优惠销售

俱乐部为了稳定客源,开拓市场,在特定时期或特定时间或特定群体推出的优惠活动。主要采取三种优惠形式:

(1)折扣优惠

按顾客消费的一定百分比优惠计算,也就是通常说的打折,如九折优惠,即按90%收费。

(2)金额优惠

即在顾客实际消费金额的基础上少收一部分,没有固定的比例,通常是免去零头。如消费额是1 050元,实收1 000元。

(3)赠送优惠

主要有两种情况:一种是向顾客赠送实物,如小吃、饮料、小礼品等;另一种是赠送适量的消费额度,如赠送2小时歌厅消费,或游艺机币买10枚赠3枚等。

采取优惠形式时,要进行成本核算,要有明确的书面操作程序的规定,在收费过程中要有详细的记录,还要有负责人和经手人的签字才有效,并在财务报表中反映出来。同时还要明确已经持有会员卡的客人是否能够享受双重折扣。如果不能,要考虑暂时性的优惠是否会对持会员卡客人的利益带来冲击。

思考题

1. 如何借助俱乐部的娱乐活动提高会员的忠诚度和满意度?
2. 目前的国内的户外娱乐项目大多由户外体验培训公司来做,国内俱乐部如何开发这部分市场?
3. 如何设置俱乐部的娱乐项目?
4. 举办俱乐部娱乐活动时,要注意哪些问题?
5. 俱乐部娱乐项目的营销方式都有哪些?

第六章

俱乐部财务管理

学习目的
1. 理解俱乐部财务管理的基础知识和基本原理。
2. 理解俱乐部筹资、投资、财务预算、利润分配和成本管理的操作原理。
3. 将财务管理理论运用到俱乐部管理实践中。

本章主要介绍了俱乐部财务管理的基础知识、原理。借助几个典型的国内外职业体育俱乐部的案例,从实践角度介绍了营利型俱乐部财务管理的基本内容,并围绕着俱乐部投资、融资等方面进行论述。

第一节 理财铸造辉煌——AC米兰足球俱乐部成功之路

1899年12月16日,杜诺德宾馆的房间里见证了一个历史时期的到来,一家由球迷共同出资的体育俱乐部成立了。经过百年风雨,在足球史上写下令人难忘的篇章,至今该俱乐部仍然活跃在世界体坛上——她就是著名的AC米兰足球俱乐部。这是早期的由会员共同出资成立俱乐部的形式。

一、收入来源结构

随着球队成绩的不断攀升,俱乐部收入的来源日益呈现出多元化的趋势。主要有以下几种形式:门票收入、电视转播费收入、广告收入、球员转会费收入、赞助商出资、比赛奖金等。

不同类型俱乐部的收入来源和结构并不相同,俱乐部规模的大小也决定着各种收入的比例。

二、收入来源创新模式——网络营利渠道

AC 米兰球迷与圣西罗球场见证了 AC 米兰光辉的赢利历程,收入方式简洁而重要。俱乐部开发的众多重要的沟通媒体包括:
- 数字电视频道:米兰电视台;
- 官方网站:www.acmilan.com;
- 杂志:《前进,米兰!》;
- 广播电台:Rds;
- B2B 合作伙伴模式网络平台:b2milan.com;
- 社区及会员网站:mgeneration.it。

(资料来源:http://www.acmilancn.com/ziliao.asp)

无疑,这些新的沟通媒体为打造 AC 米兰的品牌提供了一个很好的平台,并且大大促进了其品牌的国际化,对俱乐部的发展起到了不可估量的作用。

三、基础设施投资——米兰内罗(Milanello)体育中心

1963 年米兰内罗体育中心建成,面积大约 160 000 平方米,包括一片松林和一个小湖。体育中心位于 Carnago 镇、Cassano Magnago 镇和 Cairate 镇之间,巧合的是,米兰内罗的更衣室正好被这几个小镇的边界线穿过。

目前,该体育中心的功能进行了进一步的扩展,不仅是 AC 米兰俱乐部,而且成为整个意大利足球产业的重要资源。从起源上说,米兰内罗最初的老板安德列·里佐一直梦想将体育中心辉煌的使命完成,贝鲁斯科尼将这个使命一直延续了下去:为教练员和球员提供一个能满足他们所有需要的体育中心。意大利足协在国家队重大赛事的赛前准备经常在这里展开,如 1988、1996 和 2000 年的欧洲杯前意大利队都是在这里集训的,从而提升了该体育中心的价值与地位。

米兰内罗总共拥有六块正规场地,质量优越。其中一块属于人造草皮,还有小规模室外草地等等。草皮每年的投资巨大,除了期初的固定资产投资以外,每年的维护费用占了很大的比重,特别是每场比赛之后都需要进行相应的维护。

(资料来源:http://www.acmilan.com)

这里非常有利于球员水平的提升,可以从速度、反应能力等角度体现出来。对俱乐部基础设施的投资,从本质上来讲,是对俱乐部会员的投资,包括球员、教练员、管理人员等。同时,该项投资扩大了 AC 米兰俱乐部的知名度,而租借运动场又为俱乐部提供了可观的收入,可谓一举多得。

四、对球员的投资——米兰实验室

AC 米兰足球俱乐部时刻关注球员的身心健康。为了为球员创造世界上最好的软环境,AC 米兰足球俱乐部将最新的高科技手段应用到了对球员以及对俱乐部其他成员的管理中去,形成了最具有代表性的米兰实验室。该实验室科技含量较高,包括心理学、控制学、计算技术等等,使之成为运动科学的典范。

可以从以下三个方面来具体阐述米兰实验室的优势:

(1)信息搜集采用世界上最为先进的软件技术。

(2)人工智能系统通过心理学、生理学、结构科学、软件系统对人体的各种信息进行最为现实的反映与控制。

(3)通过上述研究结果分析与预测球员的进一步行为,阐述各种事件发生的可能性,为管理者管理球员提出最好的事实佐证。

以上这个案例是营利型俱乐部的资金来源与应用,以及收入的来源渠道。会员的会费并没有成为直接的资金来源渠道。但如果将会员从狭义的注册会员扩展到广义的会员时,足球或篮球俱乐部的球迷就成为广义会员的范畴。我们不难发现,俱乐部的最终资金来源于广义会员的支出、消费,可称之为另一种形式的会费支付。因此,营利型俱乐部的一个重要资金来源也是俱乐部会员的会费。

对于非营利型俱乐部,资金主要来源于俱乐部会员的会费、赞助等渠道。会员由于共同的兴趣和爱好聚集在一起,通过缴纳会费,参与俱乐部活动;一些俱乐部的发展会促进一些特殊组织、地区、国家的发展,因此积极争取各种资助、赞助也成为一些非营利性俱乐部资金来源的重要渠道。

第二节 俱乐部融资

稳定的资金来源是俱乐部经营的基础。俱乐部的初始投资需要俱乐部的发起人来承担,同传统企业相似,发起人的原始资金投入是俱乐部成立的基础,俱乐部的性质不同,原始资本的金额也差别较大。俱乐部的本质与特征决定了会员会费在其中的重要地位,但是随着时代的发展,特别是营利型俱乐部的不断增多,使得俱乐部的融资也出现了多元化的发展趋势,最典型的是进行资本市场融资。

一、会员会费——俱乐部资金的重要源泉

(一)俱乐部会费的特殊意义

在人类历史上,俱乐部是自发地产生、发展、成熟与完善的。特别是在当今这个物质利益至上的经济社会里,一切都归结为个人利益最大化。每个人的兴趣、爱好,只有在自己的经济利益、物质生活保障得到一定程度的满足之后,才能得以开发和实现。我们的兴趣在这夹缝中生存,这种生存的空间越来越大,俱乐部是这种生活方式的集中体现。

如果说人的一生分为两种状态,一种状态是通过各种方式来满足自己的物质利益,另一种状态是通过各种方式来满足自己的精神需求,那么俱乐部就属于满足人类精神生活的形式。

如果说人的生活分为三个部分,第一部分是工作,第二部分是家庭生活,第三部分是能够依自己的兴趣进行的活动,那么绝大多数俱乐部属于第三部分的生活方式。

从经济来源的角度来分析一个人资金的来源与应用会发现,人们在工作中赚取金钱,在家庭生活中花费金钱,在兴趣、爱好或其他方面投入金钱,这就构成了人类生活的基本经济循环。

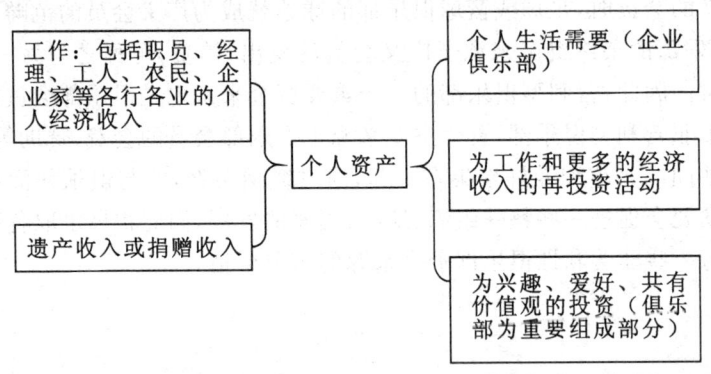

图 6.2.1 个人资产的来源与消费

如图 6.2.1 所示,个人资产的来源包括两个方面;个人资产的运用大体上包括三个方面:第一个方面是个人日常生活必需品的需要。有些企业为了更好地促销产品,扩大自己的知名度,采取俱乐部的方式进行营销,这种营销方式虽然不是真正意义上的俱乐部,但却采取了会员制的形式,确实为会员带来了一定的利益,我们称之为企业的俱乐部,以盈利为根本目的。第二个方面是再投资活动,例如教育费用的支出、培训费用的支出、对外的股票投资、找工作花费的成本等等。这些支出的特点是为自身创造更大的利益服务,有些企业为了促销自己的知识产品也开展了企业俱乐部的运营方式,但是这种方式目前还是少数。因此,俱乐部形式已经成为企业开展市场营销活动的一种方法和组织形式。第三个方面是为个人及家人的兴趣爱好开展的投资活动,例如,辩论活动、旅游活动、健身活动、篮球运动、足球运动、唱歌、下棋、弹琴、读书、养狗等等。这里的俱乐部形式才称得上是狭义的、真正意义的俱乐部,人们心甘情愿地为自己的爱好进行消费,得到了价值观的共鸣、身心的愉悦。当然这里的俱乐部也会分为营利型俱乐部和非营利型的俱乐部。

从以上的分析可知,俱乐部资金的最直接来源就是会员的投资,也就是会费。可以这样讲,会费是俱乐部运营的标志。

(二)案例分析

为了对不同层面的俱乐部财务管理方式进行综合研究,此处选取较典型的普通营利型俱乐部"河北省的名流车友俱乐部"为例。该俱乐部对会员服务类别及收费标准进行了具体的划分(表6.2.1):

- 服务对象:非营运性小型汽车。
- 年会费:A类365元(VIP贵宾卡);B类180元(车友卡)。

表6.2.1 车友俱乐部服务类别及收费标准示例

名称	服务项目	A类(365元) 免费次数	B类(180元) 服务次数	说明
紧急救援	免费紧急救援	市内不限、市外每公里4元	免2次、市外每公里5元	免费救援范围石家庄市区,不包括郊县
	免费补胎	不限	3元/口	
	专业拖车	市内不限、市外每公里5元	市内100元、市外每公里6元	
	免费送燃油	1次(3升)	市场价收费	
维修养护	建立车辆保养档案	免费	免费	俱乐部技术人员为会员修车免费提供技术咨询、指导等服务
	免费轮胎动平衡	不限	免1次(后5元/轮)	
	免费四轮定位	不限	免1次(后40元/次)	
	免费清洗喷油嘴	1次(包括材料)	15元/缸	
	免费空调性能检测	不限	不限	
	免费电脑检测	不限	不限	
	免费长途出车前安全检查	不限	不限	
	免费轮胎充氮气	不限	免1次补气3元/轮	
	钣金喷漆	8折	9折	
车务代理	代办车辆年检、驾照体检	免费	60元/30元;论坛会员100元/50元	
	代缴车辆各种费用	免费	每次10元	
	免费保险理赔	免费	免费	

续表

名称	服务项目	A类(365元) 免费次数	B类(180元) 服务次数	说明
美容装具	免费清洗座套	4次(水洗)	10元/次(水洗)	(1)俱乐部免费协助会员办理验本、验车、换证、过户、保险理赔等各种车辆手续。(2)免费为会员提供保单托管、保险咨询及上门办理保险手续。(3)免费提醒保险到期、车辆年检、换季保养及会员约定的其他提醒
	车辆抛光、封釉	8折	9折	
	消除轻度划痕	免费		
	内饰清洁护理	8折	9折	
	免费打蜡	6次(包括材料)		
	洗车	5折(指定地点)	5折(指定地点)	
	汽车用品	8折	9折	
其他	提醒服务	免费	免费	
	自驾车游	费用AA	费用AA	

注:表中免费是指免工时费或服务费,正常费用由会员负担。
资料来源:http://www.mlauto.net/lianxi.htm,河北名流汽车俱乐部。

选用以上这个俱乐部形式为案例,是为了向读者表明俱乐部的外在形式多样,因此,必须拓展俱乐部财务管理的思路与角度。以上的这个俱乐部属于企业的俱乐部形式,它是以营利为最终目的的,采用俱乐部的组织结构和会员制的营销方式,使得俱乐部的经济效益和社会效益得到了很好的结合。会员制或者说俱乐部的组织结构在某种程度上促进了某些以营利为最终目的的俱乐部的盈利。

二、发起人出资——俱乐部资金来源的基础

发起人可以是个人出资者,也可以是集体出资者。非营利型俱乐部和营利型俱乐部在发起时有较大的差别。非营利型俱乐部在成立时一般不需要在工商管理部门登记注册,只需要宣布成立,宣布的范围在俱乐部成员内部即可,没有义务向社会公众宣布,例如,登山俱乐部;营利型俱乐部则不同,它们经营的业务涉及利润的增加,因此需要在工商管理部门登记注册,经审核通过后方可成立,例如青鸟健身俱乐部、北京国安俱乐部、西班牙巴塞罗纳俱乐部。

发起人出资的金额依照具体情况而定,主要用于俱乐部成立之初基础设施建设和初期启动资金的需要。发起人出资的重要意义在于为俱乐部成员搭建一个共同合作的平台。

(一)非营利型俱乐部合作平台的搭建

合作平台搭建有两层含义,第一个层面是思想平台的搭建。每一个俱乐部都需要一个核心的主题,才能将拥有共同兴趣、爱好、需要的人聚集在一起。例如,中国象棋俱乐部,很简单明了的核心价值观就是对象棋的爱好;旅游俱乐部,人们汇集在一起去同一个地方旅游,为了心中共同的旅游胜地而聚集在一起;汽车俱乐部,很多人定期参加活动,例如自驾车从北京到河北野三坡旅游,这条线路的开通以及成员在自驾车中体会到的乐趣是俱乐部发起者为大家提供的思想平台。因此,思想平台是任何俱乐部成立的思想基础。

第二个层面的含义是物质基础平台的搭建。物质基础包括:俱乐部活动场地的租用,基础设备的购置,宣传费用的支出,初期人员的劳务支出费用等等。

(二)营利型俱乐部合作平台的搭建

营利型俱乐部的合作平台搭建也包括两个层面,第一个层面与非营利型俱乐部较为相似,也是思想平台的搭建,都需要核心思想的创立,从而吸引会员的加入。这个思想同传统的企业文化中的共有价值观的确立有异曲同工之妙。

第二个层面有一定的差别,营利性俱乐部发起人出资具体包括以下几个层面:

(1)俱乐部活动场地的租用或购置;

(2)俱乐部在工商管理部门注册需要缴纳的费用;

(3)俱乐部除土地外的其他固定资产投资;

(4)俱乐部成员的薪金;

(5)俱乐部前期宣传广告费用;

(6)俱乐部前期流动资金。

三、股东出资

非营利型俱乐部鉴于其特性,很少涉及股东出资这个问题。一般营利型俱乐部对股东的出资要求较高,股东投资营利型的俱乐部目的是为了获得相应的投资回报,这点同一般企业的股东出资差别较小。

(一)股东出资义务的性质

出资义务是指股东应当在一定时期内足额缴纳俱乐部章程中各自所认缴的出资额。这是作为俱乐部股东的先决条件。相反,俱乐部股东没有按期足额缴纳出资额,就是违反俱乐部的出资义务。此处做法类似于一般公司的设立过程。

(二)股东出资违约行为的具体表现形态

我国《公司法》规定,有限公司股东缴纳出资是股东对公司的义务。股东若违反出资义务,从公司内部关系来看,表明了公司股东存在利用公司独立法人资格,将投资风险转嫁给公司债权人的企图,可以认为其存在针对所有实际和潜在债权人的广泛的恶意。从世界范围来看,各国公司法都将股东的出资行为视为一种履行契约的行为,此处是违约与履约的关系。营利型俱乐部同样受到公司法的制约。

1. 按行为方式不同分为:出资义务不履行和不适当履行

俱乐部股东出资义务不履行是指股东没有缴纳任何出资,表现形式为拒绝出资、虚假出资等等。

拒绝出资是指俱乐部股东毫无理由地不履行章程所规定的任何出资义务,表现为对章程的最大漠视。虚假出资是指股东依据其股东在位优势,编制虚假财务项目,粉饰或掩盖未出资的事实,从而达到欺骗利益相关者的目的。

俱乐部股东出资义务不适当是指股东仅仅履行了一部分义务,没有完全履行章程所规定的出资义务。表现形式为不完全出资、延迟出资等等。

不完全出资是指股东没有按照章程所规定的数额缴纳足额的资金。延迟出资是指俱乐部的股东没有在规定的时间内足额缴纳章程所规定的资金数额。

2. 按行为发生的时间不同分为:俱乐部成立前出资义务的不履行和俱乐部成立后出资义务的不履行

俱乐部成立之前和俱乐部成立之后都有可能发生股东的出资行为。同样,在这两个时期都有可能发生股东不履行出资义务。俱乐部成立之前出资义务不履行有可能会导致俱乐部成立困难。俱乐部成立之初,流动资金缺乏,某股东未认购股份侵占了其他股东或者债权人的利益。俱乐部成立之后出资义务不履行有可能会导致俱乐部进一步投资、创新困难,遭遇资金链的断裂,影响利益相关者的投资行为及利益,同时有可能导致该俱乐部被撤销或倒闭。

四、资本市场融资——现代企业制度运行

我们在此处将资本市场融资方式划分为两种基本的方式:债券融资和股权融资。债券融资包括银行借款,向其他单位或公众、个人借款,发行债券等方式。股权融资包括发行股票,发行优先股票或普通股票。

对于非营利型俱乐部,借款和发行股票、发行债券等方式都不适宜,因为非营利型俱乐部不涉及或很少涉及投资回报率的问题。因此此处重点讨论营利型俱乐部的资本市场融资问题。

营利型俱乐部资本市场融资在俱乐部资本运营一章中有详细论述,此处举例说明营利型俱乐部资本市场融资的状况。

(一)中国足球俱乐部融资状况分析

1. 银行融资局限性分析

(1)银行业观念限制,存在对民营企业主导的俱乐部产业的歧视色彩

贷款是向银行筹资的直接形式。由于传统体制的限制,银行业具有重视国有、轻民营的现象。首先,国有商业银行的国有特性决定了其与国有企业有着千丝万缕的联系;其次,以民营企业为主导的俱乐部产业在国民生产总值中没有进行深度衡量,分析人士尚未认清俱乐部产业的作用,因此银行制定政策方面还未开始向俱乐部产业进行政策倾斜。

(2)逆向选择效应,限制俱乐部获得贷款

商业银行对自身现金流的回收极为关注,对于大中型国有企业以及知名大中型企业,银行贷款的积极性较高,对未来现金流的预期较好。但是对于俱乐部产业,特别是处于初创期的俱乐部产业,存在较大的不确定性,银行难以把握俱乐部未来的走势。此时商业银行应用逆向选择原理,客观上限制了俱乐部大量贷款的获得。

2. 足球俱乐部上市融资障碍

(1)中国证券市场自身缺陷

中国股权市场存在多元化的结构特征。流通股份和非流通股份之间的差异,限制了股市的信号反应机制。虽然近年来中国的实施股权分置改革取得了一定的成效,但该问题尚未根本消除。其次,中国股票市场的股票价格很难真实反映企业或者说俱乐部的价值。再次,股票市场还存在一些恶意操纵行为。这些都使得足球俱乐部在上市过程中以及上市以后面临众多除自身经营绩效以外的因素影响。

(2)足球俱乐部自身条件限制

足球俱乐部上市,是俱乐部融资方式的巨大进步。因为一般来讲,俱乐部资本量较少,资产规模较小,对于上市所要满足的一些硬性条件还存在距离。《公司法》第152条规定,公司申请A股上市,应符合如下条件:公司股票经国务院证券管理部门批准已向社会公开发行;公司股本总额不少于人民币5 000万元;开业时间在3年以上,最近3年连续盈利;原国有企业依法改建而设立的,或依《公司法》新建而成,其主要发起人为国有大中型企业的,可连续计算;持有股票面值达1 000股以上的股东不少于1 000人,向社会公开发行的股份达公司总数的25%;公司股本总额超过4亿元的,向社会公开发行股份的比例为15%以上;公司在最近3年内无重大违法行为,财务会计报告无虚假记载;国务院规定的其他条件。

之前我们已谈及目前足球俱乐部的经营现状,仅从其经营状况来看,能达到《公司法》第152条规定的第3条的俱乐部已经很少了。中国A股上市的条件较为苛刻,因此就目前足球俱乐部的资产规模而言,要在A股上市存在较大难度。

(二)俱乐部融资的困难度分析

融资的难易程度取决于融资者的性质,俱乐部具有广泛的民营性使得俱乐部的融资遇到了较大的困难。

1. 广泛的民营性质

中国的俱乐部产业中具有广泛的民营性特征。真正以国有为主导的俱乐部较为少见。国有企业在我国仍然是国有商业银行的最大客户,绝大多数俱乐部很难与之抗争。因此在中国现行政治经济体制下,这是一大劣势。

2. 俱乐部性质

俱乐部的性质,特别是营利型俱乐部,有较多的是依照俱乐部比赛的成绩而定的。比赛的成功与失败具有较大的不确定性,例如,足球、篮球、排球、羽毛球、赛车等等,因此在股票市场上就会产生较大的股价波动,不利于俱乐部的上市融资。这个方面决定了俱乐部融资的先天性难度。

因此,俱乐部融资较一般工业或商业企业的难度大,俱乐部管理者在进行俱乐部融资时要认真考虑自身的实力和处境。

第三节 俱乐部投资的三角形模型

俱乐部进行投资时有三个重点,构成了俱乐部运营的基本三个方面。这里的划分同传统企业的投资模式不同,是按照重点突出原则进行的投资结构(图6.3.1)。

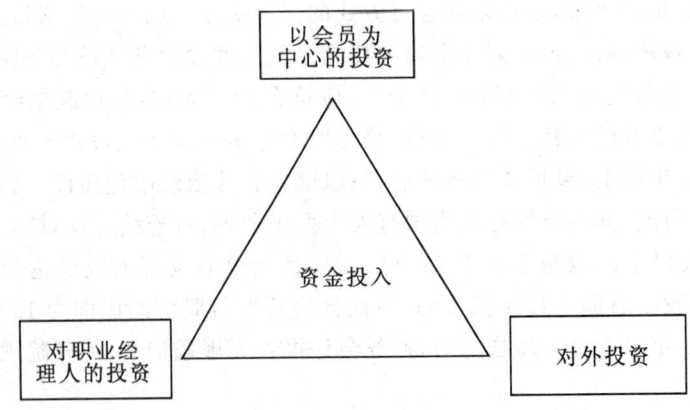

图 6.3.1 俱乐部投资的三角形模型

一、以会员为中心的投资——重中之重

非营利型俱乐部的最根本任务是为俱乐部成员创造一种产生价值共鸣的环境,会员加入俱乐部也是为了从中追求自己的兴趣爱好,寻找到志同道合的朋友,在俱乐部中体现"家"的感觉。

(一)无形投资和有形投资

俱乐部的首要任务是对会员进行投资,投资的形式包括两个方面:无形投资和有形投资。

无形投资包括:俱乐部管理者管理与协调工作,为俱乐部会员无私奉献的精神。俱乐部特别是非营利型俱乐部区别于其他企业的重要一点,就是无形的精神投资。俱乐部是一个家园,非营利型俱乐部的发起者和管理者必定是俱乐部最忠实支持者,他们会以最大的热情将自己的力量奉献给俱乐部的管理活动,并从中寻找到乐趣。营利型俱乐部在这点上则相差较远,他们的董事会主席和职业经理人很大程度上是为经济利益服务的,他们以企业价值和利润为最终目标,因此,对他们的激励更多的是依靠金钱。

有形投资包括:为会员提供俱乐部活动所需要的一切工具或设备,为俱乐部选择一个良好的经营场所,为会员聘请专业人士讲座等等。

(二)价值与炒作的体现——欧洲五大联赛中球员转会费排行榜

表 6.3.1 欧洲五大联赛球员转会费排行榜前十名

排名	球员	年份	转出	转入	价格(万美元)
1	齐达内	2001	尤文图斯	皇家马德里	6 620
2	舍甫琴柯	2006	AC 米兰	切尔西	5 650
3	菲戈	2000	巴塞罗那	皇家马德里	5 610
4	克雷斯波	2000	帕尔马	拉齐奥	5 410
5	鲁尼	2004	埃弗顿	曼联	4 852
6	维耶里	1999	拉齐奥	国际米兰	4 850
7	费迪南德	2002	利兹联	曼联	4 700
8	布冯	2001	帕尔马	尤文图斯	4 590
9	埃辛	2005	里昂	切尔西	4 420
10	罗纳尔多	2002	国际米兰	皇家马德里	4 410

来源:http://www.tianya.cn/publicforum/Content/fans/1/83476.shtml

读表 6.3.1 中的数字让人震惊,最高转会费高达 6 620 万美元,如果按照人民币对美元汇率 1∶8 来看的话,转会费就达到 52 960 万元人民币,这是一个会员所创造的价值,也是对一个会员进行的投资。单单从这样一组数据就不难发现,俱乐部对其会员的投资是相当巨大的。

对于营利型俱乐部,会员的成绩就是俱乐部的成绩。对会员的投入就相当于

对俱乐部的投资,通过会员自身价值的实现来创造俱乐部更大价值的实现。例如,通过优秀球员的引进,带来球队战绩的提升,吸引更多的球迷,从而增加了门票收入,知名度的提升还会带来电视转播的收入和广告的收入等等。

因此,营利型俱乐部的投资重点往往放在自身会员身上。

(三)对会员全方位服务的理念——长安俱乐部

长安俱乐部兴建于20世纪90年代。长安俱乐部位于北京市长安街上的黄金中心地段,其建筑理念和建筑风格都体现了高贵和典雅的特征。长安俱乐部的主要功能是为企业家、知名人士提供一个共同的交流平台。近年来,越来越多的成功人士通过申请成了长安俱乐部的会员。这些成功人士喜欢以兴趣为中心组织起来,形成有思想、有潜力、有创新的新型团体,长安俱乐部恰好提供了一个这样的平台,会员们可以在这里开展各种交流活动。

当然,作为俱乐部本身的运营就更需要为会员创造一个舒适、优雅的环境。除了交流以外,进行休闲,娱乐等活动,丰富俱乐部会员的生活(表6.3.2)。

表6.3.2 长安俱乐部会员服务一览表

餐饮: 　　清樽红烛:粤菜和中国各地特色菜 　　日本桥:享誉京城的日本料理 　　那不勒斯:正宗的意大利风味大餐 　　酒吧:精美小食和各种饮料 　　图书馆:咖啡、茶和各种点心
会议: 　　二十种宴会和会议商务间供您选择,纳二至一百六十人 　　商务早餐、午餐和晚宴 　　半日、全日或多日会议活动和讲座,签字仪式、新闻发布会、研讨会等 　　婚礼派对、周年庆典和家庭聚会
健身: 　　位于顶层的两个风景独好的室内网球场 　　室内羽毛球场和壁球馆 　　游泳池和按摩浴池 　　宽敞的有氧跳操室并配有各项健身教程 　　设施完善的健身房并有专业教练指导 　　桑拿室、蒸汽室和按摩室、美容服务室、两间儿童活动室、长安水疗中心
住宿: 　　长安俱乐部会员可凭会员证特价入住 　　姐妹公司:丽苑公寓

来源:http://www.changan—club.com/

从以上的服务项目和内容可以看见,俱乐部的会员在此享有贵宾级的良好待遇。餐饮—会议—娱乐—住宿,一条龙的服务,使得身临其境者不仅仅感受到生活的舒适,而且通过会议、谈话等交流形式获得共鸣、获得新的知识与人生感悟,这是企业家们所向往的生活方式。

从资金的投入角度来讲,对会员的投资是通过对俱乐部全方位的投资活动实现的,其中包括基础设施会议厅、酒吧等的投资。因此,俱乐部是围绕会员而设立的。

(四)会员投资间接路径——俱乐部流动资产投资和固定资产投资

1. 俱乐部的流动资产管理

(1)现金控制

俱乐部进入正轨之后,现金的收入与支出占到很大的比例。如取得各种会费、门票、广告等收入;支付员工、管理人员工资,偿还债务等支出。

俱乐部现金持有量的多少集中体现为俱乐部经营的财务风险和俱乐部收益的平衡关系。持有量较多,俱乐部的经营风险会较低;持有量较少,俱乐部的经营风险会相应地提高。俱乐部的财务管理人员应该善于"在平衡木上跳舞,展现美妙的图像"。

俱乐部现金控制过程包括:

- 编制俱乐部现金收支计划,预测未来现金整体需求;
- 合理的日常现金的流动性控制;
- 加速收款,延缓付款;
- 采用短期融资方式达到现金余额与理想现金余额相一致的目标。

(2)现金规模控制

①正常经营规模

正常经营规模是指在正常的经营状况下,俱乐部在日常经营活动中所需要的资金。例如:篮球俱乐部维持日常运营产生的支出等。俱乐部的经营规模一般来讲同资金的需要量成正相关关系,并且较为稳定。

②周期性支付规模

俱乐部有较多项目的资金收入与支出都具有明显的周期性,例如缴纳税金,定期为会员举办培训等等,需要充足的现金准备。

③突击性支付规模

俱乐部运营中存在很多无规律可循的现金支出,这种支出数额较大,往往是突击性的、一次性的情况。例如营利型俱乐部偿还到期的长期负债,或者某俱乐部被判负有重大赔偿义务等。

④风险规模

俱乐部为了应对短期内由于资金周转速度较慢所造成的暂时性资金短缺而

进行了相应的资金储备。该储备金额的大小取决于俱乐部管理层的管理方式、风险偏好及其俱乐部的自身资金实力。

(3)确定最佳现金持有量——成本分析模式

传统工业企业的成本分析模式可表述为:通过分析持有现金的成本,寻找持有成本的最低现金持有量。俱乐部的成本分析模式可表述为:通过分析俱乐部持有现金的成本,寻找持有成本的最低现金持有量。俱乐部持有现金主要由以下三种成本构成:

①机会成本

如果将机会作为一种俱乐部资产,那么使用这种资产所要付出的代价就是这种资产的机会成本。

例如,小雪书友俱乐部持有400万的现金,若资金成本率为10%,那么该俱乐部每年的机会成本就是$400 \times 10\% = 40$(万)。因此,机会成本随着现金持有量的提高而提高,同时还与机会成本率成正比。俱乐部持有较多的现金,是为了降低财务风险,但是假如现金持有量过大,机会成本代价会使俱乐部得不偿失。

②管理成本

俱乐部运营过程中所发生的管理费用根据不同类型的俱乐部特征会产生不同的侧重点。例如,足球俱乐部的管理费用中教练以及管理者的薪金占据较高的比例。

不同的俱乐部管理成本支出差异较大,俱乐部管理成本下调的空间较大。

③短缺成本

俱乐部运营过程中由于缺乏必要的资金,难以应付正常的开支,从而导致俱乐部受到损失。短缺成本同现金持有量成负相关关系。

上述三种成本之和最小的现金持有量,就是俱乐部最佳的现金持有量。

(4)现金的收支控制

加速现金回流是营利性俱乐部资金管理的重点。尽量缩短收到现金与支出之间的时间,是提高现金使用效率、提高资本使用效率的关键因素。营利型的俱乐部现金收支的具体运用方式包括以下几种:

①力争现金流量同步

现金流量同步是指俱乐部尽量使其现金流入和现金流出的发生时间趋于相同,这样就可以最大限度地降低交易性现金余额。

②加速收款

加速收款是指从确认收入项目,即汇票或支票开出时刻起,到现金最终到达俱乐部时间尽量缩短。

③控制现金支出

控制现金支出是指在时间上和空间上控制从俱乐部向外流出的现金,俱乐部可采用现金浮油量的方法进行适度控制。现金浮油量是一个时间差的概念,表示俱乐部从银行存款账户余额上开出的支票高于银行存款余额的部分。

2.俱乐部固定资产管理

《企业会计准则》指出,固定资产是指使用期限在一年以上、单位价值在规定标准以上、并且在使用过程中保持原有实物形态的资产,包括房屋及建筑物、机器设备、运输设备等。在俱乐部行业中,固定资产所表现的形式具有自己的特征,一般表现为,固定资产相对于其他工业企业来讲,所占的比例小。但固定资产仍是俱乐部进行日常经营活动、扩大规模经营的前提与基础,特别对于营利型俱乐部更是如此。

(1)俱乐部固定资产的特点

①固定资产投资的回收期较长

俱乐部的固定资产投资一般发生在俱乐部新成立时期,起初投资数额较大,需要在较长时间内进行回收。当俱乐部的规模达到一定程度之后,就会显著地对俱乐部的长期发展产生较大的影响。当固定资产占用较多,在俱乐部进行筹资决策时应该安排尝试筹资方式进行应对。

②固定资产投资的变现能力较差

俱乐部的固定资产由于期初投资数额较大,可转换成本较高,并且俱乐部器械等固定资产贬值较快,造成了固定资产出售困难,转换成本较高。因此,俱乐部固定资产投资过程中要仔细研究,避免决策失误。

③固定资产占用规模相对稳定

俱乐部固定资产投资一般在初期完成。某些俱乐部大量的资金用在了固定资产上,这些俱乐部需要流动资产的不断运转,加速资金的回流。在这个过程中,固定资产的总额相对保持稳定。固定资产运营能力的增强并不一定需要增加固定资产,可以通过挖掘潜力、提高运营效率来实现。当经营淡季出现时,固定资产的价值也会相对保持稳定,一般不会出现大规模的变动。

④固定资产投资的实物形态和价值形态可以分离

俱乐部固定资产的回流是通过折旧来实现的。一般在固定资产使用期满时,固定资产计提的折旧完成,此时可以进一步购置固定资产,使得固定资产的实物形态得到补偿。

(2)俱乐部固定资产投资程序

科学地进行固定资产投资是减少俱乐部投资风险、增加俱乐部投资收益的必要方式。科学的方法来源于遵循科学的经验。以下阐明俱乐部投资的具体程序:

①外部环境分析

俱乐部固定资产投资必须首先把握外部宏观环境和外部微观环境,以及外部市场需求状况,才能有效进行市场定位。

②内部需求分析

俱乐部内部战略决策是俱乐部发展方向的导航器。寻找到适合俱乐部自身特征的项目是进行固定资产投资的前提。

③投资项目的提出

投资项目可以由俱乐部的管理层决策提出,也可以由外部专业项目运作小组提出。

④投资项目的评价

对于现有的投资项目进行比较和前期模拟测试。此时,对投资的不同方案进行筛选,从而做出合理决策。

⑤投资项目的实施以及再评估

俱乐部投资项目的实施过程以及最终经营成果是检验俱乐部投资效果的最佳方式。对于经营绩效进行评价,从而衡量前期固定资产投资方向的决策是否适当。最后,对于决策合理与决策不合理进行投资后评价。改变投资策略、改变经营方式或不改变任何策略是投资在评估后产生的结果。

(3)俱乐部固定资产投资方法

①非贴现法

非贴现法是指不以资金的实践价值为假设前提。假设资金在任何时期的价值是相同的,这是评估资产价值的一种初级观念,非贴现法主要包括静态投资回收期法和投资收益率法。

• 静态投资回收期法

静态投资回收期是指在不考虑时间价值的基础上,每年现金流量补偿俱乐部初始投资额所需要的时间。

A. 各年现金流量相同时

投资回收期=初始投资额/每年现金净流量

俱乐部各年现金流比较容易控制,因为会员的会费构成了很大的比重。

B. 各年现金流量不同时

投资回收期根据各年末的累计现金净流量与各年末尚未收回的投资额进行计算。

例6.3.1 某俱乐部将资本100 000元进行某项投资,目前产生了A、B、C三种方案供俱乐部管理层进行选择,每个方案现金净流量如表6.3.3。

表 6.3.3　三种方案现金净流量表

单位:元

年度	方案 A	方案 B	方案 C
2003	−100 000	−100 000	−100 000
2004	20 000	50 000	80 000
2005	40 000	50 000	50 000
2006	80 000	50 000	20 000
2007	10 000		

方案 A：

单位:元

年度	各年现金流量	年末累计现金流量	年末尚未回收的投资额
2004	20 000	20 000	80 000
2005	40 000	60 000	40 000
2006	80 000	140 000	
2007	10 000	150 000	

如表所示,三个方案的投资回收期计算方法为：

方案 A 投资回收期 = 2+40 000/80 000 = 2.5(年)

方案 B：各年现金流量相同,因此：

方案 B 的投资回收期 = 100 000/50 000 = 2(年)

方案 C：同方案 A 可得,方案 C 的投资回收期=1+20 000/50 000=1.4(年)

以上结果表明,C 方案的投资回收期最短,应选择方案 C。

· 投资收益率法

投资收益率是投资方案的年平均净收益与平均投资额之比。

首先计算俱乐部各投资方案的平均收益、平均投资额及两者比值,从而根据比值的大小进行比较选择方案。

投资收益率=年平均收益(利润)/年平均投资额 × 100%

其中：

年平均收益 = 有效期内各年净收益总额 / 有效期间

年平均投资额 = 有效期内各年平均投资额之和 / 有效期间

例 6.3.2　M 俱乐部计划投资一个新俱乐部网点,需要进行固定资产投资,目前产生了 A、B 两种方案(表 6.3.4)可供俱乐部管理层进行选择,需要计算这两种方案的投资收益率。

表 6.3.4　两种投资方案规划表　　　　　　　　　单位：万元

年度	A 方案		B 方案	
	投资额	净收益	投资额	净收益
1	30	1	20	1
2	20	2	15	2
3	15	4	5	3
4	5	5		

计算如下：

A 方案年平均净收益＝(1＋2＋4＋5)/4＝3(万)

A 方案年平均投资额＝[(30＋20)/2＋(20＋15)/2＋(15＋5)/2＋
　　　　　　　　　　(5＋0)/2]/4

　　　　　　　　　＝17.5(万)

因此，A 方案投资收益率＝3/17.5＝17.0％

B 方案年平均收益率＝(1＋2＋3)/3＝2(万)

B 方案年平均投资额＝[(20＋15)/2＋(15＋5)/2＋(5＋0)/2]/2

　　　　　　　　　＝15(万)

因此，B 方案投资收益率＝2/15＝13.3％

由以上计算可得，A 方案的投资收益率较高，从投资收益率的角度来看应选择 A 方案。

②贴现法

贴现法是指以资金的时间价值为假设前提，在此基础上构建投资项目的净现金流量方案。根据时间价值假设，各期资金需要通过贴现的方法进行价值加总，从而评价投资项目的优劣。主要包括动态投资回收期法、净现值法等等。

• 动态投资回收期法

是指俱乐部在考虑资金时间价值的基础上，以投资项目各年的贴现现金流量回收项目初始投资所需的时间。

首先需要计算各个方案的贴现现金流量，然后同各方案初始投资额进行比较，根据各个方案投资回收期，选择投资回收期最短的投资方案。

例 6.3.3　应用例 6.3.2 中的数据说明，假设贴现率为 10％，计算这三种投资方案的动态回收期。

方案 A 的投资回收期计算表如表 6.3.5 所示。

因为方案 B 每年现金流量相同，所以

方案 B 的动态回收期＝100 000/50 000×(P/A,10％,3)/3

　　　　　　　　　＝2.41(年)

表 6.3.5　方案 A 的投资回收期计算表　　　　　单位:元

年度	各年现金净流量	复利现值系数	贴现现金流量	年末累计贴现现金流量	年末尚未回收的投资额
1	20 000	0.909 1	18 182	18 182	81 818
2	40 000	0.826 4	33 056	51 268	48 767
3	80 000	0.751 3	60 104	111 342	
4	10 000	0.683 0	6 830	118 172	

所以:A 方案的动态投资回收期 = 2+48 767/60 104 = 2.81(年)

同 A 方案计算方法,

C 方案的动态投资回收期 = 1+27 272/41 320 = 1.66(年)

由上式可得,C 方案的投资回收期最短,按投资回收期的角度,应选择方案 C。

• 净现值法(NPV)

净现值是指俱乐部投资项目投入使用之后的每年现金静流量。按照资金成本或俱乐部期望达到的收益率折算为现值,与初始投资额的差额。

计算得出的结果如果净现值为正,说明在经济上有利可图,俱乐部投资者应该考虑选择;如果为负,则应该放弃该项选择。

净现值计算公式:

$$NPV = A_t/(1+i)t - A_0$$

其中,NPV:净现值;

A_t:t 期的现金净流量;

A_0:初始投资额;

i:预定的贴现率(资金成本或期望投资收益率);

t:项目预计使用期限。

计算俱乐部投资方案净现值的过程是:首先,计算俱乐部各年现金流量;其次,计算未来现金流量的总现值,这里又可以分为三步,一是折现俱乐部各年现金流量现值,二是将俱乐部终结现金流量折算为现值,三是通过以上两个结果计算俱乐部未来收益的总现值,最后,计算俱乐部的净现值,由管理部门对各种方案进行决策。

净现值决策规则:假如只有一个方案的净现值为正,就选择正值方案,如果多个方案的净现值都为正,则选择正值最大的方案。

例 6.3.4　例 6.3.1 数据分析,假设资金成本为 10%,计算三种投资方案的优劣。

根据例 6.3.2 可得:

$NPVA = 20\ 000(P/F,10\%,1) + 40\ 000(P/F,10\%,2) + 80\ 000(P/F,10\%,3) + 10\ 000(P/F,10\%,4)$

$= (20\ 000 \times 0.909\ 1 + 40\ 000 \times 0.826\ 4 + 80\ 000 \times 0.751\ 3 + 10\ 000 \times 0.683\ 0) - 100\ 000 = 18\ 172(元)$

$NPVB = 50\ 000 \times (P/F,10\%,3) - 100\ 000 = 50\ 000 \times 2.486\ 9 - 100\ 000 = 24\ 345(元)$

$NPVC = 80\ 000(P/F,10\%,1) + 50\ 000(P/F,10\%,2) + 20\ 000(P/F,10\%,3) - 100\ 000 = 29\ 074(元)$

由上述计算结果看,首先结果都为正,说明在单一方案选择时都是可行的;其次,三种方案统一分析时,应该选择净现值最大者,这里是方案C。但是净现值有两个缺陷值得关注:首先,净现值是一个绝对指标,需要考虑各投资的初始投资额。其次,净现值不是一个比率,不能很好地刻画投资的收益率。

3.俱乐部的会员投资管理

俱乐部的会员投资管理可以参照俱乐部固定资产投资管理的办法进行。因为会员成为众多俱乐部的核心资产,特别是营利型俱乐部。例如,当年芝加哥公牛队乔丹的价值、高尔夫球王老虎伍兹的价值。

换一种思路看,由于俱乐部的很大一部分投资在于对俱乐部会员的直接投资,因此可以将俱乐部对会员的投资运用传统的俱乐部固定资产投资的方法。运用投资回收期法、净现值法等方法,可对会员的投资进行折现。这样就可以得到是否进行会员投资或进行何种俱乐部投资的决策。

二、对营利型俱乐部的职业经理人的投资——俱乐部运营的保障

非营利型俱乐部当然也需要管理人才,但相对于营利型俱乐部来讲,并不显得那么重要。非营利型俱乐部的会员因兴趣而聚集到一起,他们无需考虑资金所带来的利润,例如:王力宏歌迷俱乐部,南京猫友俱乐部等等。

营利型俱乐部在经营规模达到一定程度时,同传统企业类似,需要职业经理人的引进。

中国中超足球俱乐部有一个特点,喜欢不断地更换主教练,花巨资引进国外的主教练。但对于俱乐部经理的引进,特别是对于俱乐部专业管理人才的引进却很少,这或许也是中国足球俱乐部没有实现长足进步的主要原因。

三、对外投资——适应环境的要求

俱乐部的对外投资包括两个层面。第一,对外直接投资;第二,对外间接投资。其中俱乐部的对外直接投资又可分为,对其他俱乐部的投资和对其他非俱

部企业的投资。

当营利型俱乐部的剩余资本达到一定程度时,就可以将剩余资金进行对外投资。投资种类按照类型讲,可以选择股票、债券,也可以选择参股、入股等;按照时期讲,可以选择长期、短期。需要合理规划对外投资结构,以使资金发挥最大的作用。对外投资存在一定的风险,因此财务主管需要在收益和风险之间进行权衡以便做出决策。

对俱乐部的其他投资我们同样提倡横向一体化的经营战略,不论是参股经营还是控股经营,归核化的战略仍然是资本市场上不够成熟的俱乐部的最佳选择。

(一)俱乐部对外投资影响因素

1. 俱乐部当前财务状况

通过分析俱乐部的营利能力、偿债能力、资金周转能力等因素把握俱乐部的财务状况以及俱乐部的对外投资能力。俱乐部只有处于良好的财务状况之下,才可以进行对外投资的选择。切不可盲目进行外部投资。

2. 俱乐部整体经营绩效

营利型俱乐部的整体经营绩效是其对外投资的一个重要基础。俱乐部的整体战略决定了是否对外投资以及对外投资所要进行的行业选择。因此,对外投资要根据俱乐部的整体绩效以及俱乐部战略制定的方向进行,不可无目地乱投资。

3. 投资对象收益与风险

投资对象是投资的客体,信息不对称是影响俱乐部投资者准确评价客体的重要因素。风险以及收益需要认真评价,在此基础上根据俱乐部的风险承受能力进行投资的决策。

(二)俱乐部对外直接投资决策程序

(1)外部环境分析;

(2)俱乐部需求分析;

(3)可行性方案提出;

(4)可行性方案的分析、评价、甄选;

(5)方案实施;

(6)方案评价、投资效果评价及未来方案的改进。

(三)俱乐部对外直接投资方式

(1)俱乐部之间合资经营方式。

(2)俱乐部与非俱乐部之间的合资经营。

(3)俱乐部之间合作经营方式。

(4)俱乐部与非俱乐部之间的合作经营。

(5)俱乐部之间并购。

(6)俱乐部与非俱乐部之间的并购。

总之,俱乐部对外投资不确定性较强,一般投资时间比较长、变现能力较差。并且俱乐部对外投资应该遵循谨慎性与收益性相结合的原则,同时投资俱乐部产权之间需要清晰界定。

(四)对其他非俱乐部企业的投资

对于俱乐部来讲,对其他非俱乐部企业的投资存在一定的商机,可以进行一定的投资,但相关多元化是最佳的选择。例如,一个网球俱乐部如果去投资生产汽车就感觉比较滑稽。再举一个反例。赵本山入主辽足,在中国被炒得沸沸扬扬,但终因失败而告终,以致赵本山直呼:不再碰足球。这说明,俱乐部产业同其他产业之间存在较大的差异,有其自身的规律。

但并不是说,俱乐部一定不能进行多元化的投资。例如,NBA 芝加哥公牛队,拥有自己的网站,拥有自己的宣传团体。芝加哥公牛队的营利并不仅仅是门票收入、转播费收入,还有很重要的一部分来自与球队相关产品的设计与销售。乔丹的 23 号球服红遍全球,当年芝加哥公牛队的队服传遍世界,还有纪念品、篮球等相关产品。这说明俱乐部可以凭借其强大的影响力,渗透到很多相关行业,但都是相关的多元化投资。因此,建议俱乐部在进行多元化投资时实施相关多元化的发展战略。

(五)对外间接投资

对外间接投资在俱乐部资本运营一章中有详细介绍,此处不再赘述。

第四节 俱乐部收入来源

本节主要针对营利型俱乐部,这些俱乐部需要通过营利来推动俱乐部的发展和股东的利益。非营利型俱乐部不存在营利的内在动机。

俱乐部收入来源于众多方面,此处将俱乐部收入的各种来源进行汇总,希望能够拓展俱乐部经理们财务运营思路(表 6.4.1)。

表 6.4.1 俱乐部收入来源汇总

收入类别	简 介
会员会费	基本的资金来源,可以称之为一种筹资渠道,也可以称之为一种收入方式,例如健身俱乐部
门票收入	作为竞技型的俱乐部,观众的作用不可忽视,他们数量的多少决定了俱乐部收入的多少,例如球迷

续表

收入类别	简　介
转播费	电视、电台转播费,例如皇家马德里队的转播费收入
球员转会费	足球、篮球、排球、拳击等俱乐部运动员的转会费用,构成了俱乐部较大一笔收入
广告费	有观众的地方就会有广告的出现,越有名气的俱乐部,企业广告支持的力度越大。广告载体包括俱乐部整体,也包括俱乐部知名运动员或会员
赞助费	这同广告费用有一定的差别,纯粹的赞助费用相当于捐助,不需要回报。但一般企业的赞助都是为了宣传自己企业。还有一种情况是个人的赞助行为
销售商品收入	销售与俱乐部相关的纪念品、服装、画册等的收入,例如芝加哥公牛队的球服销售
出场费	皇家马德里带着世界球星周游世界,让人们感受到了另类的营利模式
对外直接投资	参股其他俱乐部,参股其他企业的投资收益
对外间接投资	对外证券投资,对外期货投资等获得的收益

总之,俱乐部的营利模式存在多种形式,会员会费是最基本的方式。俱乐部的收入模式还存在更多创新的方式,需要在实践中进一步地探索。

思考题

1. 俱乐部财务管理的重点是什么?
2. 中国营利型俱乐部财务管理与非营利型俱乐部财务管理的差异有哪些?
3. 如何做一个出色的俱乐部财务管理专家?
4. 中国俱乐部财务管理理念如何构建?

第七章

俱乐部资本运营

学习目的
1. 感受俱乐部资本运营的狂热趋势。
2. 领悟俱乐部并购、风险投资的成功之道。
3. 激发俱乐部资本运营的内心潜能。

本章通过对英超切尔西俱乐部案例的分析,总结营利型俱乐部的运营方式及资本运作方式;而后详细地介绍俱乐部运营的模型及营利型俱乐部的并购方式、连锁经营方式,通过大量的案例分析总结其特点。

第一节 切尔西足球俱乐部:一个资本运营神话的诞生

一、并购大手笔

2003年,正值欧洲足球转会市场极度萎靡之际,石油大亨俄罗斯人阿布拉莫维奇空降英国足坛,用一张价值5 930万英镑的合同作为见面礼,收购了英国最古老的足球俱乐部之一——切尔西。此外,他还附赠了6 000万英镑的初期周转资金,以及一个用数亿英镑将切尔西打造成第二个皇马式足球豪门的疯狂计划。阿布拉莫维奇在收购切尔西后,为俱乐部带来了出色的成绩,切尔西也立刻变成了欧洲强队。但出色的成绩并不能改变切尔西"暴富"的名声和欧洲其他队对阿布拉莫维奇烧钱的嘲讽。尽管成绩斐然有望再获英超冠军,切尔西仍只能被认为是欧洲职业足坛的一支新生力量,一个新贵,在血统上,还无法被传统的欧洲足坛认可为"豪门"。但欧洲职业足坛的固有势力,已遭到来自切尔西的强烈冲击。

二、并购模式——资本推动战略

1. 源自石油的资本

"石油、阿布拉莫维奇、卢布",切尔西被打上了浓重的俄罗斯烙印。与其说是切尔西对欧洲足坛造成了冲击,还不如说是俄罗斯人阿布拉莫维奇对欧洲造成了冲击,以至于有人干脆把"切尔西"的名字俄化为"切尔斯基"。就是这一张价值5 930万英镑的合同,连同附赠的6 000万英镑的初期周转资金,以及亿元的资金势力,使得切尔西不得不臣服于其麾下。

2. 高投入俱乐部建设

德勤顾问公司的一份财务报告显示,截至2005年12月31日,自入主切尔西到赢得第一个冠军,阿布拉莫维奇在注资控股、投入运营、收购球星等方面总共投入了6亿3千万美元。因此,这个盼望已久的联赛冠军被认为是英超历史上最昂贵的冠军。

当初,阿布拉莫维奇收购的是"切尔西有限责任公司",该公司包括:斯坦福桥球场、球场边的三个酒店、8～9个酒吧餐馆、一系列商店及很大一片地。切尔西俱乐部只是其下属的一个企业而已。"醉翁之意不在酒",很多人都这样认为,阿布的这种投入肯定是有更深层次的经济目的,亦或是在一边玩球一边寻找新的商业契机。

3. 高球员投资

可以说,阿布拉莫维奇奋力打造切尔西的过程,也是个花费巨额投资球员的过程。欧洲传统豪门几十年来采用的做法是:从本俱乐部青年队培养适合本队特点的球员;即使是买入球星,大都也是每个赛季少量引进,像皇马在新主席弗洛伦蒂诺上任后的每年买入一个巨星的做法,已经被认为是相当疯狂了。而切尔西的做法更是受到众议:阿布拉莫维奇,这位在2005年3月福布斯全球富豪榜上名列21位的富豪,以手里的大量现金,一并买入看中的球员,来重建球队,这就好似不去洗原先手里已有的牌,而是去另买一副新的扑克。更惹眼的是,在2003年9月2日,即英超转会市场开放的最后一天,切尔西以1 660万英镑的天价买入了皇马队主力后腰、法国国脚马克莱莱,这使得切尔西当年转会总支出超过1亿英镑。而切尔西这种高价购买球员的做法,也给传统足球俱乐部运营的根基产生了很大的冲击。

特别值得一提的是,在英超球队都陆续调低薪水的时候,唯有切尔西的工资却在成倍猛增。一年之内,切尔西队工资总额上升了110%,在2003/2004赛季达到1.15亿英镑,成为世界上工资总额最高的俱乐部,并且比工资排行榜上第二名的曼联要高出3 800万英镑。

4. 高价网罗智囊团

阿布拉莫维奇一直在不断地网罗最优秀的经理人、球探和教练,以便装备一个最好的智囊团来使自己更加职业化。通过间接控制各洲俱乐部,以及与二线列强如波尔图、埃因霍温等结盟,阿布拉莫维奇的足球工业已经逐渐触向各个角落。可以想象,到他控制优秀球员生产线的那天,阿布拉莫维奇在足球世界中将变得所向无敌。

在经历了初期疯狂的投入之后,如今的阿布拉莫维奇已开始寻机获取回报。俱乐部良好的成绩已为自己的球队赢得了巨额赞助和更大的影响力。传统豪门眼看着自己固有的传统领地被切尔西侵蚀,却无奈应战。因为要想跟切尔西竞争就必须大把大把地花钱,而传统的俱乐部却不能像切尔西那样在没有成绩基础的情况下,就大量地投入。甚至他们最后一条路也被切尔西堵死了,如CEO凯尼恩所说,"切尔西的挖人范围非常广,16岁以下的球员,他们也愿意高价买入。"

5. "三高模式"

当然切尔西俱乐部也不是随便大把大把地花钱,而是有一个自己的资本投入模式,叫做"三高模式",通过这个资本投入模式来对资金进行科学合理的运作,以达到俱乐部的各项运营目标(图7.1.1)。

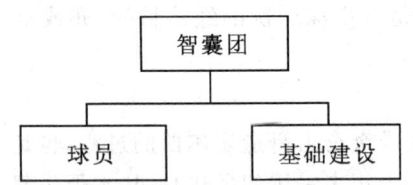

图7.1.1 切尔西俱乐部资本投入结构图

无疑,以上三个方面的高资金投入成为切尔西业绩扶摇直上的关键。

三、战绩斐然

2006年欧洲各大联赛中,在没有冬歇期的英超联赛里,切尔西在穆里尼奥的带领下,已经获得了第一个双冠王,又在向着第二个双冠王迈进。切尔西的一路领先以其稳定的状态,使得传统英超冠军曼联、阿森纳都为之汗颜。

四、业绩分析

切尔西2004年亏损了8 800多万英镑,2005年又亏损了创记录的1.4亿英镑,但要想两年之内颠覆英超创立以来十几年两强争霸的局面,这些投资又是必需的。切尔西的投入已经达到了最大化,上赛季的支出包括了2 480万英镑与恩宝的违约金和开除穆图的代价1 380万英镑,同时也没有将新的胸前广告和球衣赞助算进收入里。凡是稍具商业常识的人都知道,做生意必然要在由亏到盈之间经过一个拐点。那么现在的切尔西,在球员、打法都已经稳定下来的情况下,查漏补缺的购买投入将大大减少。可以预见,在不久的将来,切尔西的经济绩效必将崛起。

五、三驾马车

切尔西的球员、战术之好,已被公认;而要使这个俱乐部拥有雄厚的实力、完备的战术、趋于正常的经营,切尔西不能离开以下三个人:

(1)有钱且精明的老板:阿布拉莫维奇很好地扮演了老板的角色,他不断地掏钱,为俱乐部的关键位置找到合适的人选,对俱乐部投入最大的支持,但并不干涉俱乐部的具体事务。

虽然很多人到现在仍然怀疑,以前一个不看足球的人(指阿布拉莫维奇)为什么突然会对足球产生这么大热情——过去三年间,他只错过了切尔西三场比赛,其他都是每场必到。媒体认为,如果他对俱乐部的支持能稳定十年,那切尔西肯定能站起来。

(2)出色的教头:足球才华平平的穆里尼奥30岁之前就成为了职业教练,先后辅佐过两位名帅——罗布森、范加尔的经历为他奠定了良好的执教基础。在入主切尔西之前,他就曾带领平民球队波尔图夺得欧洲冠军杯。他知人善任,执教切尔西队刚两个月,就打造出一支战术严明的铁军,4231的阵型更是被广泛效仿。

(3)能干的管家:从堪称全世界经营得最好的俱乐部——曼联挖来的CEO凯尼恩,被认为是阿布拉莫维奇最绝最妙的一步棋。在凯尼恩任曼联CEO期间,曼联的市值上涨了52%,他同阿森纳副主席戴恩一起被誉为"过去10年间英国足球界的两大商业天才"。凯尼恩还担任过欧洲知名体育品牌恩宝的CEO,在他的领导下,恩宝在英国市场上抵挡住了阿迪达斯、耐克和锐步的强烈进攻。

六、未来展望

欧洲足坛的传统豪门大都形成于二战结束后的二十年间。在英格兰之外的欧洲其他地区,足球职业联赛基本都是在20世纪二三十年代才起步,在二战之前得到了很大普及。二战期间,各国足球联赛的中断,又给战后足球联赛达到下一个繁荣期做了准备。

瞬间崛起的切尔西,更多地只被认为是个新贵。能称得上传统欧洲豪门的俱乐部有：尤文图斯、AC米兰、国际米兰、巴萨、皇马、拜仁、曼联、阿森纳和利物浦等G14联盟的核心成员，不会超过10家。新人切尔西就曾遭受过G14联盟的着力打压。

成为传统豪门的俱乐部，基本都需满足以下条件：

(1)成绩稳定。在一段时期内要垄断国内的联赛或者杯赛；

(2)对社会受众群要有巨大的影响力，球迷群体要有很强的延续性。还要对所在国的社会生活、当地的经济起到一些影响。

虽然基本条件大致相同，但豪门球队的形成过程还是有明显区别的。欧洲足球传统豪门的形成可以以南北分界。意大利、西班牙两个拉丁国家为一种类型，英格兰则另为一类。

意大利和西班牙的豪门在形成过程中，或多或少都受到非足球因素的影响。虽然这些球队自身具备了不俗实力，但它们成长初期所受的本国政治因素的影响并不能回避。而英格兰豪门的形成，很大程度上是俱乐部依靠自身在商业或地缘上的优势。曼联、利物浦、阿森纳都不是英格兰历史最久的俱乐部，但它们都依托着一个大城市，这意味着它们拥有更多的球迷，可以建更大的球场，得到更有实力的赞助，加上经营中注重长期规划投资，这些俱乐部得以很快发展。

只言片语只能简单地交代成为"豪门"的要素。重要的是"豪门"需要经过岁月的积淀，而这正是切尔西最缺乏的。

不过主力球员年轻化，梯队建设也将见成效，切尔西的经营成本在未来几年应该会降低许多。从经营上看，切尔西与经营良好的俱乐部已有许多相似之处，正逐渐步入正轨。在2006年的冬季转会中，球队也只是根据需要租借了一名球员，因此可以说，切尔西正在通往豪门球队的路上狂奔。

第二节 俱乐部资本运营2×3理论模型

一、俱乐部资本运营目标两重性

俱乐部之间存在较大差异，宏观上可以分为侧重营利型的俱乐部和侧重非营利型的俱乐部。两种俱乐部类型可以囊括世界上所有的俱乐部，由此而引出的俱乐部资本运营目标之间的差异较大。

营利型俱乐部往往最终目标是资本与资金的价值增值。例如，足球俱乐部，篮球俱乐部，健身俱乐部，F1赛车俱乐部等等。

非营利型俱乐部往往最终目标是会员的自身兴趣与价值观念得到最好的承

认与体现,资本运作只是为这个目标提供必要的资金保障。例如,球迷俱乐部,登山俱乐部,传统的汽车俱乐部,书友俱乐部,等等。

两种不同类型的俱乐部决定了资本运作模式的差异。

二、俱乐部资本运营 2×3 理论模型

2×3 理论是指俱乐部资本运营的组合方式,两种类型的俱乐部,三种资本运营方式,组合起来共有六种不同的资本运营方法。

此处,选取了三种最为重要的资本运作方式——并购、连锁经营、资本市场运作。并购是传统的资本运作中最常用的方法,特别是在工业企业中尤为显著。连锁经营是现代企业运营模式中最值得推广的扩张方式,特别是在服务业中更为直接。资本市场运作对服务业、企业和工业企业进行资本运营都比较适宜。

因此,俱乐部作为一种特殊的产业,在三大类不同的资本运作类型中发挥不同的效应,综合起来,形成了如图 7.2.1 所示的六种类型的俱乐部资本运作理论模型。

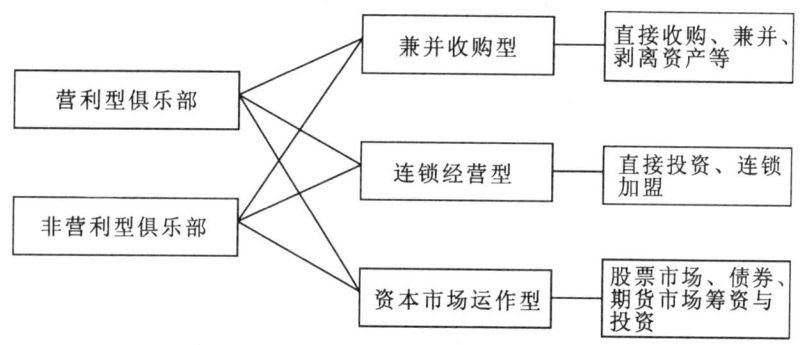

图 7.2.1　六种类型的俱乐部资本运作理论模型

三、营利型俱乐部兼并收购类型

(一)营利型俱乐部资产增值的重要通路

所谓营利型俱乐部并购,即兼并与收购的总称,是一种通过转移公司所有权或控制权的方式实现俱乐部资本扩张和业务发展的经营手段,是营利型俱乐部资本运营的重要方式。

并购的实质是一个俱乐部取得另一个俱乐部或一个公司的财产、经营权或股份,并使一个俱乐部直接或间接对另一个俱乐部或公司发生支配性的影响。并购是俱乐部利用自身的各种有利条件,比如品牌、市场、资金、管理、文化等优势,让存量资产变成增量资产,使呆滞的资本运动起来,实现资本的增值。

并购的具体形式包括俱乐部的合并、托管、兼并、收购、产权重组、产权交易、俱乐部联合、俱乐部拍卖、俱乐部出售等具体方式。

(二)扎实的理论基础

1. 俱乐部外部发展优势论

俱乐部发展通过外部兼并收购方式比靠内部积累方式不仅速度快,而且效率也高。

第一,兼并可以减少投资风险和成本,投资见效快。

第二,可以有效地冲破行业壁垒进入新的行业。

第三,兼并充分利用了经验的效应,在很多行业中,当俱乐部在生产经营中经验越积累越多时,可以观察到一种单位成本不断下降的趋势。俱乐部通过兼并发展时,不但获得了原有俱乐部的各种有形资产和无形资产,还获得了原有俱乐部的经验。

2. 规模经济论

规模经济是指随着生产和经营规模的扩大而收益不断递增的现象。俱乐部规模经济是指由俱乐部经营规模扩大给俱乐部带来的有利性。这种规模的扩张又主要表现为,联合在一个俱乐部中的生产同样产品的若干生产线(或工厂),或者是处于生产工艺过程不同阶段的若干生产线在数量上的增加或生产能力的扩大。

规模经济具有明显的协同效应,即2+2大于4的效应。兼并,尤其是俱乐部的横向兼并对俱乐部效率的最明显作用,表现为规模经济效益的取得,即通过兼并,两个俱乐部的总体效果要大于两个独立俱乐部效益的算术和。

3. 交易费用论

科斯用交易费用概念作了解释。交易费用(也称交易成本)是运作市场价格机制的成本,主要包括搜寻成本和在交易中讨价还价的成本。企业的出现和存在正是为了节约市场交易费用,即以费用较低的企业内部交易代替费用较高的市场交易。如科斯所言:"市场的运行是有成本的,通过形成一个组织,并允许某个权威(经理人)来支配资源,就能节约某些市场运行成本。"企业的存在可以减少交易费用,但并不意味着企业的规模越来越好,企业的组织与管理也是要付出成本的。企业的边界应该被确定在企业内交易的边际费用等于市场交易的边际费用或等于其他企业的内部交易费用这一点上。相继生产阶段或相断产业之间是订立长期合同,还是实行纵向一体化的合并,取决于两种形式的交易费用孰高孰低。

俱乐部兼并收购而引起的俱乐部生产经营规模的变动与交易费用的变动有着直接联系。可以说,交易费用的节约,是俱乐部兼并收购产生的一种重要原则。

而俱乐部兼并收购的结果也带来了俱乐部组织结构的变化。俱乐部内部之间的协调管理费用越低,俱乐部并购的规模也就越大。

(三)大连实德妙笔生花,收购四川全兴俱乐部

案例 7.2.1

2002年2月21日下午,四川全兴集团突然与大连实德共同宣布大连大河投资有限公司以400万元的价格收购四川全兴足球俱乐部有限公司100%的股权,将其重组为"四川大河足球俱乐部有限公司",同时大连实德足球俱乐部有限公司出资3 800万元收购成都蒲江全兴足球训练基地全部资产。收购完成后四川全兴足球训练基地更名为"实德(四川)足球训练基地",大连实德队、大连赛德隆队、大连三德队、大河足球队今后都将在此进行冬训。

大河收购全兴,实德收购蒲江基地具体收购过程如图7.2.2所示。

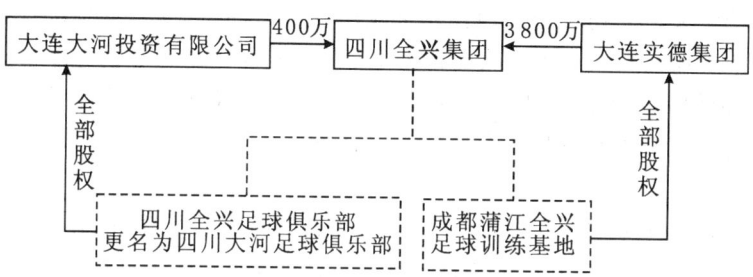

图7.2.2 大河收购全兴、实德收购蒲江基地的收购过程

四川全兴足球俱乐部以400万元低价转让给大连大河投资公司的消息传出后,舆论为之哗然。一时间,各方纷纷质疑:为何中国足球职业联赛的元老球队之一的四川全兴转让价格不及一个知名球星的十分之一?全兴集团转让俱乐部是无奈之举还是见好就收,大连实德是否因此而大赚一笔?为解答这些疑问,我们需要注意以下几点:

1. 收购本身是一种投资行为

投资的事情由董事会负责,总经理具体运作,进行经营管理。大连大河公司只是一家投资公司,他们与大连实德联手收购四川全兴,大河公司出资400万元收购球队,实德出3 800万元收购蒲江基地。400万元是否过低的问题,还要看是否有利于四川足球的发展。

2. 赢利的时间会提前

实德的老总徐明表示,四川大河要用三年时间进行输血,用五年开始收益。大连实德俱乐部有成功足球俱乐部的经验,而大河有职业经理人的管理实践,而且这两个公司又亲如兄弟——徐明已经明确表示,会无保留地支持四川大河俱乐部,所以二者的联手将会互通有无,是一种双赢。

3. 经营运作模式

实德从 1999 年开始进入足球，2000 年成立实德足球俱乐部，并且提出要进入世界足球 30 强的目标。在经营方面，他们在大连设立了许多足球的专卖店，开发新的产品；在大连星海湾投资 1 500 万元，搞了中国第一个氦气球；现在大连实德基地已成为大连重要的旅游基地。他们认为这些思路同样可以用来开发四川大河俱乐部。

具体而言包括以下几个方面：一是足球俱乐部自身的开发即冠名权、前胸后背的广告、场地广告、票务等方面，现在这些工作正在运作之中；二是蒲江基地将把大连实德、大连赛德隆、大连三德俱乐部等全部拿过来，让他们也都在此进行训练，以便充分利用资源。曲庆才自信，蒲江基地很快会成为一个重要的基地。

4. 收购是一个撬钱的支点

实德和大河公司投资大河俱乐部及蒲江基地都是一种长期行为，他们是发自内心地要在此扎根。这次收购行为也是实德进军西部市场的一个支点。以此为支点，他们可以多方面地进军西部，撬开西部的保险柜。整个足球的发展及其产业化过程与实德的战略行为是相辅相成的。

5. 近期投入至少几千万元

徐明在与球员们见面时曾经表示，一切待遇都不会下降，这个实质性的问题赢得了球员们的掌声，并有人借此向老东家算起旧账，要求发还拖欠的工资。老东家表示，最迟会在 5 月份还清。那么，这些收购的钱是不是已经付出了呢？公司管理层很肯定地表示，很快就会加大投入，具体的数目至少几千万元。

6. 算总账全兴并不亏

全兴足球俱乐部本身的品牌到底值多少钱？肯定不止 400 万元。而且，这种品牌的价值也有弹性，要从多方面来考虑。6 000 万元的底价是媒体设计的，这主要参照重庆一家俱乐部转让出价 5 580 万元而设定的。

全兴是用低价卖了球队，高价卖了基地，算起来不亏。这一点被许勇证实，全兴这次所得还要略高于这 6 000 万元。大河出 400 万元买了俱乐部，实德出 3 800 万元买了蒲江基地，再加上原来欠的四川省体育运动学院的 1 920 万元被对方免除，算起来，转让收入已经超过了 6 000 万元。

（四）俱乐部并购动因分析

俱乐部并购的动因是可产生协同效应，即若 A 俱乐部和 B 公司并购，则两者并购后价值要高于并购前各自创造价值的总和（V[AB]＞V[A]＋V[B]）。V[AB]与(V[A]＋V[B])之差就是"协同价值"——协同作用效应所产生的增量价值。它应是协同效应所产生的未来增量现金流量的贴现值。协同作用效应主要体现在三个方面：

(1) 经营协同

经营协同是俱乐部并购后,因经营效率的提高带来的效益。其产生主要是由于俱乐部并购能产生合理的规模经济(尤其对经济互补性俱乐部),譬如通过俱乐部并购,俱乐部原有的有形资产或无形资产(如品牌、销售网络等)可在更大的范围内共享;俱乐部的研究开发费用、营销费用等投入也可分摊到大量的产出上,这样有助于降低单位成本,增大单位投入的收益,从而实现专业化分工与协作,提高俱乐部整体经济效益。

(2) 管理协同

管理协同是俱乐部并购后,因管理效率的提高所带来的收益。如果某俱乐部有一支高效率的管理队伍,其管理能力超出管理该俱乐部的需要,但这批人才只能集体实现其效率,俱乐部不能通过自聘释放能量,那么该俱乐部可并购那些缺乏管理人才而效率低下的俱乐部,利用这支管理队伍提高整体效率水平而获利(这种解释有一定的局限性,因为管理资源的使用价值具有一定的特殊性,一般只能对特定的行业发挥作用,相对而言,该理论对横向一体化较有解释力)。

(3) 财务协同

财务协同是俱乐部并购后对财务方面产生的有利影响。这种效益的取得是由于税法、会计处理惯例、俱乐部理财以及证券交易的内在作用而产生的。主要表现在:①合理避税。税法一般包含亏损递延条款,允许亏损俱乐部免交当年所得税,且其亏损可向后递延、可以抵消以后年度盈余。同时一些国家税法对不同的资产适用不同的税率,股息收入、利息收入、营业收益、资本收益的税率也各不相同。俱乐部可利用这些规定,通过并购行为及相应的财务处理合理避税。②预期效应。预期效应指因并购使股票市场对俱乐部股票评价发生改变而对股票价格的影响。由于预期效应的作用,俱乐部并购往往随着强烈的股价波动,形成股票投机机会。

除此之外,从俱乐部战略管理角度看,俱乐部并购有以下驱动因素:

(1) 追求高额利润的结果。由于一个经济部门的资本集中总有一定的限度,各个经济部门的利润水平也有差别,资本的本能驱使少数垄断资本千方百计介入多个经济部门,获取更大范围的垄断利润,积累更多的资本,以谋取更高的利润。

(2) 减少风险,减轻由于危机所受的损失。经济危机对各个经济部门的影响程度是不同的,各经济部门在危机期间的利润率也不同。即使在非危机期间,各经济部门的经营风险也有差别。因此,采取多部门经营的方法,进行多样化经营,可在一定程度上降低经营风险,减轻在危机中所受的损失。

(五) 营利型俱乐部特殊并购方式

营利型俱乐部由于其营利的本性同一般企业相似,在资本运营过程中体现出了同传统企业相似的并购方式,但营利型俱乐部有其自身特殊的性质与特殊的并购方式(图7.2.3)。

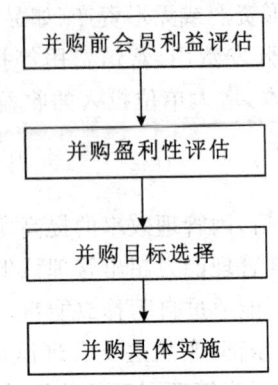

图7.2.3 营利型俱乐部并购方式

1. 并购前后会员利益评估
(1)俱乐部会员的"两层性"
"两层性"概念是指直接参与型和间接参与型两种层次的会员。具体地说,直接参与型是直接或正式注册为俱乐部的会员,享有正式会员的一切权利和义务,例如篮球俱乐部的球员、汽车俱乐部的会员、健身俱乐部的会员、歌迷俱乐部的会员等等;但是人们往往忽视另一种广义外部会员的存在,这种会员会对俱乐部的发展起到巨大的影响作用,并不需要进行正式的注册,例如篮球俱乐部的球迷、足球俱乐部的球迷、赛车俱乐部的车迷等等,这些广泛的会员的参与才带来这些俱乐部经济效益的增加。门票收入、纪念品收入等都是会员间接参与产生的;另外俱乐部广告的受众,俱乐部股价的波动很大程度上也决定于俱乐部的这些广义会员。

"两层性"要求我们在俱乐部并购过程中时刻关注正式会员和广义会员的利益不受侵害,防止出现因广义会员反对而使得俱乐部并购胎死腹中这类事件的发生。

(2)并购双方会员利益评价
俱乐部时刻关注会员的利益,在并购前,被并购方会面临较大的不确定性,它们的会员会呈现不稳定性的特征,这种不稳定性应该限制在一定的范围内,不能让其影响俱乐部并购的实施。

在并购结束后,由于并购双方的文化、价值观念不可能完全相同,存在很多的不一致性,文化的冲突可能造成较大的矛盾产生,因此进行双方共同价值观念的整合是并购初期亟待解决的问题。

2. 并购营利性评估

（1）资本营利性评估

主要运用预期未来现金流量法进行预测，以预期未来现金流量的现值来评估资本的营利性。这种较为定量性质的选择方式可以对并购的不确定性进行一定范围内的规范。

（2）俱乐部长期价值评估

俱乐部的长期价值是一个综合因素作用的结果，不仅包括经济效应的评估，还包括社会效应的评估、环境效应的评估、会员价值实现的评估等等综合因素，因此应视不同俱乐部的特征进行具体的分析。

3. 并购目标选择

并购目标的选择遵循一定的原则，即在短期经济效益和长期经济效益之间进行权衡的选择。俱乐部的并购应该关注俱乐部长期的发展历程，以长期经济利益、会员利益最大化为经营的最高目标，在多个目标并购对象中进行选择。

4. 并购具体实施方式

（1）现金方式并购

一旦目标公司股东收到对其拥有股份的现金支付，就失去了对原公司的任何权益。现金方式并购是最简单、迅速的一种支付方式。对于并购俱乐部而言，现金支付是一项沉重的即时现金负担，要求并购方有足够的现金支付和筹资能力，交易规模也常常受到获利能力的制约。随着资本市场的不断完善和各种金融创新的出现，纯粹的现金方式并购已越来越少。

（2）换股并购

并购俱乐部将目标公司的股权按一定比例换成本俱乐部的股权，目标公司被终止，或成为并购俱乐部的子公司，视具体情况可分为增资换股、库存股换股、母子公司交叉换股等。换股并购对于并购方而言，即使其负有即付现金的压力，也不会挤占营运资金，比现金支付成本要小许多。但换股并购也存在着不少缺陷，譬如"淡化"了原有股东的权益，每股盈余可能发生不利变化，改变了俱乐部的资本结构，稀释了原有股东对俱乐部的控制权等。

（3）综合证券并购方式

并购俱乐部的出资不仅有现金、股票，还有认股权证、可转换债券等多种混合形式。采用综合证券并购方式可将多种支付工具组合在一起，如果搭配得当，选择好各种融资工具的种类结构、期限结构以及价格结构，可以避免上述两种方式的缺点，即可使并购方避免支出更多现金，以造成俱乐部财务结构恶化，亦可防止并购方俱乐部原有股东的股权稀释，从而控制股权转移。

(4)杠杆收购方式

并购方以目标公司的资产和将来的现金收入作为抵押,向金融机构贷款,再用贷款资金买下目标公司的收购方式称为杠杆收购方式。这种方式的杠杆效应体现在:当俱乐部资产收益大于其借进资本的平均成本时,财务杠杆发挥正效应,可大幅度提高俱乐部净收益和普通股收益;反之,杠杆的负效应会使俱乐部净收益和普通股收益锐减。这种方式的好处首先在于,并购方只需出极少部分自有资金即可买下目标公司,从而部分解决巨额融资问题。其次,并购双方可以合法避税,减轻税务负担。再次,股权回报率高,充分发挥融资杠杆效应。此方式的缺点是资本结构中债务比重很大,贷款利率也较高,并购方俱乐部偿债压力沉重,若经营不善,极有可能被债务压垮。

四、营利型俱乐部连锁经营

(一)"俱乐部＋连锁＝会员制＋网络"的营利创新模式

在中国,会员制是一种新兴的产业模式,在此不必赘述。网络业的发展是一种最为创新的营利模式,工业企业中叱咤风云的国美电器、网络企业中占据半壁江山的百度等等无一不是以网络的效应创造经济的倍增效应。连锁的企业,连锁的俱乐部正是秉承了这种创新的经营思维模式,以会员制的优势加上网络的经济效应,必将会带来经济增长模式的巨大变革。

(二)青鸟健身——连锁撬动市场

北京青鸟健身有限公司成立于2001年,它采用国际最先进的连锁化经营模式,实行会员制,旨在为高尚人士提供国际化的健身服务。该公司现有会员22 000余人,几千平方米经营面积的健身店在京城已达5家,尚有两家店近日将分别于北京、大连开业。青鸟健身是目前北京最大的商业健身中心之一,是纯粹的民族品牌。

"青鸟"是国内较早地将"健身运动"作为一种产业去经营的机构,探索出一条中国新兴行业的发展之路:最早推出私人教练服务;最先推出星级私人教练体系;倡导"科技健身"。开业一年即被评为北京市体育休闲产业销售第三名,次年获第二名;青鸟协助国家体育总局编纂"五星级"商业健身房硬件与服务标准;青鸟与首创集团共同开设业内首家加盟模式的大型商业健身中心;"青鸟瑜伽"一经推出便迅速火遍京城。如今,青鸟健身已迈开了全国战略的第一步,首家外埠合作店已在大连签约。目前俱乐部拥有众多头衔与荣誉:国际健身运动成员俱乐部(IHRSA)中国首家连锁健身中心;全球健身协会(Fit Winner)指定健身中心;美国力健(Life Fitness)及悍马(Hammer)健身器材指定使用健身中心;亚洲体适能专业人员学院(AFPI)指定健身会所;中国健美协会俱乐部会员,等等。

1.青鸟健身加盟店介绍

随着公司经营体系日趋成熟,青鸟健身成功建立了一套健身中心管理、加盟运营及操作技术转移体系,并于 2003 年开始向全国推出特许加盟业务。2004 年 6 月 18 日北京第五大道店开业,它位于高档商务与高档住宅区的结合部,是青鸟健身打造的第一家加盟店。2005 年 4 月 1 日青鸟健身隆重推出了望京店,它位于京城最大规模的望京居住区和多家世界 500 强企业总部集中地区。2005 年 3 月青岛健身正式签约大连渤海明珠大酒店——这是大连市中心标志性的建筑物。作为青鸟外埠的第一个加盟店,该店设施设备先进、齐全,其中"海景健身房"、"户外园林景观瑜伽房"和"迷你高尔夫"是该店的亮点。随着业务的不断开拓,西安店、太原店等都在积极筹备中。

2.青鸟健身加盟服务内容

- 为加盟商提供专业 KNOW-HOW。
- 给加盟商进行立地、选址与商圈分析。
- 对加盟商拟建店给予评估与规划。
- 对加盟商提供投资效益的分析和预测。
- 为加盟商提供完善的招募、运营、训练和培训系统。
- 给加盟商提供最低价格的设备及相关产品和专业的后期维护。
- 对加盟期全程的后续指导,跟踪管理,培训及新产品、新业务的共享。
- 关注市场动态,总部随时为加盟商在运营过程中遇到的问题给予援助和解决。

3.青鸟健身加盟支持

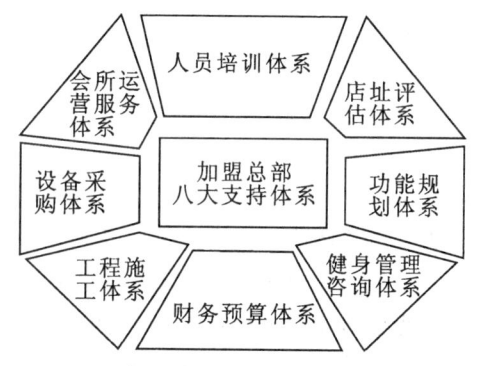

图 7.2.4 加盟总部支持体系

4.资本、人才、资源支持

青鸟健身不仅重视加盟店的数量,更重视加盟店的经营质量。通过总部给予强大的资本、人才、培训和资源支持体系,所有青鸟健身加盟店都实现良好的盈利。

5. 青鸟健身科学的体能技术训练体系

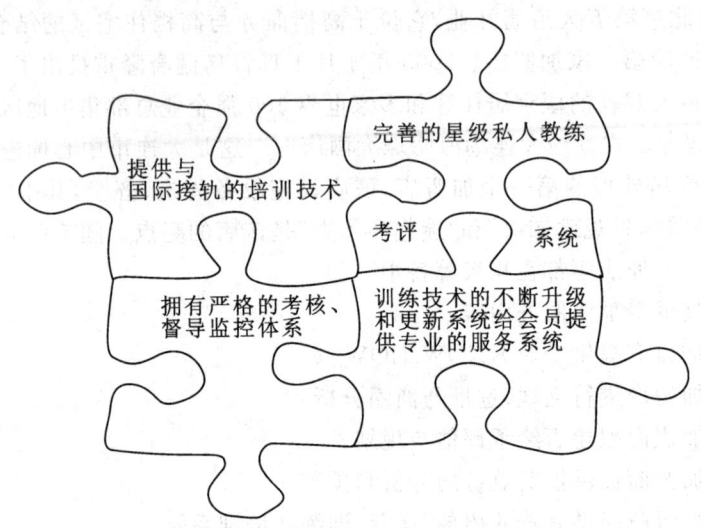

图 7.2.5 体能技术训练体系

6. 加盟方必备的条件

- 营业区域:繁华商圈、高档商务区及高档社区。
- 营业面积不小于 2 000 平方米。

(资料来源:http://www.nirvana.com.cn/)

(三)营利型俱乐部连锁经营模式

连锁经营在国外是流行而成功的经营模式。连锁经营有两种模式,一是直接投资的直营店,二是特许经营的加盟店。青鸟健身俱乐部开设的青鸟兆仑店和百盛店属于第一种模式。在美国、英国等西方国家,California,Gold's Gym,Twenty Four Hours 等知名俱乐部开设了少则十几家多则上百家加盟店。在扩大市场占有率的同时把成功的经营管理模式推广开来。中国的上海、天津、北京等一些大城市为了借鉴国外俱乐部的成功运作,相继加盟了一些国外知名俱乐部。比如上海的金吉姆就是 Gold's Gym 特许经营的加盟店。

连锁经营在扩大经营规模和降低成本方面优势显著。例如在健身行业存在着二八原则,即新创建的俱乐部成功概率是 20%,失败概率是 80%,特许经营的加盟店成功概率是 80%,失败概率是 20%。因此加盟国内外知名俱乐部已是商业体育俱乐部投资者的首选。国内外先进成熟的管理实践固然有利于我们的发展,但一定要意识到不同国家、不同地区市场体制、运作机制的不同,消费者消费水平、消费习惯、消费偏好、文化背景的差异,如果只是一味地复制,没有开拓和兼容并蓄的精神,一个曾经在某时某地非常成功的经营管理模式,将会在本地产生"水土不服"效应。

尽管中国俱乐部行业相对还处于起步阶段,但近一两年竞争日益激烈,国外一些知名俱乐部已登陆我国,尝试着与国内一些俱乐部合作连锁经营,抢滩市场。国内一些知名俱乐部(如北京的浩沙)也在调整自己的战略部署,几家连锁店在2002年迅速开张营业。当前,各家俱乐部的角逐将有利于俱乐部整体服务水平的提升。

(四)营利型俱乐部连锁经营步骤

青鸟的成功预示着俱乐部连锁经营发展势不可挡的趋势,两种创新营利模式的完美结合必将带来经济与社会效益的极大提升。

营利型俱乐部的连锁经营同样呈现出俱乐部的特殊性。传统的连锁经营是以一种理念、一种技术或者一种模式进行全方位的复制与扩张,如同风靡全球的肯德基、麦当劳模式。俱乐部所要复制的也是一种理念,一种为会员提供相同或相似服务的理念。因此俱乐部连锁经营的商业步骤与模式可以用图6.2.6表示。

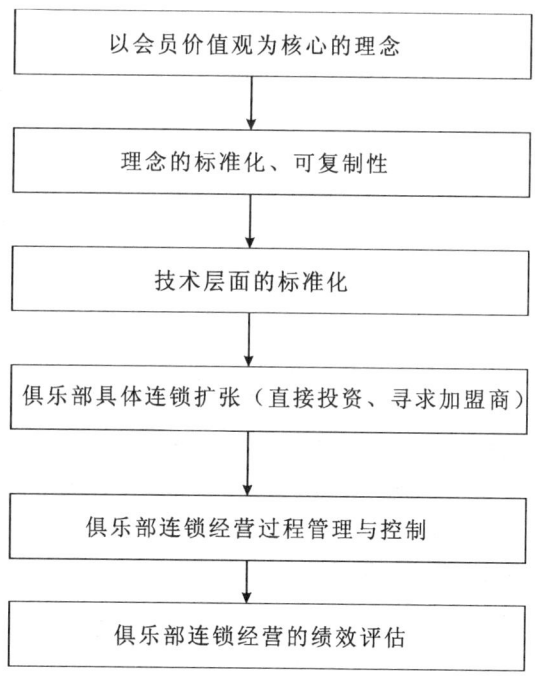

图7.2.6　俱乐部连锁经营的商业步骤与模式

(五)营利型俱乐部连锁经营发展策略

连锁俱乐部发展应从目前所存在的实际问题出发,借鉴国内外连锁经营发展的成功经验,采取有针对性的措施,促进连锁经营的发展。

1. 采取多种形式,加速连锁经营的规模化进程

连锁经营的发展首先要扩大连锁的规模。连锁企业的扩张有多种方式,主要有:通过租赁、购买、新建等方式实现网络的扩张。这些方式的扩张均受到俱乐部资金的限制,而自有资金缺乏是我国俱乐部的一个显著特征。因此,必须通过联合、购并、加盟等多种方式,加速连锁经营的规模化进程。

2. 规范发展连锁店

连锁店的规范化直接关系到连锁业的生存与发展。俱乐部连锁业的发展和运作最主要体现在以下几个方面:

第一,有些俱乐部在组建连锁集团时,没有自己独特的内在优势,仅凭一定的知名度和政府的一些优惠政策就匆忙扩张。在管理与运作上,也只是照搬单体俱乐部的老办法,其结果当然无法通过连锁方式为俱乐部的经营和经济效益提高带来转机。

第二,连锁俱乐部在扩张的时候,由于没有成熟的法律和行规可参考,总部、配送中心、分店之间容易产生矛盾,通过特许连锁组成的连锁企业,特许人和特许经营人之间的矛盾就更大,这就极大地影响了连锁俱乐部的扩张速度,降低了效率。

在制定发展战略时,俱乐部都不能急于求成、急功近利,要本着"成熟一家、发展一家"的原则,循序渐进地发展连锁经营。从质上讲,我们应以国际通行标准为基础,结合我国市场和企业特点,建立规范化的连锁店,以促进俱乐部连锁商业健康、稳定、规范化发展,保证俱乐部连锁化政策的有效实施,加快我国俱乐部行业国际化步伐。

3. 实现信息技术与企业经营的整合

提高连锁俱乐部的经营管理水平。连锁经营的优势在于规模,但如果在连锁经营的发展中,只强调规模,管理跟不上,则连锁经营的优势不仅不能发挥,而且一味地扩张规模还有可能拖垮企业。美国零售业巨头凯马特及日本大荣公司的破产,以及我国一些连锁企业不顾自身能力盲目扩张导致破产的事实都说明了这一点。实现信息技术与企业经营的整合,建立适合企业需要的管理信息系统(MIS)电子数据交换(EDI),有助于为连锁企业的经营决策提供及时、准确、完整的信息,实现总部与连锁分店、配送中心的实时联系,提高连锁企业的经营效率。

4.完善俱乐部员工培训体系

人是连锁经营企业最大的经营成本。一支高素质的员工队伍可以大大降低成本开支,提高其核心竞争力。连锁俱乐部不仅要培养优秀的售货人员,树立良好的形象,还要注重提高全体员工的服务技术与服务技巧,使员工树立以顾客为中心的意识,进入一种自觉地服务于顾客的过程中。加快建立并完善员工培训体系,为员工提供良好的发展空间,留住高素质的人才,对连锁俱乐部具有重大意义。

国际经验表明,连锁经营是现代市场经济中具有强大生命力和巨大发展潜力的一种商业经营与组织形式,是实现流通产业现代化的有效途径之一。连锁经营和连锁俱乐部在我国方兴未艾,还有着很大的发展市场,随着我国加入WTO,也会使竞争更加激烈。只有以科学的发展战略来指导实践,中国连锁俱乐部产业才能在这场世纪商战中健康发展,并为中国俱乐部连锁经营向国际化迈进奠定基础。

五、营利型俱乐部资本市场运作类型

(一)资本市场证券特征分析

营利型俱乐部与传统企业相似,进入资本市场进行筹资与投资,扩张资金实力是营利型俱乐部发展的较好途径。例如,将俱乐部进行上市融资,在短期内就可以获得巨额资金,有利于俱乐部财务状况的快速改善。但事有利弊,俱乐部上市面临较大股价随业绩波动的风险。

按照证券经济内容的不同,可将之划分为股票、债券、投资基金三种类型,这里主要对前两种对俱乐部影响较为直接的投资类型进行分析。按照期限的不同,债券也可分为长期证券和短期证券。长期证券年限一般为一年以上,短期证券期限在一年内。按发行主体的不同,可划分为政府证券、俱乐部证券、金融证券等等。俱乐部逐渐在金融市场上崭露头角。

1.股票投资

股票投资主要有两种:优先股和普通股。俱乐部投资于优先股可获得固定的股利支付率,财务风险较小,但相对来讲,利率较低,适宜于规避风险俱乐部进行投资。投资于普通股可获得较高的收益,但由于股价波动较大,因此加大了风险。

普通股根据其风险和功能可分为以下几类:

(1)蓝筹股股票

蓝筹股股票是指由一些经营状况良好、资信优良的大型俱乐部发行的普通股股票,也称热门股股票。因此较受社会公众欢迎,股利稳定并且投资风险较小。

(2)成长性股票

成长性股票是指公司的营业收入和利润都具有良好增长性和发展潜力的股票,这些股票分配的现金股利较少,将利润作为收益留存俱乐部,以便进一步扩大规模。投资者可以通过购买和销售该股票的差价获利。

(3)周期性股票

周期性股票是指公司的营业收入和利润均周期性波动的股票。当宏观经济景气时,俱乐部的经营绩效就会呈现明显的上升趋势,当经济衰退时,俱乐部的经营绩效呈现明显的下降趋势。因此宏观环境对股票价值的影响比较大。

(4)防守性股票

防守性股票是受经济周期影响比较小的股票。不论在经济景气还是不景气时,它都不会对俱乐部的经营绩效产生明显的影响。这类股票适合规避风险者进行投资。

(5)投机性股票

与以上两种股票不同,这种股票价格波动比较大,并且很难把握价格变动的规律,因此对于投资者来讲不确定性因素较多。属于喜好风险者进行投资。

2. 债券投资

债券是政府、金融机构、工商俱乐部等机构直接向社会借债筹措资金时,向投资者发行,并且承诺按规定利率支付利息并按约定条件偿还本金的债权债务凭证。债券的本质是债的证明书,具有法律效力。债券购买者与发行者之间是一种债权债务关系,债券发行人即债务人,投资者(或债券持有人)即债权人。

(1)债券的特征

- 偿还性。债券一般都规定有偿还期限,发行人必须按约定条件偿还本金并支付利息。
- 流通性。债券一般都可以在流通市场上自由转让。
- 安全性。与股票相比,债券通常规定有固定的利率。与俱乐部绩效没有直接联系,收益比较稳定,风险较小。此外,在俱乐部破产时,债券持有者享有优先于股票持有者对俱乐部剩余资产的索取权。
- 收益性。债券的收益性主要表现在两个方面,一是投资债券可以给投资者定期或不定期地带来利息收入;二是投资者可以利用债券价格的变动,买卖债券赚取差额。

(2)债券七大种类划分

①按发行主体不同可划分为:国债、地方政府债券、金融债券、俱乐部债券。

②按付息方式不同可划分为:贴现债券(零息债)与附息债券。

③按利率是否变动可分为:固定利率债券和浮动利率债券。

④按偿还期限长短可划分为:长期债券、中期债券、短期债券。一般说来,偿

还期在 10 年以上的为长期债券;偿还期限在 1 年以下的为短期债券;期限在 1 年或 1 年以上、10 年以下(包括 10 年)的为中期债券。我国国债的期限划分与上述标准相同。但我国债券的期限划分与上述标准有所不同。我国短期债券的偿还期限在 1 年以内,偿还期限在 1 年以上、5 年以下的为中期债券,偿还期限在 5 年以上的为长期债券。

⑤按募集方式划分为:公募债券和私募债券。这里的公募和私募,可以简单地理解为公开发行和私底下发行。公募债券的发行人一般有较高的信誉,发行时要上市公开发售,并允许在二级市场流通转让。私募债券发行手续简单,一般不用到证券管理机关注册,不公开上市交易,不能流通转让。

⑥按担保性质可划分为:无担保债券和有担保债券。

⑦特殊类型的债券:可转换公司债券。

3.股票投资与债券投资的优缺点对比分析

(1)股票投资的优缺点

优点主要有以下几个方面:投资收益率较高,同投资债券比较来看,普通股价格虽然频繁变动,但长期来看,优质股票的发展潜力巨大,能够取得丰厚的收益;购买力风险低,因为随着通货膨胀的出现、经济形势的景气,股票的价格会做出相应的提高,因此对购买力的影响比较小;拥有对俱乐部的控制权,股权结构代表公司的所有者情况,普通股的所有者同样对俱乐部拥有所有权。

但是,股票投资也有它天生的缺点:风险比较大,俱乐部破产清算时,普通股的顺序排在最后;价格高度不稳定,对投资俱乐部的财务状况影响较大;收入不稳定,股利的发放一般视经营业绩而定,特别是在股票价格下跌的过程中,投资者的利益很难得到保证。

(2)债券投资的优缺点

相对股票筹资而言,债券筹资的优点有:发行债券的资金成本较低可以保证俱乐部的控制权,防止俱乐部被恶意收购;具有财务杠杆作用。

但也有很多的缺点:俱乐部进行债券筹资风险较高;发行的限制条件多;特别是筹资额有限,很难像股票那样在短期内筹集到巨额的资金。

(二)英超足球俱乐部上市——欢笑与泪水并存

1.辉煌期

1983 年,英国出现了第一个上市的足球俱乐部——托特纳姆热刺队,此后有 19 家以上足球俱乐部相继在英国股票市场上正式注册。足球俱乐部的上市受到了球迷的热烈欢迎和股民的普遍关注。购买俱乐部的股票,对于球迷来说,无疑是他们最佳的表达热爱和支持俱乐部的方式。于是,大批球迷开始涌入股票市场,这不仅刺激了股票的上升走势,也吸引了更多投资巨鳄的目光。同时,部分股民也因研究足球股票走势进而喜爱上了足球。由此,足球市场和资本市场也开始以无比契合的姿态并肩前行。

足球俱乐部上市,既活跃了英国足球市场,同时又使英国资本市场备加繁荣。1997年,英国的足球俱乐部通过股市筹集到10亿英镑的资金。由于经营有方,英国职业足球俱乐部的总收入和平均收入额,在欧洲国家的职业俱乐部中名列前茅。就拿曼联来说,自1991年进入股市到1997年为止,其股票市值上升了700%,年收入达到8 790万英镑,在世界最富足球俱乐部排名榜中位居第一。

股市每一个百分点的浮动都意味着成百上千万美元的出入,与此相比,买卖球员的价格就显得小巫见大巫了。随着足球产业从资本市场募集的资金日益增多,职业俱乐部的规划发展与资本市场的关联也就越发紧密。例如,2001年11月,由于拉齐奥在冠军联赛第一阶段小组赛结束后被淘汰,其股票当即下挫了十几个百分点,令其老板克拉尼奥蒂恼火不已。他马上公开呼吁球队用联赛中的优异表现挽救俱乐部股票,之后果然迎来五连胜,而其股价也随之趋于平稳。

2. 没落期

在90年代初足球俱乐部上市时,正值天空电视台买断英超比赛电视转播权,各俱乐部从转播权出售中获得的收益猛增,吸引了不少投资商,但随之便是俱乐部的经营收入不断被球星的薪水所吞噬,赢利能力趋弱,股东们对足球股的兴趣自然也越来越小。目前,足球股票在伦敦金融交易所已成为无人问津的垃圾股。因为除了曼联能持续赢利外(曼联在英超之所以一枝独秀,很重要的原因是将球星薪水控制在总收入的50%以下),其他俱乐部都为财政赤字所困扰。另外,并不是所有的英超俱乐部都急于上市。德鲁特·图什体育咨询公司的丹·琼斯解释说,一方面俱乐部也自知上市无望,另一方面觉得上市和俱乐部的经营政策和方向并不合拍。

英国德鲁特·图什体育咨询公司认为,英超是欧洲几大联赛中收入最多的联赛,但关键是收入的增长赶不上失去控制的球员工资等成本支出。《足球投资者》主编布莱恩对新华社记者说,球员工资不降低,足球股票就很难重新得到投资商的青睐。

畅销书《足球经济》作者、英国《独立报》专栏作家戴维德·考恩则对记者说,现在上市的足球俱乐部压力很大,即使曼联这样能持续赢利的俱乐部也不例外。曼联俱乐部一位管理人员就私下里对考恩表示,俱乐部甚至动过退出股市的念头。

由于足球股票不受青睐,英格兰职业俱乐部难以从股市上筹资,所以竞相采取一种资产债券化的筹资方式,即以俱乐部可预期和稳定的收入(如门票销售)为信用,发行长期债券进行筹资。纽卡斯尔和南安普敦等俱乐部都曾通过这种方式筹集球场建设资金,后来利兹、埃弗顿和曼城等俱乐部也都以此来清理债务和购买球员。

英超俱乐部争相上市后陷入窘境,为未来的中超俱乐部提供了一面镜子。琼斯则强调指出,虽然各国联赛不尽相同,但都需要控制成本,合理花费,要让股东相信俱乐部的赢利能力。此外还要明白作为上市公司的责任:需要做到财务制度的透明,需要和股东分享利润。

显然,英超俱乐部上市的经历告诉我们,俱乐部上市是一把双刃剑。它能快速筹资和引起关注,但也意味着责任的加重,受到的约束更多。未来的中超俱乐部如果只想"上市圈钱",而没有优质资产,缺乏赢利手段,那么最终会自食恶果。

(三)营利型俱乐部资本市场融资与投资——喜忧参半

在资本市场上发行股票、发行债券进行融资,以及在资本市场上进行投资都是营利型俱乐部资本运营的一种选择方式。我们可以将这种方式视为一种资本运作的方式与手段,但并不一定是最佳的方法。英超足球俱乐部都经历了风风火火的上市历程,但最终结果却并不令人满意。究其原因,股票与债券市场是不确定性较大的风险市场。例如股票的价格会随着众多因素的变化而改变,除了公司或俱乐部的业绩外,还包括未来市场预期,宏观政策环境,市场景气程度等因素,其中公司的业绩影响最大。

很大一部分营利型俱乐部,例如足球俱乐部、篮球俱乐部、排球俱乐部、赛车俱乐部等,它们的业绩是随着队伍在竞赛中获得成绩的改变而改变的,但比赛的结果呈现出高不确定的特征,这种高不确定的业绩导致长期股票价格的不断波动,非常不利于股票价值的维护与发展。当人们对这支股票失去信心的时候,就会出现股价下跌、无人问津的局面。因此笔者认为该类俱乐部不适宜长期上市融资。

还有一种类型的俱乐部,例如青鸟健身俱乐部、浩沙健身俱乐部等,由于其业绩在一定范围和时期内可以保证,经营业绩较为确定,如果上市融资,只要其业绩保持得较为稳定,股票市场上的股价就不会产生较大的波动,中小股民就会增强投资的信心。因此,业绩较为稳定的俱乐部或者平稳上升的俱乐部适宜上市融资。

总之,俱乐部上市融资必须遵循谨慎性的原则,在决定进行资本市场融资前,一定要认真评估俱乐部进入资本市场后所面临的风险。笔者认为,俱乐部上市的风险要大于一般的工业和商业企业,必须谨慎从之。

六、非营利型俱乐部兼并收购类型

(一)非营利型俱乐部——心灵的一块净土

大千世界,除了纷繁复杂的工作竞争以外,还有一块潜藏在人们内心深处的净土:个人的价值观、兴趣与爱好。这些拥有相同或相似价值观、兴趣爱好的人们走到了一起,最终形成了他们的天空,他们的净土——俱乐部。这是一种心情的释放,哲学上讲,这是一种人们更加接近人生意义的途径。

因此非营利型俱乐部才是真正意义上的俱乐部组织形式,例如,登山俱乐部、歌迷俱乐部、汽车俱乐部、企业家俱乐部、职业经理人俱乐部、猫友俱乐部、英语俱乐部、电脑爱好者俱乐部、读书俱乐部等等,不可尽数。由于其非营利性,决定了其规模不是很大,也决定了它们对于资本运作的冲动不是很强烈。

(二)非营利型俱乐部并购——自愿互利原则

非营利型俱乐部由于没有资本扩张的冲动,因此他们的扩张潜意识中遵循自愿互利的原则。例如,2004年7月中国的北山羊户外俱乐部与韩国汉城大学登山队联合组队,成功登上慕士塔格峰。队员中中方5人(主要负责组队、协作、后勤工作),韩方16人。海拔7 546米的慕士塔格峰处于新疆阿克陶县与塔什库尔干的交界线上,并是东帕米尔高原三高峰之一。当地人称之为"冰山之父",其景象名不虚传。峰顶常年积雪,白雪皑皑,平均厚度可以达到100到200米,数十条冰川倾泄直下,甚为壮观。到此处登山,更显英雄侠骨。

(资料来源:http://www.xj61.com/club/clubhdhg/200508/club—606.html)

这次联合登山是由于共同的兴趣爱好组织起来的,为了一个共同的目标而联合,虽然两个俱乐部之间没有进行实质上的并购,但这种联合活动的方式却是众多非营利型俱乐部所推崇的。

(三)非营利型俱乐部并购的方式——合作至上

非营利型俱乐部并购扩张方式较为简单,可以用图7.2.7表示其并购过程的特殊性。

我们无需深究俱乐部并购后的经济效益,最重要的是双方会员在并购后能更好地满足兴趣爱好或更大地释放心情,这是最为关键的因素。

同时,我们也不必刻意追求此类俱乐部的并购行为的产生,就像道家所讲的无为而治的思想,随遇而安、随心所欲或许是此类俱乐部存在的本质。我们的净土需要我们来维护,我们的心灵需要产生共鸣,真所谓志同道合者的家园。因此,俱乐部的最高境界就是"我的家园"。

七、非营利型俱乐部连锁经营

(一)连锁经营——非营利型俱乐部的渐进扩张方式

非营利型俱乐部的扩张方式有连锁经营;非营利型俱乐部的扩张路径是渐进性的,不可操之过急。

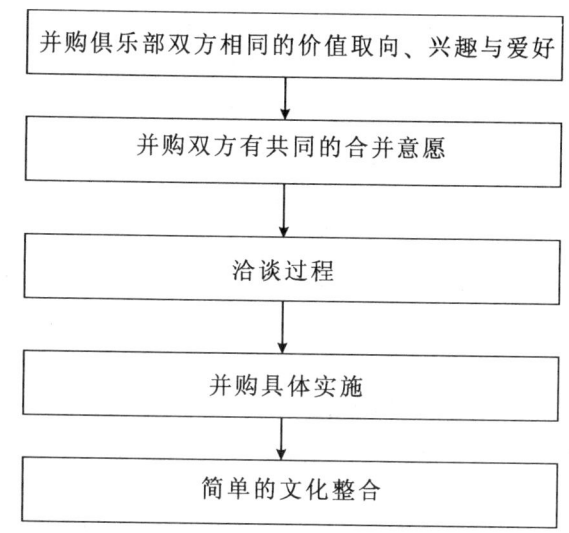

图 7.2.7　非营利型俱乐部并购过程

(二)基督教——一个引人深思的联盟

基督教,世界三大宗教之一。基督教是目前世界上信奉人数最多(约有19亿信徒)和分布最广(几乎遍布世界各国)的宗教。基督教包括天主教、基督教新教、东正教和其他一些小教派。它与伊斯兰教、佛教一起并称为世界三大宗教。在基督教的信仰体系中,各个教派都认可的核心内容可以概述为三个"一",即一信(信仰救世主基督)、一经(信仰《圣经》)、一洗(信仰受洗)。教会与俱乐部确有很多相同的特质。在此,在基督教为例,进行简单分析。

第一,教会是一个非营利性组织,是教徒进行活动交流的组织。教堂是进行活动的主要场所。第二,它向世人传播信仰,使这种信仰影响到了全世界范围;人们自愿信仰基督教,自愿加入教会,自愿受教会各种规章制度的约束,并向教会捐赠自己的财务。第三,教会定期举行各种宗教仪式和活动,同时还为教徒提供各种服务,以满足教徒的要求。第四,教会还宣传基督教义,吸引更多的人信仰基督教,加入到教会这个大家庭中来。从俱乐部角度讲教徒就是会员,教会就是俱乐部的组织形式,教徒通过教会进行宗教活动实现对自身信仰的追求,教会通过吸收教徒为教徒服务达到传播基督教的目的。

(三)思想的号召力大于一切

一群拥有共同信仰的人走到了一起,伴随着这种信仰的出现与传播,使我们很容易联想到非营利型俱乐部的连锁经营。基督教徒遍布于世界各地,充分说明了这种以信仰为领导的组织生命力的强大。

通过简单的基督教发展历程分析,我们不难发现,思想、观念的扩张力是最为强大的。这里启示我们,非营利型俱乐部所倡导的理念是其是否拥有扩张力的最基本、最关键因素。从这里可以进一步扩展思路:任何俱乐部的扩张都应该是以思想扩张为前提的。因此,思想的号召力大于一切。

(四)非营利型俱乐部连锁经营——松散的形式,统一的思想

1. 共有价值观、信仰、思想、兴趣、爱好等的确定。
2. 遵循自愿互利的非强制性原则。
3. 资金的来源可以是原始俱乐部的投资,也可以是新连锁俱乐部自筹资金。
4. 形式较为松散,思想较为统一。

八、非营利型俱乐部资本市场运作型——难以协调

非营利型俱乐部一般很少在资本市场进行融资与投资,因为资本市场的本性是追逐经济利益。这两种形式很难结合在一起。"非营利型＋追逐资本增值型"很难相容,这也是股票市场上俱乐部的数量几乎为零的本质原因。这就像水与火的关系,很难相容。或许有人会用俱乐部上市的案例来反驳这个观点,但俱乐部一旦上市,就转变为营利型俱乐部,跟此处的非营利型俱乐部有较大的差别。

因此,非营利型俱乐部不适宜进行资本市场运作。

思考题

1. 俱乐部资本运营与普通工业企业资本运营的差异有哪些?
2. 营利型俱乐部资本运营与非营利型俱乐部资本运营的差异有哪些?
3. 营利型俱乐部的经营理念应该如何构建?
4. 中国非营利型俱乐部资本运营的本质是什么?

第八章

俱乐部设备及风险管理

学习目的
1. 了解俱乐部设备及风险管理的基本概念。
2. 掌握俱乐部设备及风险管理的特殊性。
3. 理解俱乐部风险管理过程。

在俱乐部管理中,俱乐部设备保证了俱乐部日常活动的顺利开展,对俱乐部设备进行管理是俱乐部经营过程中的重要组成部分。本章从俱乐部设备的类型、俱乐部设备管理者、俱乐部管理的工作和意义等多方面阐述了俱乐部设备管理及风险管理。

第一节 设备管理及设备管理者

一、俱乐部设备及其管理原则

1. 设备的概念

设备是俱乐部正常运营的保证,也是现代化俱乐部档次的重要标志。

设备是固定资产的重要组成部分。设备工程学把设备定义为"有形固定资产的总称",把一切列入固定资产的劳动资料,如土地、建筑物、构筑物、机器、装置,以及交通工具等都包含在其中了。较为一致的认识是,设备是人们在生产或生活上所需的机械、装置和设施等可供长期使用并在使用中基本保持原有实物形态的物质资料。

设备管理指人们管理那些执行多项任务的设备,保证其平稳运转这样一项任务。

2. 俱乐部设备概述

俱乐部设备是指为实现俱乐部功能,能保持俱乐部长期正常运转的器材、装置和设施。但俱乐部设备有着更为独特的要求,对于聚会休闲式俱乐部,俱乐部设备能提供安全、舒适的环境,有时俱乐部设备还需具备娱乐性,以加强俱乐部的吸引力。对于运动型俱乐部,俱乐部设备还要为会员提供专业运动的场地和设备或观看运动的场地和设备。一些更为专业的俱乐部,需要为会员提供有针对性的专业的设备。本文中的俱乐部设备主要依据俱乐部的目标和用途进行划分。

3. 俱乐部设备管理内涵

俱乐部设备管理是指保证俱乐部设备平稳正常运转,当会员或顾客在俱乐部时,能供会员或顾客所需的项目。管理这些设备,保证会员或顾客能舒适、安全地使用。管理者需要灵活,而且能适应各种的状况。设备的正确使用和维护,在很大程度上决定了设备的完好,并能延长其使用寿命。俱乐部每一个员工都正确使用和精心维护所使用的设备,减少设备的故障,减少设备的应急维修量;设备管理者则着重做好重要设备的计划维修,使设备管理实现科学化管理。保证对设备的正确使用和精心维护的主要措施是制定并严格执行有关的制度,强化员工的设备管理意识,对员工进行设备操作和使用的培训,加强对设备使用和维护的检查。

二、设备管理原则

设备管理者为保证设备的正常运转,应遵循以下原则:

- 安全。
- 遵守法规。
- 能为会员提供满意的服务。
- 适当的成本控制。

在会员服务方面,安全永远处于第一位,比任何其他方面都重要,设备管理者要对设备正常运转担负责任以保护会员人身安全和保障环境安全。为了安全,要确保俱乐部内各种设施得到及时的修复。对设备进行维修时,也应确保所遵循的标准、使用方法和程序安全。设备管理者应严格遵守规章制度,安全操作,以免危及他人和自身的安全。

遵守法规,包括遵守国家、地方各种法规,各种行业主管部门标准、条例。有些设备关系到人身及财产安全,法规有强制性规定,必须严格遵守。

设备管理者和管理部门无论是直接还是间接地为会员提供服务,为会员提供满意的、舒适的服务是最高目标。设备管理者的工作成果可以通过俱乐部的整体运营得到体现,它可以增强或减弱其他部门的服务效果和服务质量。

成本控制在设备管理中也占有重要的地位。设备管理者控制着维护运行费用(人工费、材料费等)、能源耗费(水、电、燃油及燃气等)、部分资本支出(设备更新)等。

三、俱乐部设备的范围

1. 俱乐部的基础设备

俱乐部实现其功能所需的必要性设备,在一般的俱乐部设备中,有三个基本的分类,主要由地面、建筑物及其内部综合系统构成。建筑物为俱乐部经营提供使用空间、居住空间,满足设备安装的需要,阻挡风、雨、雪、酷暑和严寒的侵袭。

- 地面——包括建筑地面、运动场地、俱乐部绿地及植被、灌溉系统、停车场、景观设备及其他和俱乐部建筑直接临近的自然环境。
- 建筑物——如房屋建筑、运动场地建筑、运动观赏台建筑,这些项目包括墙体、屋顶、场地、楼梯和其他涉及俱乐部自然环境的项目。
- 内部综合系统——电气系统、给排水系统、动力系统、中央空调系统、采暖系统、消防系统、安全系统。

建筑物内部的综合设备,为保证建筑物发挥其应有的功能而服务,有了建筑物,必须有相应的综合系统,才能使建筑物得以运转。

俱乐部中,地面及建筑物是基础,是开展俱乐部活动的基石,内部综合系统更是使地面和建筑物得以正常发挥其作用的基础。三者相互促进,缺一不可。但不同类型的俱乐部侧重点不同,在聚会休闲俱乐部中建筑物是俱乐部主要的组成部分,其会员活动大多在俱乐部建筑物内开展。而对于运动俱乐部而言,其运动场地是俱乐部主要的基础设备。

2. 俱乐部的扩展设备

俱乐部扩展设备是俱乐部在已有基础设备的基础上,为实现特定俱乐部功能而采用的设施。这些包括:

- 内部陈设——桌、椅、凳、油画、地毯、水壶,及其他加强俱乐部内部条件的设施。
- 公共餐饮设施——陶瓷容器、餐具,餐具柜、厨房设备。
- 酒吧服务设施——啤酒计量设备、制冰机、混合设备、玻璃杯。
- 标识及公告设施——路牌标识、电子信号板、大型电子公告板。
- 康体娱乐设施——游泳池、电影放映机、电视机、卫星频道连接器。
- 数据信息处理设备——会员信息数据库、会员卡、会员卡扫描机。

- 办公室——电脑、分页系统和必备的办公室设备。

俱乐部的扩展设备有利于增加俱乐部的功能和吸引力,能为俱乐部会员提供更为专业、全面的会员服务。各种俱乐部在扩展设备的选择上也有所侧重。聚会休闲式俱乐部更为注重内部陈设,为会员营造舒适的气氛;更为注重餐饮及康体服务,为会员提供高品质的享受。而对于运动性俱乐部,康体设施可能是主要的活动器材,对于那些俱乐部活动观赏者,引导标示和公告设施可能显得更加重要。

3.俱乐部专业设备

专业性俱乐部为实现特殊用途和目的而设置的设备称为专业设备。这些设备在其他俱乐部中少有遇见,但在专业性俱乐部是必备的。

- 俱乐部活动专用设备——专业健身设施、高尔夫球电瓶车
- 通信信息设备——呼叫中心、专用通信通道
- 专业救援设备——专业救援车辆、巡逻维修车辆、直升飞机

专业设备多种多样,依俱乐部功能的不同需要而变化。俱乐部专业设备是俱乐部经营的特色,是一个俱乐部区别于其他俱乐部的特征,能体现其特点之处。各类俱乐部的专业设备不尽相同,但共同之处是都能为俱乐部会员提供专业的服务。

四、俱乐部设备管理者

俱乐部经营中不可避免地要遇到各种类型的风险,需要风险管理者对潜在风险做出预判,对出现的风险做出及时的解决,风险管理者就是俱乐部的内部消防员,防患于未然,救患于及时。

(一)俱乐部设备管理者的识别

俱乐部管理者是广泛的概念,俱乐部设备是全员使用和共享的,所以俱乐部全体员工都是俱乐部设备的管理者。诚然,俱乐部设备还应归属到具体的部门直接管辖。这里分为广义和狭义上的设备管理者加以说明。

1.广义的俱乐部设备管理者

俱乐部设备运用于俱乐部经营的各个领域,俱乐部员工、俱乐部会员都会用到俱乐部设备,都与俱乐部设备有着一定的关系。广义的俱乐部设备管理者,是包括俱乐部员工、俱乐部会员在内的直接使用或享受到俱乐部设备的人。对于俱乐部设备,他们有着一定的义务。

在使用俱乐部设备时,应按照设备正确的操作规程使用;在发现设备出现异常情况时,及时上报设备异常情况,尽快检查和维修。

2.狭义的俱乐部设备管理者

俱乐部设备应有具体的部门和具体的管理者，负责设备管理事项。狭义的俱乐部设备管理者，是指俱乐部中直接负责设备运行、维修、更新并负有相应职责的人和部门。

在俱乐部中，设备工程部是俱乐部中具体的设备管理者。设备工程部负责从设备的设计到设备淘汰更新的全过程。设备工程部是设备的直接管理者，对设备的正常运转负有责任。

(二)俱乐部设备管理者的岗位职责

设备管理是俱乐部管理中的一项重要内容，所以每一个管理者都负有对设备的管理职责，不同岗位的管理者对设备管理的职责是不同的。通过对设备管理岗位职责的制定，明确设备管理的内容和要求，强化部门的设备管理。

1. 设备运行中的责任

设备管理的核心思想是"谁使用，谁负责"。设备的使用应实行岗位责任制，凡有固定人员操作的设备，该员工即为该设备的责任人；由多人操作的设备，则指定一人为设备的责任人。设备的责任人必须对设备的完好负责。他必须掌握设备的正确的使用方法和维护方法。

2. 设备维修中的责任

能发现设备的异常情况，负责设备故障时的报修。设备维护管理依据维护间期的长短和紧急程度可以分为四类，主要有日常维护管理、预防维护、计划性维护和应急及故障维护。各种维护具体要求不同，操作规范不同，依次交替进行，互为补充。

3. 设备操作培训的责任

设备的使用不仅仅是设备工程管理者的责任，也是日常操作者的责任。大多数设备是由内部员工操作的，要培训日常操作者，使其正确地使用设备，做到会使用、会维护、会检查、会排除一般故障，并负责在其他员工使用该设备时，对他们进行培训。

(三)俱乐部设备管理者的管理和发展

1. 设备经理

对设备经理的要求是专业技能和管理能力相结合。他通晓各种专业技能，具有组织管理能力，掌握着大笔的预算，管理着重要的设备，处理棘手的问题。

职责范围：管理和协调技术工人的工作，重视会员满意度，保证设备的正常运行。

专业技能要求：熟悉气体力学系统、中央控制系统、水系统等系统知识，有较高的能源管理能力，掌握强电、弱电、水暖、木工等方面的技能。随时掌握安全和公共卫生方面的政策和实施后对俱乐部的影响。

管理能力要求：具备以点带面，典型示范的管理能力，具备以书面和口头的方式简明清晰地表达意见的能力。

2.设备管理人员的管理

设备管理维护人员也须加强管理，包括任职资格、岗位监督和劳动生产率。

设备管理要求一定的专业技术性，员工在某一方面的任职资格，一定程度上反映了其专业技术性，任职资格是必需的，也是政策法规强制规定的。饭店的一些重要设备，特别是动力设备（如配电设备、锅炉、冷冻机组等），都要求有较高的操作技术。为了保证正确使用这些重要设备，就应建立凭证操作制度。国家规定的工种必须凭证操作。但还有一些重要设备，可在内部实行凭证操作，例如冷冻机组的操作、电脑系统的维护等。

饭店一些公用设备或一般设备无需操作证，但必须指定维护人员，落实保管维护责任。设备的使用应严格岗位责任制，尤其是对饭店工程部更重要。岗位监督在设备管理中是必要的，员工需定时定点地检查设备。由于可能存在无意识的遗漏，对岗位工作要进行监督，以避免这类情形发生。

维护人员的劳动生产率，是指设备检修的时间和紧急抢险的速度。设备检修保持在一定的时间范围内，才有时间开展其他设备或下一轮设备检修，否则，会出现遗漏设备未检修的情况。紧急抢险更强调劳动生产率，因为需抢修的设备的故障严重影响到俱乐部正常运行，快速的修复是最重要的。

3.设备管理者培训

对员工进行持续的教育和培训可以帮助其职业发展，帮助员工掌握新出现的技术。员工培训的方式有内外之分，外部培训是指技术类院校或设备制造商、供货商能在提高员工技能和掌握先进技能方面提供一定的帮助。内部培训是另一种提高技能的手段，组织员工就设备出现的问题在内部开展集中学习，由有经验的员工负责讲解。设备的共性和专业性问题都能通过内部和外部培训的方式得到很好的解决。

第二节 风险管理概述及风险管理者

一、风险管理概述

（一）风险及风险管理

风险管理的方案不是静态的，因为风险的环境是在不断变化的，管理方案必须有相似的适应性，它不是直线性的从定义到控制的一系列的行动，而是一个不断监视风险状态的循环系统,它包括定义、测量、控制、成本评估和回顾反馈。风险管理应该对经济环境、法律环境的变化做出回应,围绕着控制整个俱乐部风险和个人风险而进行。

通过对正在增强的对风险特性的认识,人们逐渐认识到,风险管理是俱乐部的基本行为,需要把风险管理融合到俱乐部的日常经营中去,它能给俱乐部带来更广阔的视野。俱乐部是一系列风险的集合体,管理者要思考如何编排它们。管理者必须评估经常发生的风险和严重的风险,不是所有的风险都能引起组织的灾难。通过风险管理,如果发生对俱乐部有害的事件,则能在最短的时间里做出回应;如果有害事件发生,则能使损失最小化。

本章所描述的风险是俱乐部日常经营中遇到的风险,不包括在战略决策、会计财务和相关法律中的风险(这些将分别在其他相关章节详尽阐述,这里不再赘述)。

(二)产生风险的因素

俱乐部的风险发生在正常的经营过程中。每个俱乐部不应掩饰风险,因为风险是日常经营的一部分,有必要承认风险,并保持客观性,但是董事、管理者、俱乐部成员、顾客和雇员面对风险要能意识到风险,意识到每一个决定可能存在的风险,及组织潜在的损失。如图 8.2.1 所示。

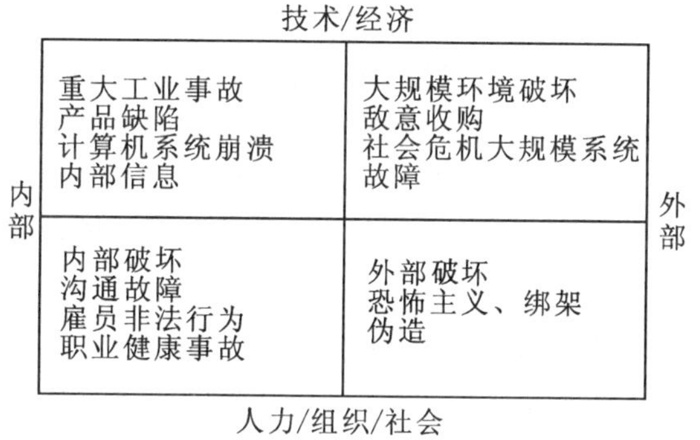

	技术/经济	
内部	重大工业事故 产品缺陷 计算机系统崩溃 内部信息	大规模环境破坏 敌意收购 社会危机大规模系统故障	外部
	内部破坏 沟通故障 雇员非法行为 职业健康事故	外部破坏 恐怖主义、绑架 伪造	
	人力/组织/社会	

图 8.2.1 引发危机的不同因素

俱乐部面对的风险和它们的相关损失包括:

火灾——可能影响到人身、建筑、家具、设备或者财产和俱乐部的文档。

失窃——可能包括现金、设备、成员财产和俱乐部的公文。

损坏——可能影响各种类型的机器、设备,导致不方便和利益损失。

收益损失——收益减少是由于俱乐部一些具体的风险导致的俱乐部停业,例如:火灾损失。

公共责任——可能是由于俱乐部的疏忽造成的,如法院判决的财务损失。

雇员赔偿——可能涉及对雇员在工作时受到的伤害进行赔偿。

自然灾害——可能涉及这样的事件:暴风雪、地震和洪水,这些灾害都会影响建筑物、设备和机器。

恶意行为——包括暴动、骚乱、爆炸、纵火等。

一些风险是因商业运营的特性引起的,另一些风险可能来自无效的或者根本就不存在的管理控制。俱乐部的管理者应该有危机感,知道风险会影响他们的组织,他们能贯彻有效的控制方法去保护设备和预防风险。

(三)风险的分类

俱乐部潜在风险多种多样,风险管理者考虑如下情况:

- 俱乐部可能出现的火灾。
- 大型会员集会潜在的风险。
- 俱乐部电子数据的安全。
- 人身安全和健康(偶然性的和经常性的)。
- 突发事件和持续经营计划(商业恢复)。
- 财产保护,收入损失。
- 如何安排各种纪念日的庆祝活动。
- 俱乐部全满是会损害到会员利益的风险。
- 如何安排来自厨房和酒吧部门的存货损失。

俱乐部的潜在的风险有很多种,难以统一标准划分。本章中我们把风险主要分为自然风险、人为风险和其他类型的风险。自然风险是指由于自然灾害造成的风险,如火灾、冰雹等自然灾害。人为风险就是由人为意愿和行动产生的风险,如食物中毒、踩踏事件、酒后滋事等。还有一些其他类型的风险,如计算机数据的安全等。

一些风险不仅属于一个分类,而且可能属于多个分类。例如,俱乐部有一批化学液体意外泄露,可能造成物品财产损失,通过合理的制度,公布这些潜在的风险和责任,如果不这样做,可能有罚款使收入受损,直到俱乐部被临时关闭。在俱乐部选择合适的风险控制方法上,应该关注一些指标,如可能性和成本效益。

(四)风险管理模型

风险管理就是使风险出现的几率最小,实行风险控制和损失控制是最重要的。风险管理模型就是寻找和提供一种方法,以阻止风险的发生。如果所有的俱乐部经营者都有相适应的风险意识,对于潜在的风险征兆有察觉,就可能引起经营者的注意并采取相应的行动,避免风险的发生,也就从根本上减少了风险造成的损失。

风险管理模型需要对具体的风险进行定义和测量,以前的风险管理决策只是针对风险控制和风险资金等少数几个方面进行管理,实际上不只是这些。在这个过程中有五个要素：

(1) 识别风险。可能引起的因素，可能影响的方面。

(2) 测量风险。风险发生的可能性、风险的严重程度，风险发生的概率。

(3) 控制风险。

- 回避。
- 预防措施。
- 减少风险及其影响。
- 传播风险控制的经验。

(4) 财务风险。

- 保留的成本。
- 转移的成本。

(5) 回顾风险管理过程。

- 损失统计。
- 风险管理委员会。

图 8.2.2 是风险管理模式示例图。

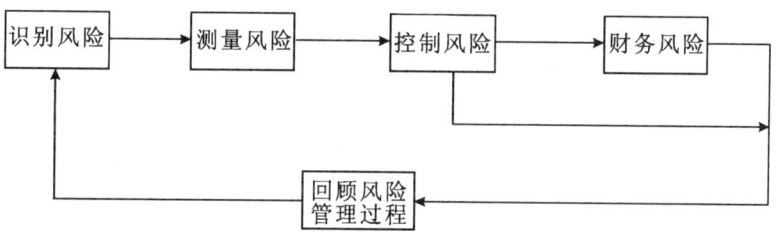

图 8.2.2　风险管理模式示例

风险管理的过程必须持续进行，这是因为风险的环境在不断发生变化，最初的风险分析过程已经不准确了。风险管理者的责任范围就是控制和监视风险，管理者必须能够管理、控制和预防风险，并且能把风险控制计划在整个组织中推广开来。

管理者必须保证完全了解可能发生的各种风险的信息，组织内、外部环境都必须考虑在其中。获得信息是耗费时间，也是很困难的。各个阶段（鉴别风险控制的技术、选择风险控制的技术、实施和监控）可能看起来是很简单的，但是当管理者需要列出所有的风险影响因素时，这些任务就会变得很复杂。

二、风险管理者

（一）识别风险管理者

1. 广泛的风险管理者

①董事会

俱乐部风险管理最终是对董事会负责，它有责任保证俱乐部对已经明确的风险有足够的政策进行管理。董事会也有责任鼓励俱乐部内建立风险意识文化，鼓励风险管理计划之间的交流。

②管理者

董事长可以授权管理者去详细地实施各项政策，高层管理者和部门的中层管理者有责任提供风险控制所需的资源，也有责任创造出一种气氛，使雇员明白风险管理是组织日常工作的一部分。

③雇员

员工有责任向管理者报告任何他们发现的风险，他们必须了解并执行董事会和管理者制定的政策，他们必须保证会员、顾客和后续的员工也执行这些政策。基层员工必须经常发现潜在的风险。因此，他们在风险预防和减少损失方面具有决定性作用。

④会员和顾客

会员往往是被排斥在组织的决策之外的。这是很可惜的，应为会员可能带来一些关键的经验，会员经常发现一定范围内的风险，他们通常有风险预防和控制的第一手证据。会员是出现风险时最可能受到损害的人，应该重视会员在风险管理中的作用，将他们纳入到俱乐部风险管理者的范畴中来。

2. 风险管理的实际操作者——俱乐部保安部

在俱乐部中，风险管理的操作者是保安部。保安部日常工作负责俱乐部安全事宜，如门卫、监控系统。保安部门也是风险管理的直接负责者。

在俱乐部日常管理中，保安部还负责风险的预防，监督和管理各类预防风险发生的设备和资源。在出现危机和风险时，保安部充当风险管理者的角色，负责处理发生的风险，协调各部门之间的行动，调配所需用的资源。

（二）俱乐部风险管理者的职责

1. 日常职责

（1）制定风险预案

对俱乐部日常经营中可能存在的危险，管理者和组织者都应慎重对待。通过分析，充分考虑各种可能的偶然因素和情况变化，制定科学的应急预案。应急预案的制定要结合具体情况，充分考虑可能出现的各种危险。

（2）检查风险防范设施

面对可能存在的多种风险,俱乐部都配置了相应的风险防范设备,如防火设备有灭火器、水龙带等。这些设备都有一定的维护期限,风险管理者应定期检查,出现问题时应及时通知设备工程部检修。

(3)监督各部门安全管理

风险管理者有责任监督各部门的安全管理工作,提出改进意见,杜绝安全隐患。

2.危机现场职责

在危机现场,风险管理者实施紧急处置措施,负责执行事故的应急处理事项。他们积极调配各部门资源和人员,控制风险的程度,降低风险造成的损失。风险管理者是主要的指挥者、协调者。

3.对员工和管理者的培训与演练

(1)培训

员工和管理者都需要风险预防和应对方面的专业化的教育培训,俱乐部需要考虑是否改进他们(包括会员和顾客在内)的培训、教育计划,确保管理者和所有员工都明白其在风险管理中的个人责任。

(2)应急预案演练

应急预案还必须定时进行必要的演练,风险管理者应定期组织各部门演练风险应急预案,使有关人员充分熟悉预案的内容;管理者也可以通过演练,发现预案中可能存在的不足并不断加以完善。风险危机处理计划需要不断地演练。风险紧急计划的演习,应当每半年进行一次甚至更频繁。管理部门应当对员工在这些演习中的表现进行评估,并修正风险紧急计划。

思考题

1.俱乐部的主要设备包括哪些?其主要管理者是谁?
2.俱乐部设备管理主要包括哪些方面?
3.俱乐部设备管理各环节中如何控制成本?
4.俱乐部设备更新有哪些环节?
5.俱乐部设备管理有什么特点?它与酒店设备管理之间的异同有哪些?
6.俱乐部经营中存在哪些风险?它们是如何产生的?
7.俱乐部风险管理的主体是什么部门?
8.俱乐部风险管理的过程分为哪些?

第九章

俱乐部市场营销

学习目的
1. 了解俱乐部市场营销的基本概念。
2. 掌握俱乐部产品的特点。
3. 理解俱乐部市场营销的战略和策略。

第一节 俱乐部营销活动分析

一、俱乐部营销概述

(一)俱乐部营销史

俱乐部的营销已经有很长的历史,它是从单纯的会员制俱乐部企业的营销发展起来的。俱乐部最早可以追溯到 15 世纪初英国的美人鱼俱乐部。1758 年在苏格兰创建的圣安德鲁高尔夫球俱乐部是乡村俱乐部的雏形。1785 年美国成立了第一家俱乐部——无忧俱乐部。1927 年美国俱乐部经理协会成立,使美国的俱乐部有了突飞猛进的发展,协会已经从开始的几百名会员发展到现在的 5 000 多名会员,管理着遍布世界的 3 000 多家俱乐部。在这些俱乐部已经形成了一套比较完善的俱乐部营销体系和运作方法。这些俱乐部一般都采取会员制,通过向会员提供超过会员预期的完善的服务吸引和保持会员,与会员建立长期稳定的关系,使俱乐部保持长期稳定的发展。

随着生产力水平的不断提高,由产品经济过渡到市场经济,由卖方市场转变为买方市场,市场竞争日趋激烈,赢得忠实的顾客成为保持企业长期成功的关键,营销理论也经历了从生产观念、产品观念、销售观念到现在的营销观念和社会营销观念。以往的企业只重视在生产能力、产品的优劣和销售手段方面的竞争。当大多数企业仍然在走交易营销的路线,把更多的资本和精力投入到吸引新顾客时,俱乐部行业早已经在实际运作中高度重视把潜在顾客转变为实际顾客,并把已有的顾客看作是企业的宝贵资源,与顾客建立长期的密切联系,在经营上取得了显著成效。许多明智的企业看到了这一点,在自己的产品营销过程中借鉴俱乐部的经营理念,通过建立俱乐部形式的顾客组织,向顾客提供全方位的个性化服务,举办丰富多彩的活动,加深顾客的情感信任,密切双方关系,把顾客吸引在企业周围,把与顾客的低层次的交易关系上升为互相依赖的伙伴关系、心理关系和情感关系,培养忠实的顾客,以增强企业的市场竞争力。俱乐部已经由单一的娱乐休闲性质的组织发展成为一种被各行各业广泛采用的营销手段。在我国,俱乐部这种商业组织是改革开放十几年后出现的,而俱乐部被用作一种营销手段则是近几年才出现的,但已经是遍地开花了。各种俱乐部如雨后春笋般不断产生,按照营销的客体分为产品的俱乐部营销和服务的俱乐部营销。产品的俱乐部营销涉及各种产品的生产领域,如汽车生产企业成立的汽车俱乐部,软件公司成立的软件俱乐部,减肥药生产企业成立的减肥俱乐部,等等。服务的俱乐部营销按照所属的行业分类,主要存在于娱乐业,如会员制的娱乐中心;租赁业,如会员制汽车租赁;信息服务业,如人才服务中心;社交服务业,如交友俱乐部;健身运动服务,如健身俱乐部;餐饮服务,如会员制餐厅;旅行服务,如会员制旅行社;购物场所,如会员制商店。随着越来越多的企业认识到俱乐部营销的优势,俱乐部营销会在更多的行业发挥它的作用。

(二)俱乐部市场营销的特殊性

市场营销可能和简单的练习相关,也可能在实施和管理中是创新和复杂的。促销是引人注意,主要是吸引消费者直接购买。为了鼓励最大化地利用酒吧和公共饮食业的设备,俱乐部要掌握各种类型的促销手段。营销在确保俱乐部的财务增长和俱乐部产业的成长中扮演重要角色。市场营销的成功发展和实施要求俱乐部能够正确评估会员、来宾和访问者的需求。市场营销在俱乐部的经营过程中发挥着越来越重要的作用。

俱乐部市场营销又称会员制营销,企业通过提供某种利益或服务将人们组成一个俱乐部形式的团体,并开展一系列的活动,以达到宣传企业的产品、促进销售的目的。俱乐部市场营销有广义和狭义之分,广义的俱乐部市场营销是指所有的采取俱乐部这种组织形式的营销活动,通常它都是围绕某种产品或服务开展营销活动,是企业的一种营销手段;狭义的俱乐部市场营销是指单纯的休闲娱乐性质的俱乐部企业营销活动。这里我们主要阐述的是狭义的俱乐部市场营销。

二、了解市场

（一）了解市场的必要性

俱乐部活动要卓有成效，首先必须了解市场的供求状况及发展趋势，即进行科学的市场调查。通过市场调查，分析市场环境，找到有利时机和避免周围环境的威胁因素，为俱乐部市场营销提供客观依据。

市场营销的手段有很多种，俱乐部要根据自己的实际情况，选择适合自己的营销方法。俱乐部营销也有它的适用范围，这是由俱乐部的功能所决定的。我们必须了解俱乐部营销对于俱乐部本身以及营销对象的作用，以确定俱乐部是不是可以采取营销策略。

俱乐部营销对于会员的功能主要表现在以下几个方面：

（1）会员可以通过俱乐部了解企业的产品和服务，增加商品知识，减少消费的盲目性。

（2）会员可以通过俱乐部与企业进行沟通，提出自己对产品和服务的意见和建议，以便获得更好的产品和服务。

（3）俱乐部通过各种丰富多彩的活动，使会员结交新朋友，满足会员的社会交往的需求。

（4）俱乐部的很多活动都带有娱乐性，可以满足会员娱乐休闲的需求。

（5）通过俱乐部，会员可以获得比普通消费者更加完善的售后服务。

（6）一个成功的俱乐部能够培养会员的归属感、自豪感，满足会员的地位和被尊敬的心理需求。

俱乐部营销对于俱乐部本身的功能主要体现在以下几点：

（1）获得顾客的详细资料，以便为顾客提供有针对性的定制的产品和服务。

（2）加强与顾客的沟通，得到顾客及时的反馈意见，以便改进产品和服务。

（3）通过各种丰富多彩的活动，向顾客传播企业的经营理念、企业文化，提高产品的品牌形象。

（4）俱乐部给会员提供一种归属感，培养顾客的忠诚度，对忠诚的顾客可以用较少的营销费用，达到较多的产品销售。

（5）俱乐部可以保持企业现有顾客，增加竞争对手进入市场的难度。

（6）俱乐部可以集中目标市场，提高企业的营销效率，节约营销成本。

（7）通过俱乐部的会员制，可以使企业获得可以预测的、稳定的收入，稳定的顾客可以给企业提供稳定的现金流。

（8）俱乐部中实行的不同等级的会籍计划能够刺激顾客为了升级会籍而购

买更多的产品。

(二)企业俱乐部营销

由于俱乐部具有以上的功能,因此俱乐部营销比较适合于那些技术含量比较高、使用中需要大量售后服务的产品,以及具有休闲娱乐性质的消费品或服务项目。例如汽车、摩托车,由于技术含量高,售后需要经常保养、维修,使消费者在购买产品后还需要长期与生产厂家发生联系,因此许多汽车、摩托车制造企业都成立了自己的俱乐部,专门对自己的用户提供服务;而且汽车、摩托车又有休闲娱乐的作用,适于组织会员聚会、驾车郊游旅行等活动;会员可以在俱乐部活动中交流驾车经验,学习维护保养知识;另外,企业可以比较容易地获得用户的反馈意见,并增进企业与用户的交流,了解用户的需求,不断改进产品,提高产品的竞争力。像这种通过俱乐部的形式进行营销活动、促进销售的营销方式我们称之为企业俱乐部营销。

案例 9.1.1

俱乐部营销在摩托车制造商哈雷·戴维斯公司的成功应用

世界著名摩托车制造商哈雷·戴维斯公司1983年成立了哈雷摩托车俱乐部。他们充分围绕产品进行俱乐部营销,向会员提供一本摩托车杂志,介绍摩托车知识,报道国际国内的骑乘赛事,提供摩托车紧急修理服务,举办骑乘培训班和周末骑车大赛,向度假会员提供廉价出租的哈雷摩托车,向会员提供特别设计的保险计划。哈雷摩托车俱乐部不仅为会员提供完善的服务及丰富多彩的活动,而且把哈雷摩托车变成了一种文化,吸引那些喜爱摩托车的人士,因此其俱乐部营销取得了巨大的成功,俱乐部会员从初创时的3.5万会员(第一年的销量)发展到现在的遍布世界的50个分会、30多万会员,90%的会员表示愿意再购买一部哈雷摩托车。哈雷摩托车俱乐部为企业创造了巨大的财富。

相比之下,一些企业的产品并不适合采用俱乐部营销,也成立了俱乐部。例如有一家销售高档珠宝首饰的公司就成立了俱乐部。珠宝首饰属于奢侈品,价格动辄就是成千上万,而且属于耐用消费品,消费者再次购买的可能性和购买数量也十分有限。另外,即使有富豪拥有大量的这种首饰,并愿意戴着这些首饰参加各种社交活动,也不愿意参加一个所有人都戴着相同牌子首饰的聚会,因此这种俱乐部的社交功能十分有限。总之,这种产品采用俱乐部营销的作用值得怀疑。

因此企业必须从本企业的实际出发,对自己产品的特征、市场情况,以及消费者的特点等详加分析,确定是否采取俱乐部营销方式。

(三)俱乐部经营环境分析

1. 政治和法律环境

政治和法律环境以各自不同的方式影响着俱乐部的经营。比如,政府制定关于经营的时间、雇佣、饮酒量、博彩、吸烟、噪音污染、照明、交通和一系列其他问题的法律法规,对俱乐部的外部环境进行相应的管制。

2.人口统计环境

人们总是根据不同的特征进行分类,比如年龄、收入水平、教育水平和房产、汽车以及其他财产。这被称作人口统计。人口统计方法能够描述潜在的市场并预计这些市场的变化。会员的年龄是俱乐部进行管理的重要因素。年轻人和老年人之间的比率是多少?会员的平均年龄水平是升降还是保持不变?对这些问题或相似问题的回答,对于俱乐部的市场营销是至关重要的。

3.科技环境

在科技上的变化率是相当快的。信用卡和借贷卡的运用已经代替了传统的方式,轻便的卡让俱乐部能很准确地指导俱乐部会员的活动,在俱乐部为顾客和会员进行产品和服务的营销以满足顾客的真正需求方面,科技显示出极大的优势。计算机芯片以及各种卡的运用避免了在营销过程中的主观臆断。科技的经常变动能够影响俱乐部的运作方式。这些变化是很难预测甚至是很难控制的。

4.竞争环境

俱乐部的竞争主要来自本地的其他俱乐部,以及每一个其他的能够提供顾客可能满意的方式的商业和技巧。市场营销者应该能够仔细认真分析竞争形势和环境,并据此制定相应的战略应对竞争。这些不可控因素可能是最复杂的。如果俱乐部仅仅以成为俱乐部为目标,认为这只是他们商业范围之内的业务,那么他们最终将失去自己的会员和客户。俱乐部行业不是仅仅提供俱乐部服务,还为由于别的原因来俱乐部的人提供一系列的活动和服务。在一些国家随着博彩设施在酒店的出现,许多会员更容易选择去当地的酒店,而不是去俱乐部娱乐。酒店的设施由一系列的商业部门提供,运动设施由不同的提供者提供,博彩设施等在酒店中到处都可以见到。不仅要分析这个领域的其他竞争者,还要全面分析俱乐部面对的所有竞争环境。

(四)俱乐部产品的特点分析

产品营销和服务营销在营销过程中存在许多不同之处。俱乐部确实能够为市场提供具体的产品——像足球服装,俱乐部徽章和其他类似的产品。然而,总体上来说,俱乐部是为会员和客户提供服务。俱乐部产品的特征有以下几点:

1.无形性

俱乐部提供的服务不能通过有形的物理特征,如颜色、味道或者形状等进行辨别和衡量。在一定程度上,想象代替了现实的物理特征。购买者通常是通过俱乐部的名声来做决定,或将俱乐部的一些具体的方面作为判断的重点。这些名声主要是来自口头的传播或是像广告性质的市场营销宣传。

2. 多样性

服务中的质量是很难保持的,即使是服务水准已经设立和得到认可以后。按照人的本性来说,人们是很难每天保持和维持在一个不变的经营水平上的,除非是他们得到很好的培训。

3. 易损耗性

服务是不可能被储存到以后再销售,或在不同地方销售。比如,餐桌在周一是空的,没有为餐馆带来利润,然而当餐馆从周六以及接下来的时间很忙时,同一张桌子可能被销售好几次。但是这种从周六开始的销售是不可能转移到周一的。机会已经错过。服务从周六到周一是易损耗的。

4. 不可分性

服务产品的发送和服务的产品基本上是同一个过程。在服务被生产出来和服务被发送出去之间只有很少时间或没有时间。当会员和顾客到达俱乐部时,在见面和问候的情况下,同时员工也正在生产和传递服务产品。

(五)俱乐部数据库的建立

所有俱乐部都有自己的繁忙和清闲时间,营销计划的设计是俱乐部了解市场的基础,通过初级和中级的调查研究了解得越多,俱乐部生产的产品、服务就越有可能满足顾客需要。通过这种简单的观察,了解的这种变化越多,就越能为俱乐部吸引更多的顾客。同时俱乐部的记录资料也能帮助管理者制定合适的营销计划,以确定本来应该提高却降低的交易次数。

(六)俱乐部营销目标

如果一个俱乐部有已经建立的客户群和稳定的利润,为什么还需要促销?一个俱乐部必须保持自己的市场地位。即使是一个对自己俱乐部有强烈的归属感和主人翁态度的忠诚的赞助者,仍然很容易受到这个领域其他俱乐部和地区信息的影响。通过各种途径和方法——如媒体,与亲朋好友的交流,俱乐部的相互竞争——会员也知道在其他俱乐部和相关地区发生的情况,也有可能被吸引到别的俱乐部。

所以俱乐部制定营销计划是为了在现有顾客基础上保持顾客的忠诚度,其他的原因还包括:增加利润;扩大顾客基础,增加顾客数量;提供娱乐表演;推进缓慢时期;实现利润最大化。

1. 增加利润。增加利润是制定营销计划的最主要的原因,主要通过宣传和赞助俱乐部设施的增加来实现。

2. 扩大顾客基础,增加顾客数量。一旦顾客加入俱乐部,发现有一些他们感兴趣和让他们感到舒适的因素,就有销售俱乐部会员资格的机会。这不意味着"硬销售"。这可能只是意味着在休息室里有可用的空间,或者是特殊的用处,能够收回已经支付的会员订金。一系列的激励机制可以用来鼓励会员。会员徽章的设计是一种促销形式,能够使所有员工参与进来,并且能够延续到其他的领域——像酒吧,餐饮服务业等。大部分到俱乐部的人是为了会徽或彩票,在下午四点到五点,可以吸引他们买饮料,其中有一些人还可能在那里用餐和使用其他俱乐部设施。典型的俱乐部可能在用餐后提供免费的甜点。俱乐部的一些大事和服务可能通过口头的方式传出去,或者是在重要时期通过展示板进行宣传。人们可以在参观其他俱乐部时与自己的俱乐部进行比较。每个俱乐部必须与其他俱乐部进行贸易竞争,营销是一个重要的竞争手段和工具。

3. 提供娱乐表演。好的促销活动是为顾客提供娱乐表演。有能力的主持人能够和赞助商保持很好的联系,这一点是很重要的。这样的主持人能够很好地引导观众迅速回应营销的目标。比如,如果营销的是博彩设施方面的,主持人可能就要到处走动,和参与游戏的人聊天。当活动慢下来时,主持人能够通过优惠券或奖品鼓励群众的参与。

4. 推进缓慢时期发展。如果观众数量很少,在发展缓慢时期营销不可能一直是能够带来收益的。在繁荣时期从营销中发展潜在顾客,然后再结合缓慢时期的情况,这可以被看作缓慢时期的调节剂,同时还能够及时发现顾客没有被满足的愿望。

5. 利润最大化。如果管理顺利,俱乐部在黄金时期会有很多会员。这时候俱乐部就要考虑下一步的计划,即鼓励他们玩游戏,或购买食品和酒。基础设施营销为俱乐部提供了一个宽泛的积极采取行动的选择。

(七)俱乐部营销类型

根据俱乐部的性质和服务特点,俱乐部的营销类型主要包括:大量的群众参与,直接营销,贸易竞争,游戏展示。

(1)大量的群众参与。包括纸牌游戏等,还有其他的群众参与多的游戏。

(2)直接促销。这包括具体的博彩等方面的活动。

(3)贸易竞争。通常是指会员制为基础的内外部资助支持。

(4)游戏展示。通常是由主持人主持的,包括"轮椅赞助商"。

三、适应市场

所谓适应市场就是根据顾客需求及其发展趋势,设计并提供令顾客满意的产品。其宗旨在于使自己的产品适应市场并进入市场,而且得到顾客的承认。要做到适应市场需求,俱乐部必须注重科学的市场营销计划。

(一)市场营销计划

当俱乐部决定了销售地区、目标和方向,已经开发产品组合或资产组合,管理必须集中在如何组合这些要素,使其与俱乐部的总体目标相符。长期的市场营销计划有时是指"市场营销策略",战略可能覆盖几年的时间,尽管它们在这段时间内发生了一些变化,也可能要受到监督或评估。短期的市场战略通常被称为"市场营销计划"。大部分俱乐部都运用这种战略,对于一些小的俱乐部也同样适用。Lovelock 在这里谈到了一些关于制定俱乐部市场营销计划的益处,他主要指出以下几点:

- 组织内部的合作,带动组织内部那些可能不常合作的个人;
- 设定一个时间表,可预期需要的活动的时机;
- 通过访问来自组织内部不同部门的员工和管理层面的人员进行很好的交流;
- 通过检验组织所处的内外部环境,来确定预期的发展;
- 随时准备应对组织所遇到的变化;
- 集中于组织中管理人员和员工的共同努力;
- 建立基本的控制系统,能够指导偏离假定和结果的行为。

(二)市场营销计划的原则

制定一个市场营销计划有多种选择。Morrison 认为,一个市场营销计划应该注意以下几点:

- 以事实为基础,建立在前期调查和分析的基础上;
- 要详细具体,能够确定计划是如何组织和协调的;
- 要有计划性,确保行动的连续性;
- 预算要精细认真;
- 灵活性,包括应急计划;
- 通过可行的目标和指派的责任来实现可控性;
- 内部的一致性,和所有相互关联的活动;
- 简单明了,没有领域的重叠或模糊。

Rose 提出六个关于俱乐部市场营销计划的原则:

- 计划必须建立在很好的信息调研基础上,这些信息主要来自消费者。
- 不管一个产品如何好,它不可能也不会吸引市场上的每一个顾客。产品必须在第一次和最初时就能吸引会员。它必须反映会员的需求,而不是管理者概念中的那些可能的需求。
- 一个计划必须有可测量的目标。这就要求市场经营者判断这个计划是否能成功。目标应该包括成本、利润、人员数量、销售的平均价值和其他的市场营销者能够认识到的适当的因素。
- 目标必须是可以达到的,并且得到所有员工的同意——包括负责产品分销的员工。

- 计划必须和经过协商的时间框架相关。这可能需要一年左右的时间。在这个时间框架里,应该包括最小的计划,以便于在计划的实施中,执行的过程能得到监督和指导。当计划制定完以后,在产品分销的方式上可能进行修改。俱乐部应该能够准确确认记录在计划期间所有的针对目标群体的销售。如果技术或工具不到位,那就是市场营销者在组织中的责任。否则的话,那就成为一件凭猜测进行的工作。随着现成的容易掌握的低成本计算机的出现,在俱乐部的主要经营中,计划的每个阶段的产品和服务的实施情况的衡量,要比以前简单得多。

- 一个计划应该在完成后对失败原因进行检讨分析,最好是形成最后的书面报告,以便以后当参与这些事的关键人物调到其他部门时,用这个书面报告的结果作为参考。当计划重新制定时,可以根据对失败原因的分析研究表现出来的问题,进行适当的修改。这建议可能比较单调无聊,但是对俱乐部来说是很有用的。竞争者对市场营销创新的反应也应该包含在这个报告中。营销不是表现在测验中,而是表现在不断变化的市场中,市场中的消费者和竞争者通常是和一定的游戏规则联系在一起的。密切注视竞争者的动态是营销者的一项重要职责。

市场营销计划对于整个俱乐部来说是很复杂的,因为它要涵盖每一个产品和服务的当前或计划的组合。俱乐部越大,营销计划越复杂。许多俱乐部组织有非正式的计划。这些可能只是被俱乐部内部的管理层面的员工了解,甚至只有 CEO 知道。这些非正式的计划很难通过俱乐部得到传播和内化,通常是以一种非常正式严格的方式在俱乐部内下达。相反,正式的俱乐部计划对组织是有利的——不仅仅是在市场营销领域,也包括在功能方面整个俱乐部的内凝聚力。

(三)制定营销计划的要素

市场营销计划有各种各样的形式,有长期的、深度的计划,在产品和服务的每一个可能的方面都有详细的说明。其他的是一些简短基本的关于管理人员和员工的基本想法的概括。一些要素必须包含在内,即使是最基本的市场营销计划。Hobson(1997)认为营销计划包括以下三个要素:环境的分析,选择正确的营销策略,计划的实施。

(1)环境的分析。包括俱乐部的经营环境评估。分析者应该分析竞争者,潜在的市场,俱乐部的优势和劣势,以及来自其他俱乐部的机会和威胁。

(2)选择正确的营销策略。选择市场营销策略应该集中在可控因素上,如:市场营销组合,俱乐部想拥有的在市场中的位置调整方法,俱乐部市场营销目标的解释。

(3)计划的实施。计划的实施是非常关键的。制定的计划不实施或者制定的计划与实施不一致都是一种资源的浪费。可行性的目标和责任的清楚理解是很有必要的,必须为每一个环节提供行动计划。

(四)计划的程序

营销计划实施的程序很简单。这样一个计划的成功需要一个来自管理层的有力的承诺。随着竞争的激烈,许多大型的俱乐部开始雇用这方面的专家。制定计划的程序分为四个步骤:

(1)评估

在最开始,俱乐部所处的位置,想得到什么,现有的资源能够做什么。

(2)制定战略

在这个阶段,俱乐部要确定怎样实现自己的目标,并采取相应的行动实现计划。

(3)细化计划

这个阶段包括具体的组织,市场的分析,资源支持的必要性和影响计划实现的因素。要求参与者的合作、协调和交流。

(4)计划的实施和检查

一旦计划被管理层认可,就必须付诸实施——除非它只是一纸空文。计划实施的时间、人物和方式是非常关键的。在计划期间评价是很有必要的——比如,每个月或每三个月在一年的计划期内——检查计划实施的进程。然后再决定如何提高和改变计划,以应对因为外部环境带来的变化,这些变化是在计划制定时没有考虑到的。检查必须得到所有相关人员的同意,监督指导功能应该在计划期内适当的时期执行。

四、占领市场

所谓的占领市场就是通过制定有效的市场营销策略开展有效的促销活动,扩大销售量和提高市场占有率。主要是通过"4Ps"营销组合来实现。"4Ps"即产品、价格、地点和促销。有的人也提出了"5Ps"组合,即在上述四个组合的基础上加上人的因素。

(一)产品

俱乐部提供的产品基本上是服务性的,也就是说,俱乐部提供的产品是无形的。俱乐部基本上采取会员制形式。因此俱乐部更多的是试图通过员工的制服和运用设计(形状、颜色、语言)作为促销的素材。一种产品本质上来说是连续的,像一种品牌的啤酒需要不断地品尝,相反,服务依靠的是人们的宣传,服务层次和类型的传播是很难控制和量化的。

好的市场营销者应该尽可能地以最少的人力投入,生产出最多的适合人们需求的产品和服务。产品的人力方面必须严格控制。

案例 9.1.2
青岛英派斯健身俱乐部的产品策略

健身俱乐部提供的产品就是"健身服务",而服务的质量由以下各方面来保证:

• 英派斯健身俱乐部全部配备"英派斯"(中国奥委会特许标志产品)全套有氧和无氧健身设备以及引进的国际流行的有氧单车,全封闭的有氧教室,常年组织各种有氧健身操的指导、教学(健康街舞、搏击操、踏板操、芭蕾形体、有氧拉丁、瑜伽等)。

• 健身俱乐部由专业的教练队伍组建,聘请了著名美籍华人运动保健专家宋杰翰先生与资深教练张英女士全职负责运动指导。严格挑选和培训的专业教练队伍,素质高、服务意识强,全部具有国家颁发的健康教练资格证书或相关资格。

• 全套由美国引进的体能检测系统,主要是对俱乐部会员进行全方位的体能测试,精确地测出会员目前的身体状况以及目前会员最需要加强和改进的地方,由教练做出适合会员的运动处方,以保持或改善会员的健康状况。

• 英派斯健身俱乐部还为会员提供齐备的配套设施,健身区全部配有音像系统和换气设备,舒适放松的桑拿区,宽敞豪华的更衣室,安静的书报阅读区,补充能量的健体吧,高速稳定的宽带网以及定期为会员组织的各项活动,处处为会员考虑得无微不至。

(二)价格

价格是一个可控因素,大部分的供应商都存在一定的问题,因为价格政策通常是留给会计或者金融专家的。面对价格竞争时,一个选择是向下调整价格去应对竞争者。消费者通过各个不同的竞争者制定的价格,来决定价格的高低。当消费者购买产品和服务时,"物有所值"对他们来说是很重要的。

价格的制定应该综合考虑各方面的原因,比如消费者的购买能力。市场营销人员应该根据市场制定不同的价格,以确保这个价格能够得到相应的利润。俱乐部一直以来就是一个很便宜的买酒的地方,俱乐部经常是通过博彩设施得到的利润来弥补酒的价格。

案例 9.1.3

青岛英派斯健身俱乐部采取的价格策略:

年卡:3 680 元/年;

居民期望的年卡在 3 000 元以下的为 70%;3 001~4 000 元的为 17.5%。

半年卡:2 160 元/年;

居民期望半年卡在 2 000 元以下的为 61.5%;2 001~3 000 元的为 23.1%。

如意卡：2 400 元/80 次；

居民期望的记次卡为 80～100 元/次的为 25.9%，100 元以上/次的为 14.8%。

季卡：1 000 元/季；

月卡：400 元/月；

一次性健身券：100 元/次。

案例 9.1.3 分析：因俱乐部把一次性健身券主要当作免费馈赠的礼品，很少进行销售，故价格定得较高；而月卡、季卡也不是销售的重点，故价格定得较高。

（三）地点

地点和消费者——会员和来客——如何才能很便利地得到俱乐部提供的产品和服务紧密相关。地点就是俱乐部所处的地理位置与消费者生活和工作所处的位置的比较。随着时间的推移，俱乐部基本上不可能正好建在繁华的商业区。在郊区出现的大量的新购物中心使商业区发生改变。高速公路改变了交通模式，公共运输为私人运输让路，便于停车的设施对消费者来说是至关重要的。

随着地区和城市的发展，潜在消费者的迁入和本地消费者的迁出，俱乐部需要实施新的方案以解决这些问题。在许多情况下，用公交车来运送顾客——然而这只是一种附加的服务，主要是针对那些来回有困难的老顾客。

（四）促销

促销包括市场营销活动的所有范围，也包括组织与现有的客户和潜在的顾客的交流。促销的目的是组织让潜在的客户认可他们的产品、价格和地点。一个完整的"营销组合"包括：

- 广告——付费的公开媒体宣传；
- 公开——免费的公开媒体传媒；
- 公共关系——有计划的公开媒体宣传；
- 销售促销——引导消费者购买你的而不是你的竞争者的产品；
- 赞助商——把你的俱乐部的名字与具体的大事件和活动联系在一起；
- 个人直接销售——直接与现有的和潜在的顾客接触进行销售。

案例 9.1.4

青岛英派斯健身俱乐部的促销策略

（1）开业前一个月，在青岛的报纸上做 800～1 000 字的文字铺垫，开业前 10 天及开业后，持续地在报纸上做促销广告，居民有 47.5% 的健身信息是通过报纸获得的。

（2）户外广告牌、DM 杂志等媒体上做促销。

（3）活动促销，利用节假日在各大广场上做有氧操的现场表演，免费测脂肪,让顾客亲身体验健身等。

(五)俱乐部内部营销

内部市场营销是指企业要推广自己的产品和服务,首先要从企业内部的员工开始,让他们了解、认识、接受并热爱自己的企业,使企业员工成为企业第一批忠实的客户。这样,员工在推销自己的企业产品或服务时才能更具说服力,因此,人员对于俱乐部来说是非常重要的,尤其是在服务性的组织里。员工——不管是门童、清洁工、酒店的雇工、管理者或者董事会成员——在维持营销计划顺利进行并实现目标时都扮演着重要角色。这就需要在庞大的营销体系中创建一种团队精神。内部营销——俱乐部的市场营销代表的是内部的所有员工——在服务性的组织中是非常重要的。它需要实时通信、布告、培训计划、团队会议等等。

同时对于俱乐部来说,俱乐部组织机构的建设也是很重要的。通过组织的合理安排,协调内部员工,俱乐部才能在形象的塑造和业务的推动中起到巨大的、不可忽视的作用。因此俱乐部应加强并不断完善营销部门的职能。营销部门除了会籍的推销外,还应承担俱乐部的公共关系及宣传工作,加强与媒体的联络。同时要加强与政府部门的联系,对政策及时准确的掌握可以帮助俱乐部做出正确的营销决策。对于连锁经营的俱乐部还应承担对连锁店的管理与推广工作。保证连锁店的服务质量,努力开发新的发展区域。另外,营销调研工作可以帮助俱乐部掌握市场动态,及时得到最新的市场信息,因此也需要将其纳入营销部门之中。图9.1.1为俱乐部营销部门机构设置示例。

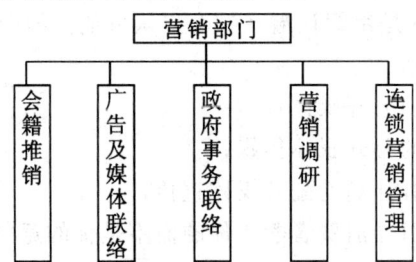

图 9.1.1 俱乐部营销部门机构设置示例

(六)其他的"Ps"营销组合

营销专家Morrison提出了另外三种"Ps":

(1)打包/产品组合

通常是两个或两个以上的组织合作为潜在顾客提供一个"打包",也可以和在同一个组织中提供包括所有产品在内的不同领域联合。俱乐部可以为那些在一个具体时间内,消费相当数目钱数的会员提供这样的"打包"。这样的产品组合可能包括参加娱乐活动、在餐馆用餐、免费的饮料等。

(2)编制程序

编制程序和"打包"产品有些相似,它不是从许多单个的产品中创造一种产品。这个营销因素主要是通过加入其他的"特别性"来提升整个产品的价值。如俱乐部可以举办特殊的早上或中午一起唱歌的活动,这主要是为那些刚喝完酒的老会员提供的——这种提供方式能够得到额外的金钱价值。

(3)合伙关系

合伙关系在组织间和组织内部是相互的。合伙企业必须能够创造产品组合中所需要的项目和编制程序所需要的元素。一些俱乐部和本地的税收机构有交易,能够为俱乐部会员提供特殊的税率。一些俱乐部还可能用当地的酒店或旅馆,为那些旅行很长距离的顾客提供特殊的住宿费用。

五、创造市场

俱乐部经营活动要以市场需求为出发点,这并不意味着被动地适应市场需求,而是应该注意去引导顾客的消费,创造新的市场需求。创造市场实际上就是通过市场创新改变和完善需求结构,提高市场的需求量。

创造市场机遇,主要从以下几个方面考虑:

(一)关注外界环境的变化

1. 关注政府的行为

政府的行为对经济的发展起着不可替代的作用。政府的政策将会使国家政治经济形势发生或大或小的变化。所以俱乐部在发展过程中,不能只关注市场的变化,还应该随时关注政府,注意政府的政策导向,把握政治经济的发展趋势,以抓住政府变化所带来的市场机遇。

2. 把握经济周期

任何国家经济的发展都有其周期性,在不同经济周期内,都存在不同的市场机遇,俱乐部必须研究经济发展规律,以抓住市场机遇。

3. 掌握经济和居民收入的增长情况

俱乐部市场的大小,与一个国家或地区的经济发展情况、居民收入情况相关。因此俱乐部要善于分析和掌握当地经济和居民收入的状况及增长趋势,以便进行市场拓展,或随时调整营销及服务策略。

4. 了解周边情况

当俱乐部决定进入某一区域时,详细了解周边情况非常必要。一是了解周边基础设施、机构情况,例如交通条件、商店、餐饮、学校、医院、写字楼、政府机构、居民小区等。二是了解周边已有的俱乐部及其经营状况。三是要了解周边人口状况,包括常住人口数量、年龄构成、收入情况等。

(二)积极寻求市场空缺

俱乐部要根据顾客的不同需求、爱好、特征等因素,选准市场的空缺,为消费者提供产品和服务,满足消费者的不同要求。这些空缺可以从以下几个方面考虑:

1.年龄上的空缺

不同年龄段有不同的消费习惯,俱乐部可以针对不同年龄段的消费者偏好进行产品的定位。比如针对年轻人市场或者银发市场(老年人市场)等,建立俱乐部或提供俱乐部产品。

2.性别上的空缺

两性之间的差别是永远存在的,这就意味着俱乐部可以根据性别上的差异进行产品的开发。

3.时间上的空缺

现在由于人们工作压力的增加,工作时间的紧张,推出一系列在周末度假的活动,为会员提供特色服务,使会员在紧张的工作之余,能够在俱乐部得到放松休闲。

第二节 俱乐部营销战略

俱乐部的市场营销关键是为俱乐部进行市场定位,在此之前必须进行市场细分和目标市场选择。俱乐部会员由于所处的地理环境、社会层次、收入水平等差异,需求往往表现出较为明显的差异。因此,俱乐部在对现有或潜在市场状况进行分析的基础上,要把市场分割为具有不同需要、性格或行为的群体——市场细分(Market Segment),选择特定顾客群体作为俱乐部的服务对象——目标市场选择(Market Targeting),通过相应的产品或服务在目标市场上建立与传播关键利益和特征——市场定位(Market Position),即所谓的营销战略策划的STP法。

一、市场细分

市场细分是管理人员把消费者分为不同的种类——消费者想从俱乐部得到的和需要的是不同的内容。可以根据会员数据进行分析,这些数据可以提供俱乐部会员的资料——包括俱乐部会员的入会时间,住址和来俱乐部的次数等。一个简单的俱乐部名单可能不会体现出不同会员用的不同的设施,会员与俱乐部的竞争者之间的关系,他们在每个领域花费的费用。

一个简单俱乐部会员名单可能只是俱乐部的消费者的基本开始和结束的情况——只要俱乐部经营合理。这种情况通常是对于一个小的乡镇俱乐部,很少有来自别的俱乐部或酒店的竞争。

不管俱乐部产品或服务如何好,他们也不可能满足市场的所有需求。通过把市场进行不同类型的细分——具有相同需求的小群体——组织可以为这些细分的市场设计产品或服务,来满足每一个细分群体的需求。为了得到这部分的细分市场,俱乐部应该确定存在于自己内部市场中的相关的细分市场,这很大程度上依赖于市场的地理位置和俱乐部自身所处的位置。大都市的俱乐部吸引的顾客不同于处在偏远地区或游客较多的城镇目的地或郊区的中心的俱乐部吸引的顾客。

(一)明确市场

每个行业都有自己确定的市场。任何市场都是在确定的地域基础上对一定产品或服务产生需求的人群的集合。市场可能被不同的分类分解,分类包括以下几种类型:

- 年龄;
- 收入;
- 家产或租用;
- 房间类型;
- 性别;
- 每个家庭的成员数;
- 费用构成;
- 旅行费用的承担;
- 教育水平;
- 承担的工作类型。

这些信息可以从营销数据分析中得到。这些数据是强大的营销工具,能给市场营销人员关于在具体市场内的人员数量和人口状况的准确信息。运用这些信息,俱乐部可以估计在会员名单中总的潜在消费者所占的比重。通过对整个市场或者"领域"的严格调查,市场营销者会发现潜在消费者的数量是相当小的。那些在18岁以下的可以从潜在的博彩市场中排除,尽管供应的家庭设施可能让俱乐部得到一些年轻人市场。

(二)市场标准

通过市场细分,俱乐部可以用以下的信息得到潜在的市场:

- 在一定地域市场中大约的人数;
- 通过年龄、性别、收入和其他可行性的分析;

- 作为总的潜在俱乐部人员的市场中的一份,每个细分市场的规模;
- 这些细分市场的增长或缩减是否从一个统计到另一个统计。

用人口标准进行会员的分类,使俱乐部能够评价每个细分市场的会员组成比重。这是市场实现突破的可测量标准。俱乐部管理还有另一种工具,在其他的服务性部门是不适用的。一些俱乐部现在正在使用一种便捷的卡,当会员到俱乐部时,只需要"刷卡"就行。俱乐部能够准确确认每天会员光临的次数,以及会员每次在俱乐部待的时间。通过分析俱乐部的基本记录,市场细分将变得明显。收集的信息包括:

- 当前和以前会员的数量;
- 会员的家所处的地理位置;
- 参观者的数量;
- 参观者的地理资源;
- 参观者拜访的次数;
- 一天中哪段时间,一周中的哪一天,一个月中的哪一周以及一年中的哪个月是拜访的高峰和低谷。

(三)市场趋势

市场趋势的分析是营销的一个重要功能。有时候分析评价一些"不可控因素"是很困难的,但是必须尽量去分析研究。比如,一个俱乐部在旅游区域,可能受到季节性的影响,国家经济的影响,事件的影响(像战争),或者贸易伙伴的影响。

市场趋势的分析使营销者发现更好的方法。营销者可以通过俱乐部为那些细分部门提供一些相配的产品。一些大都市的俱乐部已经注意到在使用俱乐部的设施上,亚洲人的数量不断增加。营销人员应该准确弄清楚为什么会出现这样的事情,然后创造产品以保持各部门使用俱乐部的设施;为什么赞助商进入俱乐部是俱乐部获得会员及其需求的重要方面。人们参加俱乐部的原因可能包括以下几点:

- 在晚上家庭有特殊节目;
- 在特殊节日的晚上,有演出;
- 工作后的祝酒晚会;
- 比赛结束后的聚会;
- 午餐;
- 有特价的食品;
- 周末的社交聚会。

一般来说,营销者需要的这类信息都在收集的数据里,但很难被发现。俱乐部收集信息的方式是很难在实际中发挥作用的。俱乐部的营销者得到的这种类型的信息越多,就越容易确定市场细分,并为这些细分市场生产产品和服务。

(四)转换市场

在营销中,有三个领域的转换是很重要的:

(1) 不同消费者类型的转变;

(2) 转变那些已经过期的产品;

(3) 在一个组织中转换那些不存在的大量产品。

俱乐部应该为这些变化制定计划,以应对这些变化可能带来的负面影响。社会学家 Everitt M. Roger 对 20 世纪 60~80 年代进行了对比研究。他发现,人们拒绝变化,即使变化使人们更加安全、方便或更加有价值。Roger 发现大约有以下几种不同的人群特征:

(1)革新者。这些人只占总人数的 2.5%。通过研究证明,这部分人主要是年轻人和愿意冒险的人,他们有很好的财务收入和很高的社会地位。

(2)早期的适应者。早期的适应者大约占总人数的 12.5%。他们是观念的领先者,是社区的代表人。他们的行动趋势能够被社会的其他成员接受——不管是在时尚潮流、生活方式、汽车数量、吃饭习惯还是旅游方面,只要他们接受了一种新的产品和服务,社区的其他成员就会接受。

(3)早期的大多数人。这些人占总人数的 34%。他们已经看到早期接受这些产品、服务或观念的适应者,因此他们有了"参照物",自己就会直接进入市场。他们很谨慎小心,他们的社会地位和收入比平均水平稍微高一些。

(4)后期的大多数人。这些人占总人数的 34%。这些人通常被描述为怀疑论者。他们是迫于社会的压力和经济上的需求购买这些新的产品和服务。

(5)落后者。这个群体大约有 16%的人,主要趋向于老年人、收入很少或花销很大者,他们很保守,拒绝变化。

这种比例的划分是把所有的人,包括最终能够适应新产品、服务和理念的人和一些直接拒绝适应变化的人。

变化是不断发生的,俱乐部的会员可能就是这其中的一个或几个团体,落后者的比例越大,变化越大,俱乐部在应付变化时就会越困难。这种情况下,俱乐部就需要采取措施及时认真地解决所面临的问题。

二、目标市场选择

一旦俱乐部确定了市场细分机会,它们就必须依据市场细分目标,进行目标市场的选择。这时可以考虑 4 种目标市场模式。组织需要形成一种最优的产品组合——产品的组合能够满足消费者的需要,将会形成要求的利润层次。这种产品组合战略需要相关的各种输出——管理哲学,组织资源的性质和范围,潜在的市场机会,还有来自竞争者的压力。

1. 完全市场覆盖战略

俱乐部想用各种产品和服务满足各种消费者群体的需求。只有大型的俱乐部才可以采取完全市场覆盖战略。一般包括无差异市场营销和差异市场营销两种手段。在俱乐部中,在吸引大量顾客时,需要提供一定比例的几种产品的组合。俱乐部中的产品范围包括:食物、饮料、博彩设施、娱乐、运动和健身设施等。

2. 密集单一市场战略

俱乐部只选择一个或几个市场目标,为这些目标开发产品和服务。通过密集营销,可以更加了解目标市场的需求,树立特别的企业形象,巩固自己的市场地位。这样也会使俱乐部得到更高的利润。不过密集营销的风险更大,个别的细分市场可能出现不景气的情况,这样就可能给俱乐部带来很大的损失。

3. 有选择的专门化战略

在生产和分销一些单一类型的产品时实现专一化。这些产品或服务可能针对一个或更多的目标市场,这种多细分市场目标优于单细分市场目标,因为这样可以分散风险,即使单个目标市场失去暂时的优势,其他的市场细分目标仍然可以在自己的目标市场内实现利润。有选择的专门化在俱乐部中是很常见的,比如:高尔夫俱乐部,网球俱乐部,老年人俱乐部,女性俱乐部等。

4. 产品专门化战略

这种战略是集中生产一种产品,只向目标顾客提供一种产品。对大部分的俱乐部来说,博彩设施在俱乐部的营业额中占了很大比重。这种产品成为俱乐部的"金钱生产器",其他的产品——像食物、饮料和娱乐——在俱乐部的利润的形成中处于从属和变动的位置。然而使用一些生产量少的产品对俱乐部也是有优势的。尽管俱乐部可能从这些活动中赚取很少的利润,但是这些设施能吸引那些来俱乐部的人使用酒吧、博彩设施和其他的设施。

管理层必须决定俱乐部的每一种产品和服务,在一个停滞时期和增长缓慢期,或者不断改变的市场中,如何反映客户对产品和服务的需求,不管这种对产品和服务的需求是否正在开发。没有两个俱乐部是完全相同的。营销的技巧依靠的是了解基本的原则,然后把这些原则用于具体的俱乐部,以解决特定市场上特定消费者的特定需求的问题。

三、市场定位

俱乐部在进行市场细分之后,决定进入哪个目标细分市场,然后要确定进入这个目标市场后,想要取得什么样的地位。这就要引入产品的定位。这主要是针对消费者而言的。消费者在进行产品定位时,商家必须设计出在目标市场上能够给产品或服务带来最大优势的市场定位,并且设计出实现这一目标的市场营销组合。

市场定位主要包括三个步骤:识别据以定位的可能性竞争优势,选择正确的竞争优势,选择整体定位战略。

1. 识别据以定位的可能性竞争优势

赢得和留住顾客的关键是应比竞争者更好地理解顾客的需求和购买过程,并向顾客提供更有价值的产品和服务。俱乐部可以把自己的市场定位确定成:向目标市场提供超出他们预期的价值,从而使俱乐部赢得竞争优势。俱乐部市场可以从 4 个方面进行区别:产品/服务,渠道,人员或形象。

2. 选择正确的竞争优势

如果俱乐部本身存在集中潜在优势,就必须选择几种用以建立其市场定位的战略优势。也就是说,俱乐部应该推出那些差异性的因素。营销人员应该针对目标市场促销一种或几种优势产品或服务,可以通过促销树立俱乐部的品牌形象。比如俱乐部可以通过围绕其中的产品或服务的一个特点进行不断的宣传,就能够让消费者记住,并使他们成为俱乐部的忠诚会员和顾客。

但是在俱乐部进行市场定位时,要避免三种错误的市场定位。第一是过低定位,即没有真正为俱乐部定位。第二种是过高定价,即传递给消费者的公司形象太窄。这可能会让消费者认为俱乐部制是针对高端消费者,而不是针对所有的消费者进行产品的开发和生产,这样就会失去大量的消费人群。第三就是避免混乱定位,即给消费者一种令人感到混乱的形象。也就是说,俱乐部在进行产品或服务促销时,不要乱定口号,让消费者大惑不解,这样最终会导致利润的下降和会员的流失。

在宣传俱乐部优势时必须精选那些能和竞争者区别的优势。这可以从以下几个方面来考虑:能否为消费者带来更大的价值;竞争者无法提供或以一种更加与众不同的方式提供差异;在方法上能使消费者更容易得到相同的利益;竞争者不能轻易模仿;购买者有能力支付;最终是俱乐部从中得到收益。俱乐部也可以从以上几点中选择不同的组合方式。

3. 选择整体定位战略

消费者通常都是选择那些能给他们带来最大价值和利益的产品或服务。所以俱乐部必须通过自己的品牌定位,为消费者提供最关键的利益。一个品牌的全面定位叫做品牌的价值主张,即该品牌定位上的利益组合。比如,在产品的价格定位上,有五种营利型价值主张:利大价高(提供最优质的服务或产品,且售价较高,用以支付较高成本),利大价等(引进质量相当而价格低廉的品牌来打击同行);利等价低(是一种有效的价值策略,能使消费者得到实惠);利小价更低(成本更小,价格更低的商品总有市场,努力把消费者从市场领导者那里吸引过来,迎合消费者对质量和性能的低要求);利大价低(能制胜的价值策略还是出售"利大价低"的产品)。总之,要在剧烈的市场竞争中取得胜利,俱乐部必须研发出自己的制胜定位战略——一个对它的消费者来说是独特的策略。

一旦选好市场定位,俱乐部就必须采取切实的步骤把理想的市场定位传达给目标消费者。俱乐部所有的营销组合必须支持这一市场战略。设计市场营销组合,即产品、价格、分销和促销手段,必须包括设计出市场定位战略的策略性细节。因此,一旦建立起理想的市场地位,就必须通过不断的表现和接触小心地保持这种地位。但是,俱乐部应该避免突发性变更,因为突发性变更会使消费者感到困惑。相反,产品/服务市场地位应逐渐地演变,以适应不断变化的市场营销环境。

案例 9.2.1

青岛英派斯健身俱乐部的市场定位

根据青岛东部的居民月收入有一半在 2 000~3 000 元之间,家庭月收入在 4 000 元以上有 53.9%;居民期望的年健身消费金额在 2 000~3 000 元者为 40.4%,3 000~4 000 元者为 17.5%;而国内高档的健身俱乐部像"北京青鸟健身俱乐部"的年卡为 5 000 元/年,"中体倍力"的年卡为 4 600 元/年(据调查,这两家俱乐部的会员的月收入多在 3 000~4 000 元之间)。英派斯健身俱乐部的市场定位应为国内中高档会员制健身会所。

对于市场定位问题,必须考虑不同会员的不同身份和地位,根据他们的实际情况制定不同的会员计划,这样才能够刺激会员的加入,也能够促进俱乐部的发展运营。

案例 9.2.2

1. Costco:办公和消费品连锁超市

(1)金星会籍——金星会籍的会员可以在 Costco 全世界的所有连锁超市购物。

(2)商务会籍——商务会籍的会员除了在 Costco 的连锁超市购物外,还享受转售服务。

(3)经理会籍——向经理会籍的会员提供特别的服务,如提供2%的消费商业信贷,按月结账等等。

2. Hertz:汽车租赁公司

(1)普通会籍——优先于普通顾客租用汽车,计算机系统记录了会员资料,免去了每次租车填写烦琐的个人资料。

（2）高级会籍——除了普通会籍的服务外，还有专门服务于高级会籍会员的快速服务柜台。

（3）Award 会籍——会员的每一笔消费都可以赢得消费积分，根据积分可以得到一定的奖励。

3. Kennedy Inner Circle, In.c：市场咨询服务公司

（1）银卡会员——按月收到期刊，定期的免费咨询电话，邀请参加市场营销圆桌会议，打折提供的信息服务。

（2）金卡会员——除了享有银卡会员的权利以外还享有市场营销专家每月一次的指导，更长的免费电话咨询时间，登录特别提供的网站以查询市场营销资料，每年收到3本市场营销书籍。

（3）金卡 VIP 会员——除以上利益外还享有3次（每次2天）参加市场营销论坛的机会，并享有市场营销专家的个人指导。

（4）白金会员——除了享有以上利益外，享受4次参加市场营销论坛的机会，而且此会籍只对被邀请的人士服务。

案例9.2.2分析：从以上几种会员计划可以看出，每个公司都通过提供更多的服务内容，更高的折扣，更快速的服务，将会员分成由低到高的级别。

（1）在 Costco 公司的案例里，公司按照人口统计分组提供不同的折扣。

（2）在 Hertz 汽车租赁公司的案例里，向高级会籍会员提供了更快的服务，而 Award 会籍根据购买量给会员以奖励，能够刺激消费者更多地使用公司的服务。

（3）在 Kennedy Inner Circle, Inc. 的案例里，公司向由低到高的会籍会员提供由少到多的、更加深入的信息咨询服务。

当然，并不是所有会员计划都要像案例一样建立不同等级的会籍制度，但是任何俱乐部的会员计划都要提供会员独享的服务，要让会员完全区别于普通顾客，这样才能使俱乐部有更好的发展。

第三节 俱乐部营销策略

俱乐部营销必须有好的营销策略。营销策略的实现，必须有具体的市场营销组合来支撑。传统的营销组合是"4Ps"。随着营销环境的不断变化，俱乐部的营销策略也必须不断地适应市场而变化。

一、营销和营销组合

营销包括各种与消费者和潜在消费者的交流。以下五个要素是管理人员在

制定营销计划时必须考虑的。

(一)广告

广告是通过赞助商、非个人的媒体把信息传给人们的一种方法。信息通常是清楚的陈述谁是作者或赞助者。表现为以非个人的媒体宣传,像报纸、杂志、广播或电视,同时传达给许多人。这是必须收费的。传播者有财政或金钱利益的,能够保证信息得到传播。对于俱乐部来讲,应用得最多的是平面广告和网络广告。

广告通过传统媒介进行宣传,而不是通过人员进行宣传,是非个人的。广告设计者在报纸、电视和无线电上运用的科技是,用已经做过广告的产品与观众进行"交战"。市场营销者希望通过做广告使观众中的人能够用自己的品牌,使他们能够成为公司的会员,加强对公司的认知度。随着因特网的出现,广告策划者有了更多的途径,能够提供不是很被动的做广告的途径。网上广告包括别的商业网站上做广告,有目的地把一些商机吸引到自己的网站上。网上广告也可以指那些新的通过无线网络发送信息的电子邮件信息等。网上广告的一些常用工具包括:

(1)标语广告——把旋转广告条挂在网站上,如果网上冲浪者点击标识语就会被带到俱乐部的网站。

(2)电子标识语——位于相关的补充性组织的网站上(像供应商);"冲浪者"点击标识语就会进入俱乐部网站。

(3)补充性广告拷贝——包括供应商和赞助商的网站,比如俱乐部支持一个体育组织,它可能把广告拷贝到运动俱乐部的首页;一个链接就能把使用者从运动俱乐部带到广告俱乐部。

(4)通信广告拷贝——和补充性广告拷贝的工作途径相似,除了拷贝关于俱乐部显示的电子通信外,通常是自动通过电子邮件方式发给那些已经订购的人或在数据库中的那些运用组织通信的人。

现在网上做广告已经变得流行起来。最开始时,人们对于使用新的传媒工具有些匆忙,随着网上企业所受到的金融冲击的增多,热情开始大幅度下降。有些人主张把那些有价值的资源信息从网上广告进行移动,重新转移到个人的人力资源上。然而Oliva指出,一个更加程序化的方式,就是运用"组合战略"。这要求更加仔细地对组织的资源进行检查,然后把它们放在战略范围内,以打败竞争者。在这个全面的组合中,网上广告和电子商务都是重要的组成部分。如果俱乐部提供的产品是具有差异化的或有价值的,那么它就需要努力使更多的人进入网站。一个成功的策略的基本要素包括:仔细计划,达到确定的目标,在预算范围内运作,衡量广告的有效性。

网上广告能给俱乐部带来利益,如果:

• 俱乐部的大部分会员是因特网使用者;

· 俱乐部销售的是特殊的或者是众所周知的产品或服务；
· 俱乐部提供以信息为基础的服务；在网上的定期的更新宣传和娱乐活动，使会员经常光顾网站。

(二)宣传和公共关系

案例 9.3.1

一位公共关系管理者

Ron 是新南威尔士橄榄球俱乐部的公共关系部经理。他的主要职责是与媒体建立良好的关系，并保持长久的关系，以保证俱乐部能够得到尽可能多的机会。为了做到这一点，他与媒体的关键人物像编辑、娱乐记者和其他记者保持紧密联系。他将一些新闻发布给当地媒体，同时也运用他的关系把信息发布到一些大城市的报纸上——既在新南威尔士，也在各州之间。他经常把一些事情发到行业杂志上(像《俱乐部生活》)和旅游组织。当知名的艺人来俱乐部时，Ron 组织接见记者和无线电广播人员。

Ron 的另一个关键角色是在报纸、杂志、广播和电视上准备和安置广告。广告颜色的选择、内容排版和宣传册也是通过 Ron 的办公室来安排。他也协助俱乐部把外部时事传达给俱乐部会员和客户。

Ron 现在更多的是用电子邮件，这种媒介工具是一个快速交流工具，在最紧张的期限内传递"最后时间内"的事情方面是很有效的。电子邮件的使用，简化了他对新闻的校对时间，便于把照片传送给出版社。Ron 收到关于定期修改的组织情况的电子邮件。这样就节省了他的大量的时间。他可以很快确定变化的会员组织，针对特殊的目标群体制定广告。

英国报业巨头 Lord Thomson 曾经这样描述社论是"广告分离出来的素材"——这个评论现在成为广告业的民间传说。然而，尽管 Thomson 的观测如此，但社论对促销是有作用的。一个好的广告员能够运用社论空间进行产品和服务的促销。许多小的出版媒体组织雇用有限的员工，尤其是摄影师。他们经常运用与当地居民感兴趣的简短的故事，配上有趣的图片。如果这些是企业的广告员提供的，那么这种类型的广告宣传是简短生动、随机不确定的，但是也是促销组合的一个有价值的部分。

公共关系人员的主要目标不仅是消费者(潜在消费者)，也包括所谓的"公共关系范围之内的"俱乐部会员、行业团体、当地政府团体、当地的运动俱乐部、当地协会、财政机构、教育团体和产品供应商。公共关系的范围比公共宣传要广泛得多，并且更多地涉及大范围的管理利益，而不仅是营销主题。

赞助者的地位在近十年里被提高到显著的位置。赞助者可以是国家的(像那些地位名声很高的运动团体)或当地的(小型的，但是对参与者来说又是同样重要的)。公共关系人员已经成为在金融、社会和政治上有见识的赞助商的衍生物。

典型的是,公共关系人员在一些小型的咨询公司为大量的客户提供服务。公共关系公司以月费或年费的形式为他们公司工作,这主要是根据公司参与时间的数量来确定费用。他们的角色包括组织年报、公共文件和时事通讯的发布。时事通讯对俱乐部来说是很重要的,必须写好以显示其价值。在写新闻稿、安排接见、在公司重大利益方面推荐主管人员代表应对媒体等方面,公共关系人员经常被培训成像记者那样娴熟。

(三)商品销售

商品促销的概念就是确保会员和参观者不错过使用俱乐部设备的机会,无论是在参观时还是未来的偶然机会,这些设备都能满足他们的需求。商品促销完全可以在俱乐部内部或有供应商和赞助商参与的联合性的活动中应用。产品促销可以应用外部建筑、停车场、街面、还有宣传板和建筑物内部的展示。公司的设计和公司的特色风格也都可以用。

(四)促销

销售促销和产品销售相似,除了广告外促销的材料可以扩展到外面。比如,一个有名声的供应商可能引进一种新的产品试验,或者促进特殊品牌消费的提高。

(五)个人销售

很奇怪的是,许多人都认为销售是一份很脏的业务,因此而贬低自己,并在营销中不负责任。然而实际上每个人每天都在以某种方式进行销售和谈判。在俱乐部中,每个员工必须熟悉销售程序,保证团队营销的发展。每个人必须保证对消费者负责。

评价消费者是否满意取决于消费者是否对产品、服务和整体的环境气氛感到满意。这就要求俱乐部必须轮流与顾客进行交流,建立与顾客的关系,保证这些顾客与俱乐部连在一起。

人员销售包括三个方面的技巧:个人的表述能力;产品知识;交流技巧。

(1)个人的表述能力

个人的表现反映了组织的形象。在服务行业,像航空公司、银行和连锁经营店,质量始终如一证明对公司是有益的。在任何一家麦当劳,其格言是"质量,服务,卫生,价格",这个座右铭为每天的工作提供了一个具体的计划。

(2)产品知识

每个在俱乐部工作的人——从管理层到基层员工——都应该非常精通俱乐部的历史、发展和经营状况。他们应该知道组织中的关键人物,俱乐部中谁负责哪些具体的不同部门。一个小的手册就包括了这些项目,还有一个简单的计划程序介绍,能确保每个人了解这些重要的事情。

还有产品的基本知识,每个人必须清楚俱乐部的营销活动,包括一些小的细节,像项目和博彩设施的地点变化。这就要求用时事通讯、广告的发布、宣传材料和宣传板等,进行有效的交流。不同的人有不同的学习方式,并且发布信息的语言不是适合每一个人。在转换初始,主管经常下达简短的命令给员工个人。这只需要几分钟时间,但确实是有效的。每个人都知道在经营中自己的角色。

(3)交流技巧

高级的销售员会提出适当的问题,并能听到真实的答案。他们对客户感兴趣而不是他们自己。他们集中全部的精力于潜在消费者,并了解他们的需求。然后他们分销消费需求的产品。有时候他们采取推荐、劝说和建议的方式,但是更多的时候他们听取反映,然后满足他们的消费者。并不是所有的人都有这种技巧。这种技巧需要通过正式的培训才能慢慢形成。一部分好的营销计划是在交流技巧中发明的,这种交流技巧是通过适度的培训在组织的商业环境中产生的。

二、网络营销

(一)网络营销概述

尽管因特网可以用于俱乐部及其设施的营销中,但是现在激烈争论的是,电子交流是否能够更好地为促销活动服务。

Ross Honeywill 曾经提出俱乐部设施和产品的促销人员和市场营销人员必须消除这样一种思想:把消费者看作是有相同思想、相同需要和相同欲望的同质人群。Honeywill 认为,顾客应该被看作"I—Con"——也就是"个性的顾客"。俱乐部必须为独特的顾客群提供一些具体的服务,而不是提供普通的产品组合。这些顾客知道自己需要什么,乐意为需要的产品付钱,并在将来不断支持俱乐部的继续发展,与俱乐部建立会员关系。俱乐部的网站是做到这一点的有效途径。

1. 影响观众

在网上,网站是俱乐部的"前门"。正是因为这样,网站必须是有效的、受欢迎的。登陆网站的人能够通过网站很容易地操作,并能够从网站上得到想要的有价值的信息。

不应该认为所有的俱乐部会员都有最新的计算机和调制器。俱乐部应该根据科技能力让自己所有的会员都能看到网站的信息。网站上的内容必须是新的信息,使用者认为他们在网上看到的都是"真实的"和"最新的"。

2. 影响目标市场

在运用印刷品进行宣传时,市场营销者必须确认他们的目标市场,然后开发市场需求,将相似的战略用于网站。市场营销者必须根据他们的需求和人口分布状况进行目标市场细分。在运用因特网进行促销的情况下,人们也需要根据网站的用处、科技和知识进行细分。为了做到这一点,市场营销者必须在俱乐部会员中进行简短的调查,确定在什么时间、用什么科技手段、怎样进行网上宣传。除此之外,营销者还希望发现目标市场的会员登陆什么样的网站。在俱乐部的网站上"浏览和感受"应该反映消费者的需求,也能反映出作为一个整体,俱乐部希望为组织树立的外在形象——不管是在"虚拟"世界还是在"真实"世界。

3. 网站的维护

在许多组织中,正在使用的网站的维护经常被忽视。当他们看到自己组织的照片在全世界传播时感到非常兴奋,以至于在很重要的网站的维护上失去了热情。精心的设计和网页的发展需要计划——运用网上的外部资源设计公司或俱乐部员工的技术。俱乐部必须安排有足够网页的主机,用强大的计算机来确保人们能够浏览网址。俱乐部必须实施详细具体的计划维护程序——不仅是硬件,还有网站的内容。网站上的内容合法和有用是至关重要的。俱乐部必须确保放在俱乐部网页上的内容是当前的。有成千上万的网址已经"消逝",但仍然是有影响的。

一个小的俱乐部可以用门户网站,一些中心主要为大量的组织主办大范围网站。团队需要从俱乐部内部不同的部门获得副本,准备观看有用的材料。

4. 挑战和机遇

一个好的网站需要管理员的维护。俱乐部必须保证目标群众能够受到影响,要对网站的成本和有效性进行持续的监控。

网站必须以动态的方法把信息传递给会员和客户。因特网比其他的媒体更需要与观众互动。邮件链接和在线形式要求在存放的时间内和观看者进行对话,并能够以不同的方式反映营销和广告。促销材料在一天的 24 小时内、一周的七天内都是有效的。

(二)数据库的建立

根据 Holtz(1992)所说,俱乐部的数据库应该包括现有的和潜在的顾客,倘若在他们的记录中有足够的数据,一些大型的营销组织做这些事,一个很好的例子就是读者文摘协会,在直接营销方面处于世界领先地位。协会有一个数据库,建立了读者的电话、姓名、地址录,选民名册和自己的顾客数据。

建立数据库的第一步是把所有当前消费者输入相关的和有用的数据库。这一步意味着只有他们的名字和住址,更多的信息可以从每个会员那里得到——如生日、电话号码和职业特征。其他的数据可能包括:

· 会员号码;

· 会员的入会时间;

- 家庭中其他成员也是俱乐部的会员；
- 一年中来俱乐部的时间；
- 一年中来俱乐部的次数；
- 一个月中来俱乐部的时间；
- 一个月中来俱乐部的次数；
- 博彩设施的使用；
- 其他俱乐部设施的使用(比如老虎机、酒吧、餐馆、特殊目的的俱乐部,运动事件的赞助等等)。

问题在于市场营销者要收集那些有用的和有效的难以说明的数据。在收集这些数据时,精明的营销者用横向思维。如果俱乐部不能用传统的方法得到信息,就必须用非传统的方式。比如,通过竞争会员,俱乐部可能抽出一部分新的信息作为进入的条件。然后这些数据被插入数据库。这个系统对于把参观者的信息加入到数据库是很有用的。然而,在一年中的某段时间,俱乐部是"目的地"区域,这个市场可以带来相当可观的利润。提前向会员或潜在顾客进行营销,在他们到来之前告诉他们俱乐部举办的活动,这是很科学的。

数据库允许管理者通过人和变量分析名单——比较在上个月会员入会的时间长度和参观的次数,比较会员的年龄和设施的使用度。通过这种分析可以得到报告,能够指导营销者开发新的一些不为人知的空缺市场。

这种类型的计划也可以发展成为营销组合的常规部分。比如,每个会员在适当的时间都能收到生日卡片,加上一个特殊的菜单,免费的鸡尾酒和一顿饭,或者是把会员的生日作为庆祝会的一部分来鼓励俱乐部的会员。

在数据库中,一个合理的延长部分包括非消费者或非会员。这可能是计划好的新的成员合并程序的一部分——可能开始于朋友和俱乐部的其他参观者——作为数据库中的第二等级。计算机不仅成为一种信息资源,也是一种交流工具。如果机械的"互相说话的"能力(和操作程序)加进来,营销者实际上就有了一个强大的工具。一个具体的市场是很容易形成一个明细表(或许婚礼周年纪念日很早就被作为例子应用),私人化的信件就产生了——俱乐部为目标市场提供服务,并且"销售"俱乐部现有的其他活动。

- 形成数据库的目的如下：
- 把消费者分到有价值的市场位置；
- 在向消费者销售时创造一种持续性的感觉——促使参观者更加经常地消费；
- 向会员交叉销售相关范围内的俱乐部产品和服务。

数据库营销不可能突然发生,一个俱乐部不可能在很短时间内完成数据库的建立。创建数据库并且保持在一个较高的细致的水平,需要时间和金钱的大量投入。数据库的建立需要提前计划和预算。它要求像别的营销功能那样,从总裁到基层员工都有强烈的责任感。它需要在数据库管理和直接反映营销上有很好写作能力的员工。

Pacific Access 提出了在创建数据库营销活动的四条清楚的定义:评论数据库,计划活动,创造和实现提议,评价成功。

1. 评论数据库

在开始营销活动前,营销者必须建立确实适合俱乐部的数据库进行工作。如果没有一个合适的数据库,营销者必须决定:

- 需要什么信息,这些信息应该怎样组织;
- 这些信息怎样获得——当会员和来客签到时,或会员用他们的"智能卡"玩游戏或用餐时;
- 谁将收集俱乐部需要的信息;
- 一旦这些信息收集并运作,数据库如何进行管理。

从其他组织的发展来评价自己的系统,即看他们如何运营自己的系统,在建立期他们可能面对的困难。

2. 计划活动

数据库建立起来后,营销者应该收集会员和顾客准确、可靠的数据。和任何营销活动一样,行动必须经过仔细考虑,这可能包括:

- 活动的目的;
- 俱乐部的活动对象——已经存在的消费者,潜在的消费者等等;
- 战略——目标怎样实现;
- 战术——实现活动目标需要的行动和工具;
- 预算——俱乐部需要花费的资金;
- 可估计的收入——不管活动是否成功都要和原始目标进行比较。

3. 创造和实现提议

创造和实现提议是活动的核心。营销者必须为那些受活动影响而决定要购买俱乐部产品。在创造提议时应该考虑:

- 价格——俱乐部是否可以提供特殊的折扣,或者是提供买一赠一活动;
- 任何提议的条款和条件——确切地说明关于进入和其他的条件;
- 竞争、奖品和礼品——确定奖品是什么,提供什么免费的礼品;营销者必须提供一些有用的、易接受的,同时也是俱乐部固有的东西。

4. 评价成功

最后一阶段,像营销的许多方面,是测量活动的收入。这就有许多测量的方法,但是它们必须反映创造活动的类型,在活动中制定的具体的建议。为了测量成功,营销者必须保证所有活动的初始目标必须和"SMART"一致:

- 具体;
- 可测量性;
- 可达到性;
- 现实性;
- 及时性(在具体的时间框架内)。

(三)数据库营销

数据库营销要求俱乐部对他们的客户进行快速有效的细分,将其分为不同的细分市场。这样更容易开发俱乐部的产品和服务,更好地服务确定的细分目标市场。消费者基础是俱乐部业务的有效资产,因此必须对它进行有效的管理。

数据库营销可以被定义为"消费者和潜在消费者信息的使用,这些信息被储存在数据库中,已决定并形成营销信息"(Pacific Access,2001)。

大部分的俱乐部有能力运用数据库营销的原则。它们都有有价值的会员记录,一些俱乐部保持旧的记录,有些俱乐部一年更新两次会员记录,但也有俱乐部只是在会员满期后才做这些事情。

在评估俱乐部数据库的有效性时,科技和资源的有用性是很重要的。这主要依赖于俱乐部内计算机化程度,不管俱乐部在管理中是否超过报告所要求的最小程度,即在俱乐部发展会员名单中的相关的立法。俱乐部可能需要购买新的计算机设备。这些设备的费用正在下降,数据库营销的运用即使在最小的俱乐部也能够达到。

(四)营销信息系统

为营销者提供信息的系统是营销信息系统。信息系统不需要用现在的技术——一支笔一张纸可能就可以,尽管它有可能花费很长时间。但是计算机的使用会更有效、更能及时地为组织提供营销信息。

信息系统包括知识的应用和重新获得的数据可以产生有意义的信息。环境变化很快,营销者必须在最短的时间内做出最迅速的决策。这里有几个原因:

- 产品的生命周期越来越短,营销环境更具竞争性。
- 营销逐渐成为一种跨国行动,而不是仅在一个国家或一个地区。国际竞争者现在进入以前的局部的或整个地区的市场。
- 完成预期的利润水平的压力不断增加——在短期和长期都是如此。
- 消费者的知识水平不断提高,提高了高级营销者的预期。

计算机时代的新科技正在发生变化,引导商业的运作方式,产品的交易方式和消费者购买产品的方式都发生了变化。因特网导致直接营销公司的活动迅速。

消费者在家里不仅能看到产品,而且在家里也能完成产品的购买。

案例 9.3.2

Amazon 公司会员制:营销管理信息系统是营销成功的关键

Amazon 公司被认为是网络中会员制营销的鼻祖,自 1995 年成立以来,短短几年时间,从 1 000 多家同行中脱颖而出,成为全球最大的网络书店。虽然它目前还存在一些困难,前途不太确定,但它的快速发展也得益于它完善的管理信息系统在互联网中的成功运用。

Amazon 公司以客户为中心安排业务流程,处处为顾客着想,创建方便、快捷、安全、有效的个性化服务。Amazon 靠顾客的第一次交易得到顾客的信息,并将其输入客户管理系统数据库,与顾客建立联系,下一次购买时,顾客就可以通过 Amazon 的"one click"服务,用鼠标点一下货物,网络系统就会利用数据库中储存的客户资料,帮你完成以后的所有手续。Amazon 还利用软件收集顾客在购物爱好和购物历史方面的信息,以建立会员制的环境,主动联络顾客,通知顾客感兴趣的新书发行情况,随时为顾客购买图书提供建议。它还允许顾客将生日和重要时期记入其数据库中,以便在此之前 E—mail 通知顾客购买一份礼物。显然,不断增加的顾客名单、E—mail 地址和其过去的购买行为都成了 Amazon 极其重要的无形财富。这些都倚仗 Amazon 在技术上的领先。在日趋激烈的竞争中,Amazon 在注重经营策略的同时,从来没有放松推动技术的进步与革新,诚如 Amazon 总裁贝索斯所说:"技术使 Amazon 在零售业出人头地。"

案例分析:传统的零售业最重要的三个因素是场所、场所、还是场所;而对 Amazon 来说,三个最重要的因素是技术、技术、还是技术。这是一条相当重要的经验,也是 Amazon 一贯的经营理念。Amazon 从不把自己定位为服务企业,而是定位于高新技术企业,Amazon 的雇员都是程序员,除了退货政策和赠送商品目录外,Amazon 所有的特色服务都是通过应用新技术而产生的,并导致了传统零售业所没有的交互式服务效果,这些技术使顾客在购物时更加方便,选择商品的范围更广。

(五)营销系统的元素

一个完整和有用的营销信息系统应该从常规的六要素中得到数据,如果不是连续的,起码应该是:消费者数据库;内部的会计系统;营销和竞争智能系统;营销研究行为;发展营销模式;专家系统。

1. 消费者数据库

尽管消费者数据库被看作是一个卓越有效的行动,收集包含在数据库中的有价值的数据成为整个营销信息系统中的子集。数据库的设计、发展和维护是组成以计算机为基础的营销信息系统的完整部分。

2. 内部的会计系统

会计系统通过购买和销售来收集信息。这些数据是过去的——也就是说，对已经发生的情况的记录。过去的会计数据通过对趋势的分析可以映射未来。如果市场管理人员不是会计，他/她就必须了解会计系统——确信是否有能力在一个框架内，为营销信息系统提供适合非会计人员的信息，并且不能扰乱原来的会计系统。

3. 营销和竞争智能系统

Festervand 和 Murrey 指出，竞争智能是关于现在和潜在顾客的行动、能力和目的的信息。在明确地描述长期战略和目标时这是很重要的信息。除了这种防御性的活动观点外，它使俱乐部在产品和服务方面得到好的宣传。它还能使组织更快地对变化做出反应。

4. 营销研究行为

营销研究可能是以下两种：

- 特别行为——也就是在给定时间内确定和解决问题额外设计的单独行为；
- 监测追踪行为——像在市场中坚持监测态度或消费者习惯的调查。

在营销信息系统中，最初的调查结果必须和相关的从政府资料和行业数据中得到的二手资料一致。条形码现在被用在产品销售地点。产品销售地点一般都是在检验或收银机处，但是如果业务被分为各个部分，就不需要检验，但是这样的话在销售收银时，收银机在信用卡、借贷卡和电子基金之间的转换会变得紧张。

在经营中运用条形码对俱乐部来说是一个很重要的潜力。每个付款点都会成为计算机终端——每个点都能实时地提供管理相关的营销信息和分析。如果与会员对特殊服务、促销和广告活动的反映进行链接，俱乐部管理人员就可以快速对各种花费进行分析。

Loewe 和 Hansenns 认为，作为一项大的收入，市场反应模式可以建立在使用条形码扫描机基础上。

一个模式在理论上可以用来回答一系列的"如果……怎么样"的问题，比如：

- 如果我们在周六中午和下午两点降低饮料成本会怎么样？
- 如果我们每周增加一次特殊的膳食——这种膳食是他们在家里不能自己做的——并且以低价提供，会怎样？

对营销者来说，模式是很有价值的。它能使俱乐部的管理看到可能发生什么——给出确定的情况。为了适应这种确定的情况，可以操作数据适应标准。模式的结果能使俱乐部判断一种活动的实施能否给俱乐部带来利益。

5.专家系统发展模式研究

专家系统是那些能自己"思考"的系统。这样的系统能够给出某种标准,系统进行搜索、获取,在发现的基础上形成报告。一些计算机形成专家系统,用来搜索大量的数据,分析和预测未来的发展趋势以及应采取的行为或所得结果。

专家系统的另一个用处与人们及他们的技巧相关。这个概念就是大家都知道的"基准"或"最好的实践"。意思是组织在其他企业相类似的部门中被看作是最好的部门进行比较。尽管俱乐部行业已经进入这个领域,仍有许多行业积极鼓励基准。专家系统允许管理层依靠领域中的知名领导者指导员工的技巧和行动。尽管这个概念来自生产企业,服务部门中的企业也认识到这种行动对组织中所有的部门都是有益的。

(六)网上营销

1.因特网的影响和万维网在营销和促销中是一个很大的课题

环球网营销。Lovelock 和 Wright 提出在完整的服务营销和管理战略中包括电脑空间,在过去,产品和服务的提供和购买,都限制了三个主要的服务传递形式:

- 消费者到服务的场所(比如,在俱乐部的小餐馆吃饭);
- 销售人员拜访消费者(比如,上门推销或者外卖食品);
- 销售人员在离购买者较远的地方经营(比如,邮件、传真和有声电话交流)。

既然我们已经到了数字化时代,我们就应该为消费者加上另一种选择——不出家门或不用和员工说话就能够买到产品或服务。俱乐部各部门在所有的营销方面可能并不适应这种选择(尽管网上游戏是孤立不交流的例子)。然而,还是有一些方式是俱乐部可以运用的,比如向会员和潜在会员销售俱乐部的产品和服务。

网上营销(或"在线营销")就是运用因特网把产品和服务带到市场。在大多数情况下是通过网站形成和指导网上营销。网上营销包括以下功能:

- 创造产品满足目标市场的需求;
- 向顾客介绍产品或服务;
- 回答消费者所关心的问题;
- 倾听消费者以确保产品或服务能够持续满足顾客需求。

从营销观点来看,万维网的价值在于人们能够经常浏览网站,得到大范围的信息包括休闲活动,提前买到产品或服务。以网络为基础的营销能够把产品销售给消费者,而不用通过外部的直接购买和销售环境。这样,营销者就能够通过网络营销活动,与顾客建立起很稳固的关系,这种关系对顾客最终决定购买有积极的影响。

因特网是一种很直接的媒体,很容易评估,并能通过有效的内容、声音和视频(像电视、电影和图形)的结合进行交流。为俱乐部制造网络的人经常犯的错误是,他们总想把什么东西都加到网站上,最终使网站超载——鲜艳的颜色,多种多样的声音,视频图像和他们俱乐部的形象照片。最重要的是记清俱乐部的目标市场的科技能力。

Ralph Wilson 提出了网络营销的五条原则,提供了一个网上营销活动和建设网站的框架。Wilson 的五原则是:

(1)最后一条街原则

建立网站应该像在最后一条街建立店面一样。如果你想让购买者光顾你的店,就必须给他们来购物的理由。如果只是漂亮的网站而本身没有实际的内容,是不可能让购物者来到你的网站寻找你们提供的产品或服务的。必须保证宣传你的网站,必须确保你有东西提供给消费者。记住,内容永远是最重要的。

(2)赠送和销售原则

通过免费赠送一些东西来吸引参观者,然后试图销售另外的产品给那些留下的人。你可以考虑在网站上提供一些可打印的优惠券——优惠券在俱乐部是可以兑现的。

(3)信任原则

在任何地方,信任是做生意最基本的原则,在网上做生意也是如此。在传统的俱乐部生意中,管理者清楚,只是提供足够多的产品和服务是不够的,没有俱乐部和会员之间的信任是不行的,没有信任就没有留下顾客的理由。网上业务和传统的情况没有什么不同。实际上,在网上销售产品和服务,信任甚至更重要。

(4)推拉原则

通过网站的内容把人们拉进来,然后通过电子邮件和其他方式经常把俱乐部有质量的信息推荐给他们。网页是很被动的,用电子邮件能够创造更多的互相交流和存在的动力,还能把你和你的竞争者区分开。俱乐部可以把打印的时事新闻挂到网上,但是更好的方式是把时事新闻以电子邮件的方式发送给每一位会员。这就可以节省很多时间和金钱,使会员了解俱乐部最新的发展状况。俱乐部也可以瞄准具体的会员市场——比如,给会员发送特殊的生日祝福等。

(5)合适位置原则

这条原则是建立在俱乐部的独特销售位置上的。发现本俱乐部拥有而别的俱乐部不存在的产品或服务,然后把这些产品或服务挂到网上让所有的人都能看到。俱乐部的规模没有什么区别,小型的俱乐部也可以与大型的俱乐部竞争。实际上,这是你的一个独特销售位置——也就是说,一个小型的俱乐部更容易接近和理解,员工可以熟知所有会员的需求。

2. 俱乐部网上营销中的公共问题和道德问题

尽管许多俱乐部很高兴他们的会员和客户参观他们的网站,或许只是"看"(像宣传册或时事新闻),一些俱乐部鼓励他们的会员通过因特网订购俱乐部设施。在这种情况下,管理者必须了解私人关注的问题。关键的一点是,会员和客户在同俱乐部通过网上接触时,必须感到安全才行。

管理层必须确保俱乐部收集的任何信息在俱乐部内部以最好的方式进行操作。收集到的数据必须是清楚、可靠和安全的。

对于消费者保护,前提是必须遵守网站的规定,同时俱乐部在向会员和客户进行设施宣传时必须是真实的。实现俱乐部的承诺时必须遵守公平交易和公平行为原则,在促销过程中提供各种类型的产品和服务。

道德规范也出现在有关员工的电子邮件中。关于员工政策的使用必须与员工进行协商,并适当加强员工对政策的执行力度。

3. IT和因特网的受众

俱乐部的网站被"全球每一个人光顾"这是一个神话,并且俱乐部将拥有全球的观众,因为它是"虚拟化"组织。实际上,光顾那些虚拟组织的和光顾真实组织的人没有什么区别。管理层应该集中在两个组织实体的链接上,以确保只有一个组织在进行促销。营销、广告和其他活动必须针对已选市场,用因特网作为另一种形式传递信息给那些感兴趣的人。

俱乐部管理者必须是信息科技的学者,或者"IT了解人员"。他们必须保证他们的组织被俱乐部的经营和功能所推动,而不是在组织科技知识应该有什么作用。IT必须有同组织和其他核心管理原则相同的地位。管理层不再把IT的功能归于单独的、不重要的团体。IT功能必须被放在俱乐部业务中的关键位置。

4. 服务

在现实世界中,"服务"等同于会员与俱乐部员工在酒吧、咖啡馆、游戏区和大厅前台之间的服务关系。Cox和Dale认为,俱乐部管理者必须把服务质量衡量标准带到虚拟世界。尽管在获得这些任务的最好系统或模式方面存在一些争论,但是对于那些登陆俱乐部网站的人,俱乐部管理有责任确保高质量的服务。对于网络平台的交流,必须有与现实世界同样的服务标准。应该包括以下几个因素:

- **责任**(及时回复电子邮件的问题);
- **忠诚**(目前的内容);
- **热情投入**(主页的欢迎性质);
- **透明**(在万维网上提供关于俱乐部现实本质的线索,主要是使用照片、声音等形式的线索)。

Cox 和 Dale 指出,尽管在线交流和面对面交流很相似,但是也有一些不同的地方。主要的不同是,在线服务很难控制,需要根据客户进行主观衡量。实际上,在线交流更像是制造行业里的装配线。相反,控制和衡量现实世界的真实服务是有很多问题的。然而,尽管如此,管理者仍然必须集中在客户满意度上——在任何服务概念中是最首要的。

(七)电子商务

从本质上说,电子商务就是运用电子手段做生意。更大范围的选择更有利于适应俱乐部的需求和目标市场的需求。对一些企业来说,把宣传册放到网站上是电子商务的延伸。然而电子商务的内容更多。人们需要把网络看成是一种交流工具,作为数据"前置",而不是作为一种便宜的纸张替代品。

电子商务包含许多东西。它可以是一种媒介,组织可以引导所有的购买。因此,电子商务胜于传统的集中订购,俱乐部的每一个领域都把自己的预订项目放到网上预订界面,一旦有预订将产品立即运送给消费者。不需要通过俱乐部内部购买部门收集订购单,并且账单直接就可以送到会计部门。你可以完全控制所有要购买的产品的类型和所需花费。

网站最初是用来做精美宣传册的。在许多情况下,网站完全是印刷版的宣传册的镜子,很少有网上冲浪者能够在网站上多停留几秒钟。一些运动俱乐部经常在网上"炫耀"他们的运动明星和团队成员,通过网上预订系统有机会购买产品。鲨鱼橄榄球联盟俱乐部就是一个很好的例子。

一些俱乐部只是刚刚开始认识网站和电子商务的潜力。如果通过网络进入一个还没有准备好的俱乐部,它的网站可能会说网站仍在建设之中,可能除了仅有的俱乐部的小餐馆或其他的设施外什么都没有。在一切都没有准备好之前,最好不要有网站,否则没有完成的网站可能不会让浏览者满意。这样的网站只能导致不满,冲浪者不会再次光顾你的网站。

其他的准备好的俱乐部,比如,Canterbury Hurlstone 俱乐部建立的主页完全可以链接到所有的资料——包括俱乐部提供的将要出现的吸引物、培训和教育,甚至建议健康的饮食习惯。到该网站的浏览者只要加入俱乐部邮件名单,就可以得到俱乐部定期的最新信息和特殊的供应物。这些网站是很容易通过的,甚至提供有用的地图,以便于以后浏览者能够顺利进入俱乐部,并且能够很自然地欣赏到在网上看到的情景。这正是网络营销和电子商务的全部。

案例 9.3.3

美国俱乐部管理集团的网络建设

美国俱乐部管理集团成立于 1957 年,成立之初只有一家乡村高尔夫球俱乐部和一家城市俱乐部。

在过去的45年里,管理集团通过独资、合资、合作等方式不断在世界各地建设自己的连锁网络。截止目前,美国俱乐部管理集团已经拥有和经营管理着遍布世界五大洲14个国家220家连锁乡村俱乐部、商务俱乐部、高尔夫球俱乐部以及休闲度假胜地,不论是哪一家俱乐部的会员都可以在任何一家连锁俱乐部享受家一样的服务,她满足了许多国际商务人士的需求。这是任何一家单独的俱乐部所无法做到的。

北京京城俱乐部就是美国俱乐部管理集团与中信房地产公司通过合作方式建立起来的。采用俱乐部作为营销方式的企业也要尽量扩大俱乐部的营销范围,这也是由俱乐部运作的方式决定的。

案例分析:前面提到的俱乐部活动是俱乐部的灵魂和重要手段,俱乐部搞活动不可能吸引距离太远的会员参加,因此增加俱乐部的网点、方便会员参加活动就显得十分重要。另外俱乐部营销的产品一般也不可能局限在很小的范围,企业要在全市、全国乃至国际市场上提供产品或服务,因此企业在条件允许的情况下,应使俱乐部所覆盖的范围尽量与产品的销售范围一致,建设销售服务网络。

最需要连锁的俱乐部的例子之一就是汽车俱乐部。汽车俱乐部是提供与汽车相关服务的,作为服务客体的汽车往往离开俱乐部的服务区域很远,在某一个地区的一家独立的汽车俱乐部不可能对离开很远的汽车提供完善的服务,因此网络建设必不可少。汽车俱乐部连锁网络建设可以采用合资、合作、特许经营等方式吸收异地的汽车服务企业加盟,从而组成网络。

三、俱乐部营销

俱乐部采取会员制。俱乐部营销是针对作为会员的消费者个人。企业通过俱乐部会员的入会登记、交易记录、人际沟通等方式方便地收集顾客的信息,以便了解顾客的个性化需求,提供符合顾客需要的产品和服务,并采取频繁营销、一对一营销、数据库营销等营销手段,向顾客推广自己的产品。但这只是俱乐部营销的初级阶段,而俱乐部营销最重要的任务是建立、巩固、发展与顾客的关系。这种关系在中国以及其他亚洲国家尤为重要。在美国和西欧的部分地区,培养与客户的关系通常着重于产品的特性、有竞争力的价格和可靠的运送。

关系营销在我国的营销实践中具有重要地位,而俱乐部营销以建立与顾客的长期密切的关系为主要目的,它的一切营销活动都围绕建立和发展与顾客的关系来展开。俱乐部营销建立起来的企业与顾客的关系是一种相互渗透、相互支持的结构性关系:他们之间不仅有交易关系,更有伙伴关系、心理关系、情感关系作为交易关系的坚实基础,这些关系使顾客更加忠实于企业。俱乐部关系营销运作研究表现在以下几个方面：

(1) 增加顾客的重复购买次数；

(2) 降低顾客对价格的敏感程度；

(3) 提高顾客对偶然产品质量事故的承受能力；

(4) 降低竞争产品对顾客的影响。

之所以俱乐部营销能够与顾客建立这样的关系，是因为俱乐部营销能够满足顾客高层次的需要。

根据马斯洛需要层次理论，人类的需要由低到高分为五个层次，分别为生理上的需要，安全上的需要，社会归属需要，自尊与被尊重的需要以及自我实现的需要。俱乐部能够满足顾客这些高层次的需要。俱乐部通过市场细分，设置入会条件，把具有相同文化背景、社会地位、价值取向、兴趣爱好的消费者聚在一起，创造一种和谐的氛围，满足消费者社会归属的心理需要。在俱乐部里，消费者不再是普通的顾客，而成为有名有姓的会员，企业对会员的一切服务都是针对会员个人的服务，并对会员提供更加优惠的交易条件和更加完善的服务，使会员产生备受关注的感觉，满足会员的被尊重的需要。俱乐部营销取得成功的关键是会员的参与，俱乐部举办丰富多彩的活动，吸引会员参加，不仅发展与会员的关系，促进营销，而且帮助会员丰富知识和增加社会交往，为进一步实现自我创造条件，实现双赢的战略目标。

案例 9.3.4

万科的俱乐部营销

8月25日，上海春申万科城项目一期"假日风景"正式开盘了，家住中山北路的王先生却赶在开盘前就填写了一份购房意向登记表，准备买一套小三居作为婚房。说起自己看中的房子，王先生说："与万科的结缘是很偶然的。"一次购买商务通时，王先生填写了一张加入万科置业俱乐部"万客会"的申请表格。后来便成为上海"万客会"的一名会员。

作为"万客会"成员，王先生很快就被邀请参加万科城市花园第三届文化节，"这是我第一次走近万科。看着业主们在台上欢歌起舞，连81岁的老太太也上台唱京剧的时候，我突然觉得万科像是多年的老朋友。"

目前在上海，像王先生这样没有购买万科的房产，也没有交纳任何入会费就成为万科俱乐部"万客会"会员的还有3 000余人，而在北京、深圳等7大城市，这样的会员有一万余人。成为会员的条件非常简单：年龄18岁以上填写一张包含姓名、性别、年龄、工作单位、教育程度等内容的个人资料表格，就可以提前获得万科地产推出的楼盘资料和最新的销售信息，在购置万科房产时，便可以享受会员优惠参加各类由"万客会"组织的联谊活动和社会活动，享用精选商号提供的购物折扣,收到万科房产编辑的会员专刊,而得到这一切的服务都不需要花一分钱。这听上去好像万科是在做赔本买卖,而万科营销企划总监单小海先生却认为"通过'万客会',万科得到的是和消费者建立起来的良好关系以及大量的消费者资料,这是金钱难以买到的。"

据介绍,自从2000年7月11日有关法规规定,房地产商在没有拿到预售许可证前不能打广告,这次万科"假日风景"的销售,却通过"万客会"这个平台,没有花一分广告费,让2 000多名有意向在闵行购房的上海人了解了"假日风景"的设计规划,其中400人填写了购房意向登记表。

单小海强调了"万客会"的前端优势,也就是它所发挥出来的消费者信息收集、分析、细分的功能。他说:"我们现在都在谈CRM,CRM的核心不仅仅是一套软件,不仅仅是一个Call Center(呼叫中心)加数据库,应该是以客户为核心的市场策略,要真正能够一对一地了解到消费者的行为习惯、居住模式、审美倾向,这一切仅仅通过技术是不可能实现的,它必须通过传统的人与人之间的交往来实现。"

实际上,"万客会"已经成为一个天然的实验室。在万科开发"优诗美地"的前期,曾对"万客会"的会员做过问卷调查,通过调查,万科掌握到:认同90~110平方米为最适合面积会员最多,房款支付能力集中在30~40万之间,在购房主要考虑的因素上,交通、价格摆在前两位。这些调查资料为"优诗美地"的开发提供了宝贵的参考。在"优诗美地"的销售中,有60%为"万客会"资深会员重复购买或推荐购买,而其他项目里,这个比例也在40%~70%之间。"万客会"的营销模式值得借鉴。

(摘自崔倩《21世纪经济报道》,2001—09—04)

案例分析:在消费者导向的营销时代,一家公司可以采用三种建立客户价值的营销方式。第一种是通过增加财务利益来加强与客户的关系,比如赠送礼品,提供各种优惠。这些措施容易被竞争对手模仿,因此,常常很难保持产品的差异性。第二种方法是增加社会利益和财务利益,通过了解各种个人需求和爱好,将公司的服务差异化,和消费者建立良好的关系。第三种方法是增加结构性联系。万科通过"万客会"正是和消费者建立后面两个层次的关系,把"万客会"作为联系消费者的纽带。"万客会"强调与顾客进行人性化的交流,通过各种联谊活动和社会活动增加与会员的交往,因此案例中的王先生觉得万科像是多年的老朋友;万科利用"万客会"了解消费者的需求,包括行为习惯、居住模式、审美倾向以及对房屋面积和价格的接受水平,开发出满足消费者需要的房地产项目,并通过"万客会"宣传新开发的项目。万科的俱乐部营销取得了良好的效果,顾客的忠诚度很高,在"优诗美地"的销售中,有60%为"万客会"资深会员重复购买或推荐购买,而在其他项目里,这个比例也在 40%～70%之间。

"万客会"发展会员的方法不像其他俱乐部营销的企业把顾客缴纳会费或购买一定数量的产品作为入会条件,而是只要填写入会申请表就可以入会,而且参加会员活动,享受会员的各种利益就不用花一分钱。这是因为房地产是一种特殊的商品,购买过程十分复杂,在消费者购买前企业就要与消费者建立良好的关系。免费入会和提供服务可以吸引潜在的顾客建立和发展与企业的关系,这也反映了万科对俱乐部关系营销的重视程度,投巨资与顾客发展关系的战略眼光。从案例9.3.4中也可以看到,"万客会"也不是不加选择地吸收会员。案例中的王先生是在购买商务通时填写的入会申请表,"万客会"之所以向购买商务通的人士发放入会申请表,就是看中了购买商务通的人士一般都是白领或收入较高的阶层,反映了万科的市场定位。"万客会"的成功经验值得借鉴。

四、服务管理和营销

俱乐部是为会员和客户提供服务的行业,因此不生产实际"产品"——他们不制造汽车、桌子、洗衣机等。他们确实是通过酒吧服务员,纸牌游戏机,当赞助商到来时的一个笑脸,关于食品和饮料的设施,一个欢乐、安全的环境等来销售即时服务的。Lovelock 和 Wright"完整的服务管理"模式的组成要素,基本就是"Ps"要素。

1. 程序

程序可能是"9Ps"模式中最关键的因素。它描述了组织在提供生产的服务类型的方式,程序检查俱乐部向消费者宣传服务的方式和系统内部这些要素之间的交流。程序因素回答我们组织提出的问题:

a) 我们的服务运营真正要做的是什么?

b) 在我们提供的新产品中运用什么类型的程序进行核心产品的创新?

c) 在我们的经营中消费者的合适位置是什么?

2. 产品因素

产品因素是指所有能够为消费者创造产品价值的项目,主要包括核心产品(听起来不容易和别的俱乐部混淆的产品)和那些围绕核心产品提供的补充性产品。核心产品可能是纸牌游戏机,但是俱乐部也需要把其他的因素捆绑到这个组合中——如好的环境、食宿和会员与客户的信息等。

3. 生产率和质量

生产率和质量通常被看作是组织程序的一部分。然而俱乐部应该能够把这些因素整合成一个项目,这样他们就可以看到正反两个方面。在许多企业中有片面提高生产率的倾向——通过效率为组织增加利润。然而在这种情况下,尽管高效率能够增加利润,但服务的质量可能降低,最终导致消费者离开组织。因此俱乐部管理者必须先保证服务质量,以满足会员和客户的需求,然后围绕他们的需求提高生产力。

4. 员工

员工是组织拥有的最重要的资产。然而在服务营销上,俱乐部应该把"人员"看得更宽泛一些,而不仅仅是在俱乐部工作的人员。由于服务行业的性质,在服务质量的宣传上会员和客户扮演着更重要的角色。质量在员工之间的交流和消费者与员工的交流之间有很强烈的关联性,消费者获得的是满意。

5. 促销和教育

促销和教育又重新指向了员工和消费者。员工需要在产品和服务的提供上很精通,消费者需要了解在他们进入俱乐部后必须做什么。这些人要清楚地知道具体的位置,在哪段时间有什么活动,怎样从俱乐部的一个地方到另一个地方。然而,第一次来俱乐部的客人首先需要确定他们是否迷路,以保证很快找到餐馆的位置,等等。

6. 物质证据

这是一个很有意思的概念。这个要素是指可见的和有形的线索,就是指俱乐部为消费者提供的作为服务质量的证明,它包括制服、手册、俱乐部的环境和装饰的格调,甚至包括俱乐部的布局规划和周围空间。

7. 价格和其他费用

价格和其他费用集中在成本上,即会员和客户在组织中购买和消费服务的费用。需要指出的是,这里的"价格"不仅仅只是和钱相关。时间和挫折也是消费者被迫花费的"费用"。比如,被迫在餐厅外面排很长的队的经历,在拥挤和嘈杂的酒吧里等待服务等,所有这些都是消费者必须承担的成本。

8. 空间、网际空间和时间

空间、网际空间和时间是最后的要素,是反映服务营销性质在当代数字化社会中的变化。这个因素建议管理层在有关产品和服务营销方面做出决定——时间、地点和方式。

9. 个性化服务的重要性

俗话说,人各有所好,每个人在消费需求方面都各有不同。个性化服务因为要尽量满足不同顾客的各种各样的需求,对于产品而言,不能大批量生产相同的产品,对于服务而言,难以标准化,这必然带来营业成本的增加。因此,俱乐部营销的企业要仔细权衡个性化服务的成本与收益的比例,并不断提高技术和管理水平,降低成本。

案例 9.3.5
个性化服务在京城俱乐部中的具体体现

在京城俱乐部,管理层要求所有员工尽力认识更多的会员,以便向会员问候时可以直接称呼会员的名字,即使是刚入会的新会员第一次来俱乐部,前台也能用他的名字问候,给会员一种亲切的到家的感觉。俱乐部餐饮部记录着每位会员的饮食习惯:口味偏咸还是偏淡,爱吃什么蔬菜,不爱吃什么蔬菜,爱喝什么酒等,以便为会员提供满意的餐饮服务。酒吧给一些经常光顾的会员配备了印有会员名字的专用啤酒杯,在会员举行宴会款待客人时,餐桌上将摆放印有会员名字的火柴,这些细节给会员一种 VIP 的感觉。会员部、康乐部记录着每位会员的个人爱好、家庭情况等信息,以便针对会员的个人爱好组织不同的活动。财务部记录着会员的账务情况,根据会员的要求,将每月的账单按照不同的格式,用不同的方式(如传真、信函、电子邮件等)发送给会员,并且可以采用会员选择的各种方式结账(如现金、各种国际国内信用卡、电汇等),以方便会员。在向会员发送的通知时,抬头都是用会员本人的名字,将通知写成一封给会员的私人信件的格式,也使会员有一种被尊敬的感觉。以上就是一些个性化服务的典型例子,正是因为俱乐部对会员全方位的个性化服务,才使像这样的高档俱乐部即使价格昂贵也吸引了众多的会员。

案例分析:从上面的案例可以看到,俱乐部通过提供个性化服务,不仅满足了会员在餐饮娱乐方面的个人偏好,给会员提供了各种方便,而且满足了会员的被尊重的需求,显示了会员的社会地位,这也是很多会员加入俱乐部的目的。

五、博彩营销

因为博彩设施为俱乐部带来源源不断的利润,许多俱乐部集中精力于博彩设施的促销上。博彩设施的促销主要包括:

1. 增加奖品

管理者可以给参加游戏并且获胜的团体增加奖金数量。管理者应该调查使用博彩设施的总的趋势,然后计算所获得的利润。额外付出的数据和超出的奖励记录应该被保留。

2. 回报计划

得到优惠券、票据或者钱的人可以获得团体提名,经过员工核对可以发放奖金。回报是通过那些已经预订好的数量或奖金、通过陈列在陈列橱里的产品的展示拍卖来兑现的。

3. 立即抽彩给奖券

抽奖赢得的奖券可以直接发给那些被提名的获奖团体。没有被抽到的有奖的奖券可以放在桶里,在每周或每月的抽奖中作为奖品发放。

4. 免费赠送券

俱乐部为那些玩博彩设施的被提名为获团体奖的人提供免费在餐厅吃饭的饭票。此时,以下几点是需要考虑的:

- 为两个人准备的正餐——人们不可能喜欢一个人在餐厅里用餐,如果他们满意,他们更喜欢在用晚餐之后,使用俱乐部的其他设施。
- 在安静的夜晚用餐——正餐优惠券不是在每个时间段都能用。
- 在一顿饭上的价值——优惠券应该有货币价值,如果一顿饭稍微超过优惠券的数量,这部分超出的数量俱乐部最好是免费,这样就会使会员们感到很开心,而不会对俱乐部有小气和吝啬的记忆。管理者可以为这种免费的支出建立津贴制。
- 免费的一杯酒——这是为晚上提供的"最后的点缀"。

5. 在标签上粘贴符号

在旋转机的标签上粘贴符号,这种办法就是玩游戏者必须把两个、三个或四个相同的标签进行排列,以获得优惠券、奖金或奖品。随着视频监视器游戏的引进,这种促销现在不可能在大部分机器上起作用。

6. 硬币购买优惠券

发给游戏者的优惠券或由票据再购买一套硬币——比如每10美元就能够购买一张优惠券。这些优惠券收集起来,可以兑换成商品。另一种与硬币相关的系统是包括在俱乐部内部的奖励代币。当在硬币杯里发现这种代币时,就可以用来兑换饮料,也可以用来进餐,获得幸运信封(里面可能有钱)、一次旅行、新奇的奖品或入局得奖的机会。

7. 电脑链接促销

系统现在能够监控机器的运行、比较这些报告与适当权威的差距、跟踪游戏者、在设施上促销经营等。比如,机器抽奖法可能包括竞争,计算机可以随机选择一台博彩设施,在这台机器上玩游戏就可以中奖。这种促销每天可以用六次。预先设定好的资格不包括那些只看不玩的人。

六、娱乐营销

俱乐部活动是俱乐部营销的灵魂和主要手段之一,把俱乐部的活动办得丰富多彩,吸引会员积极参与俱乐部的活动,才能培养会员的归属感,达到留住顾客的目的。在俱乐部行业中,娱乐几乎是和促销活动同时进行的。许多娱乐设施是与通过酒吧备办食物和博彩设施的使用来提高俱乐部的利润相适应的。

娱乐可以通过以下方式提高利润:

- 赞助人和会员的增加；
- 增加其他设施的使用；
- 在更宽的社区内进行俱乐部的促销。

如果俱乐部决定为会员提供娱乐设施，那么必须考虑：
- 娱乐的类型；
- 在娱乐活动中的限制因素。

1. 娱乐的类型

娱乐可以以多种形式出现，其中包括：
- 音乐；
- 现场表演；
- 特殊的夜晚；
- 社区的大型活动；
- 社交场合；
- 体育运动。

2. 娱乐活动的限制因素

特殊的娱乐活动通常包括特殊的考虑因素。比如，如果俱乐部决定举办一个大型的现场乐队演唱会，应该考虑确保喧闹声不要太大，还要保证有足够的空间容纳可能的观众。此外，还要考虑这里是否有足够的娱乐设施，是否有安全保证，谁将清理会场，乐队的队员住在哪里等等。

因此在俱乐部计划娱乐活动或特殊的活动时应该考虑以下几方面的因素：

a）成本——包括生产成本、活动本身、票和促销事件的成本；评估成本，管理层还应该调查清楚会员愿意为入场票支付的价格；

b）规模——俱乐部的规模限制娱乐活动的规模；

c）俱乐部的类型——在选择娱乐活动时，俱乐部的类型是另一个必须考虑的因素；

d）会员——在评估娱乐活动时，管理层必须考虑俱乐部会员的需要和要求；

e）可利用空间——在一些类型的娱乐活动中，大型的观众席或表演场地必须考虑到；

f）合法性——举办一些类型的娱乐活动可能违反相关的法规。

最重要的是成本。俱乐部管理者必须评估这种活动能有哪些成本效益。俱乐部可能从这个活动本身损失一些，但可能从活动的其他领域中得到利润的增加，像由准备大餐、博彩设施的赞助等来弥补损失。

俱乐部必须像其他商业区的其他部门那样销售他们的产品。否认娱乐是俱乐部的一种促销形式，可能会导致俱乐部的停滞。行业需要新的会员，新的会员的吸收需要靠增加对俱乐部的认知和通过俱乐部的设施来实现。俱乐部的娱乐活动对管理层来说是一个很有效的工具，只要能很好地控制和明智地使用即可。

七、俱乐部营销本身的缺陷和运作中的问题

尽管俱乐部营销有很多优点，但是它本身也存在一些缺陷：首先，俱乐部营销回报速度较慢，俱乐部需要与会员进行多次成功的交往、沟通才有可能得到会员的认可，使之产生归属感，而且如果俱乐部没有发展到足够的规模，其影响力也是十分有限的。因此俱乐部营销是一个需要持之以恒的营销活动。其次，俱乐部营销费用较高，俱乐部提供的深层次的服务、开展的各项活动以及会员资料的管理，都需要投入一定的经费，与滞后的产出相比，较多的前期投入使许多企业望而却步。再次，俱乐部营销的效果难以计量，它是以与顾客建立长期友好关系为目的的，不像一般的营销活动能很快根据销售量的变化评估是否成功。

虽然越来越多的企业采用俱乐部营销，但是由于缺少理论研究和实践经验，造成俱乐部营销在实践中存在诸多问题，有的已经导致俱乐部无法继续经营。主要表现在以下几个方面：

（1）目标市场不明确，没有明确的目标顾客，往往停留在以大众为目标市场的阶段上；没有或很少根据不同顾客的需要对市场进行细分，使俱乐部无法向会员提供深层次的服务，无法发挥俱乐部向顾客提供有针对性的一对一的定制营销的优势。

（2）在吸收会员时做不切实际的承诺，会员入会后承诺不能兑现，使会员产生被欺骗的感觉，对企业失去信心。

（3）缺乏与顾客的沟通，使企业不能了解顾客的需求，只是单向地向会员推销商品，限制了俱乐部营销发挥其应有的作用。

（4）对俱乐部营销的实质认识不足，因而不能创造出适合本企业的有特色的俱乐部营销模式。在激烈的市场竞争中，俱乐部的会员制退化成了单纯的打折工具，失去了其存在的意义。

（5）俱乐部在信息技术方面普遍比较落后，顾客信息的收集、处理、应用还处在较低的水平，使俱乐部营销效率低下。

（6）许多企业没有认识到俱乐部营销是一个长期的持之以恒的营销活动，急功近利，一旦发现没有消费者如期的反应时，就骑虎难下，甚至不了了之。

由于俱乐部营销本身存在的一些缺陷，而实际运作中又没能很好地克服，存在以上这些问题，使俱乐部营销不能发挥应有的作用。这样的顾客组织即使冠以俱乐部的名称，也不能算是真正的俱乐部营销。

思考题

参看案例9.3.6,你认为京城俱乐部在营销方面哪些经营理念和运作方式值得其他俱乐部参考和借鉴?

案例 9.3.6

京城俱乐部的俱乐部营销介绍与分析

京城俱乐部成立于1994年,是北京第一家高档的私人商务会所,它是中信房地产公司与美国俱乐部管理集团采用中外合作方式成立的,中方提供经营场地和设施,外方提供管理。俱乐部拥有各种规格的会议室、商务中心、中西餐厅、酒吧、康乐中心等设施,为会员提供商务会议、餐饮服务、休闲娱乐等一系列服务。京城俱乐部采用了纯粹的俱乐部营销方式,采用会员制,而且只对会员开放。其俱乐部营销是十分成功的。

在过去的八年中,会员从开始的二百多人发展到现在的一千一百多人,而且在北京俱乐部行业激烈的市场竞争中一直保持领先地位。她的成功是建立在美国俱乐部管理集团半个多世纪在俱乐部行业的管理经验和对俱乐部营销的深刻理解上的。

京城俱乐部市场定位于高档次商务俱乐部,服务的对象主要是国内外各大公司在京的高级管理人员等商界成功人士、社会名流,还有一些外国驻京的外交官等。俱乐部制定了很高的价格,包括入会费、月费,顾客必须缴纳入会费成为会员,并按时缴纳月费才能使用俱乐部的设施和服务,这就限定了俱乐部服务对象的消费水平。另外,俱乐部设有烦琐的俱乐部章程,特别是入会条件和入会手续的规定,使目标市场更加集中。会员入会需老会员推荐,由入会申请人填写入会申请表,申请表内容包括申请人的姓名、性别、年龄、工作单位、职务、所属行业、加入俱乐部目的等内容,由资格审查委员会从申请人的入会目的、经济承受能力、是否能与其他会员和睦相处等方面进行审查,确认申请人是否可以加入俱乐部。这种招募会员的方式在俱乐部成立初期,对于将会员集中在高级商务人士方面发挥了重要作用,那时的会员绝大多数担任大公司的董事长、总经理、首席代表等职务。而且他们的名望也成为俱乐部的宝贵财富,吸引了更多的商务人士加入俱乐部。

但是随着这种高档次俱乐部行业的市场竞争日趋激烈,一些会员流失,招募新会员越来越困难,俱乐部由于缺乏长远的战略考虑,放松了对入会条件的限制和审查,虽然增加了一些新会员,维持较高的入会费收入,但使一些层次不高的所谓暴发户也进入俱乐部,成为问题会员,他们拖欠会费,破坏俱乐部优雅的环境和和谐的氛围,损害了其他会员的利益。因此,目标市场的把握始终要作为一项重要的工作,对俱乐部入会条件的限制必须服从于目标市场定位并严格执行。

京城俱乐部之所以价格很高,入会条件又如此苛刻,但还吸引了众多会员,是因为她确实对会员具有价值,满足了会员高层次的需求。京城俱乐部向会员提供细致入微的个性化服务的内容,这些服务不仅满足了会员在餐饮娱乐方面的个人偏好,给会员提供了各种方便,而且满足了会员被尊重的需求,显示了会员的社会地位;由于俱乐部会员的成分很多,又都是各行各业的商界领袖,俱乐部为他们提供了一个社会交往的场所,创造和谐的氛围,通过俱乐部活动帮助会员增进交流,满足会员的社会交往的需求,又因为很多会员都是社会名流,与这些社会名流的交往增加了会员的自豪感和社会归属感;高额的入会费本身就是成功的象征,是会员自我实现的一种表现;俱乐部还增加了会员的商业机会,这也是很多会员加入俱乐部的目的。以上这些服务和心理满足是一般的俱乐部无法提供的。

京城俱乐部始终把发展与会员的良好关系作为营销工作的重点,这种关系不仅是交易关系,更重要的是伙伴关系、心理关系。俱乐部的成功靠会员的支持;另一方面,俱乐部只有经营成功才能向会员提供更加完善的服务。俱乐部鼓励员工发展与会员的关系,特别是管理层与很多会员都成为了朋友。俱乐部的一个宗旨就是为会员创造家园以外的家园,会员的一切要求,俱乐部都会想方设法满足,而会员也为俱乐部的建设出力。例如俱乐部要安装无线宽带网,为会员提供无线宽带上网服务,有一个会员的公司正是从事这种行业,他免费为俱乐部安装调试,而俱乐部为他从会员里介绍了四个新客户。像这样的双赢在俱乐部与会员的关系中还有很多,它巩固了俱乐部与会员的密切关系,使会员成为俱乐部的忠实顾客。

京城俱乐部的会员由低到高主要分为康乐会籍、个人会籍、公司会籍、终身会籍等会籍种类,各种会籍享受不同层次的服务,这样可以利用俱乐部有限的资源,为会员提供更加完善的服务。例如康乐会籍每月只交纳较少费用,而只能使用俱乐部康乐中心的康乐设施;个人会籍和公司会籍每月要缴纳较高费用,但可以使用俱乐部的所有设施;终身会籍不用缴纳月费,而可以使用俱乐部的所有设施,并可由子女继承而无需缴纳转会费。

京城俱乐部为了增加服务内容,提高营销效率,不断在技术上进行投资。1994年俱乐部成立时就建立了计算机网络系统,并从国外引进了一套在当时比较先进的会员关系管理系统。当时计算机网络在我国才刚刚兴起,将网络化信息系统应用在业务领域更是凤毛麟角。它的会员关系管理系统包括会员信息模块、预期会员模块、财务模块(其中包括应收会员账款、应付账款、固定资产、采购、总账等内容)。这些模块中对俱乐部营销最重要的是会员信息模块和应收会员账款模块。会员信息模块记录了会员(包括个人、公司、家庭、会籍等)全部信息,这些信息一般来自会员入会时填写的入会申请表,它是俱乐部营销的基础,俱乐部利用这些信息有针对性地组织俱乐部活动。例如会员的个人爱好是打高尔夫球,在组织高尔夫球比赛前,就向这些会员发送比赛通知,往往能够得到会员的积极响应。因为会员所有消费都采用挂账消费、每月结算方式,应收会员账款模块十分重要,它是会员在俱乐部的消费记录,不仅记录了会员消费的项目名称、金额、消费时间,还记录了会员个人账目情况、信用情况等信息,俱乐部可以根据这些信息了解会员的消费习惯,制定针对会员个人的营销策略。例如根据应收账款系统的记录,可以发现会员使用俱乐部的情况,如果发现某个会员很久没有使用俱乐部了,营销人员就会主动与会员联系,问候会员并介绍俱乐部最近的活动等等;根据会员具体消费的项目,可以在有相关活动或促销时向会员发出邀请,这样有针对性的营销很容易得到会员的响应。俱乐部在信息技术方面不断采用新技术,随着会员的增加和营销的需要,不论是硬件还是软件都不断升级,现在会员数增加了5倍,并且数据库增加了很多内容,而信息处理的速度反而提高了五六倍,在俱乐部规模扩大的情况下,保持了较高的服务水平。

京城俱乐部极其重视开展丰富多彩的活动,吸引会员参加,一方面增加了收入,另一方面增加了会员的社会交往,增加与会员的交流,以发展与会员的关系。为了把活动办得丰富多彩,俱乐部专设了会员关系经理,负责会员活动的组织,并聘请专业的策划公司策划。京城俱乐部内部又成立了一些由会员组成的专门负责某一项活动的组织,如咨询理事会,由一些德高望重并且积极参与俱乐部活动的会员组成,负责维护会员的权益,监督俱乐部的经营活动,并对俱乐部的经营提出意见和建议;各种会员活动委员会,负责发起和组织会员活动,如体育比赛、郊游等活动。在这些组织里,俱乐部方面只是起到辅助作用,而会员是主角,这样才能调动会员的积极性,把俱乐部的活动变成会员自己的活动,增强会员的主人翁责任感和归属感。这些措施都为俱乐部开展丰富多彩的活动创造了条件。

京城俱乐部的网络建设是以增加与其他企业的合作、扩大服务内容为主,而京城俱乐部本身又是美国俱乐部管理集团下属的连锁俱乐部。京城俱乐部的会员在世界各地的连锁俱乐部都可以享受相同的高档次的服务,满足了俱乐部中多数人的国际化需求。

第十章

企业俱乐部营销模式

学习目的
1. 了解企业俱乐部的形成原因。
2. 了解企业俱乐部营销模式的特征。

　　本章首先介绍企业俱乐部营销相关理论,通过借鉴经济学、心理学、关系营销、数据库营销以及俱乐部经营与管理等理论,分析企业为什么会选择企业俱乐部,顾客又为什么会加入到企业俱乐部,顾客是如何支持企业俱乐部长期发展的等问题。企业俱乐部营销的理论来源于关系营销理论,通过组建这种形式的组织,将市场组织化,将客户的选择过程从市场运转转移到多时段的契约关系市场上去运作,并且在此基础上构建企业俱乐部顾客忠诚驱动模式,企业俱乐部事前提供的、让顾客感觉到的顾客让渡价值期待、事后顾客满意度以及俱乐部特有的锁定效应共同构建了企业俱乐部忠诚营销的驱动关键。

第一节　企业俱乐部的形成及企业俱乐部营销的界定

一、企业俱乐部的形成

（一）市场发展日趋成熟

　　其一,市场日趋成熟,供给远大于需求,市场经济的运行以需求为推动力,从微观层面上看,顾客的主导作用和顾客主权是现行市场运行的基本特点,且顾客需求明显呈现出多样化与个性化。市场成为企业争夺的最为重要的资源,其实质是客户成为最重要的资源。企业开始认识到客户价值时代的到来,即企业价值由客户决定,意识到传统的交易营销理论存在诸多限制,从而转向寻求关系营销理论的指导(李海舰,冯丽,2004)。与研究传统的离散型交换交易营销不同,关系营销研究的是连续型交换,它关注的是如何保留顾客,而不仅仅是促成交易和获得顾客。它能够帮助企业合理分配资源,重新获得竞争优势。其二,现代信息技术的发展为企业关系营销创造了可能性,企业与客户直接接触的容量大幅度扩展,完美实现了客户需求个性化和企业提供的服务/产品个性化的对接。

(二)企业俱乐营销现实发展情况

在关系营销框架下,出现了大量新的商业现象,俱乐部与市场营销相结合的企业俱乐部营销就是其中一种。企业俱乐部是一种社会归属网络关系营销方式,这种方式无论是在国外还是在国内,都已经得到日益广泛的关注与应用,影响力遍及各行各业。企业通过俱乐部能够将尽可能多的本企业品牌现实用户与潜在用户集中起来,从而建立起俱乐部成员之间、成员与俱乐部之间,以及成员与企业之间的网络关系,进而为企业带来更多的忠诚顾客,最终为企业带来效益。

在国际上,企业俱乐部营销是少数几个并非起源于美国的营销趋势之一。它起源于德国,但很快风靡全世界,日本、德国和美国在这个方面做得比较好。据统计,在德国,类似的企业俱乐部已经超过400家[①]。而在美国,企业80%的营业收入都是来自企业俱乐部会员,其中大部分会员都是终生顾客(肖建中,2006)。美国哈雷戴维森摩托车的哈雷拥有者俱乐部(HOG)可能是最为有名的成功俱乐部营销代表。与其他很多俱乐部类似,HOG获得了来自企业的积极支持。在顾客购买摩托车时,企业就会鼓励他们加入HOG,出席并参与俱乐部所组织的各种活动。活动不仅仅局限于驾驶技巧交流,同时成员们也会交流彼此的学习经历以及在社会活动中所获得的经验(David W. Mcmillan,1995)。成员们在参与HOG的各项活动时,可以根据自身的体验随时向企业提出各种建议并且能够得到高效率的反馈。经常参加HOG组织的活动,使得成员们对哈雷品牌更加喜爱,成为更加忠诚的顾客,甚至主动去为哈雷品牌做宣传。除了HOG,还有很多俱乐部营销的成功案例,比如苹果电脑俱乐部、星球大战俱乐部等,这些企业俱乐部的成功更加提升了企业俱乐部营销策略在营销经理心中的位置,使得越来越多的公司开始努力建立自己的企业俱乐部。

在我国,企业俱乐部营销同样受到营销经理们的欢迎,呈现遍地开花之势。在地产界,有著名的万客会、富力会、合生会、红豆缘俱乐部等。据市场调查,地产

[①] 斯蒂芬·A.巴斯彻.俱乐部运营(第二版).孙路弘,陈叙译.北京:电子工业出版社,2005.13~14。

俱乐部客户会所自20世纪90年代引入中国以来,目前已经成为房地产项目必需的配套硬件之一。1998年万科地产客户俱乐部成立。多年来,万客会致力于在"让万科理解客户,让客户理解万科"的基础上建立理性、对等、双赢的与客户间的供求交流方式。目前,万客会遍布全国十多个主要城市,拥有会员逾8万人。在房地产行业顾客重复购买率很低的情况下,万客会却表现出了强大的功力,如在深圳四季花城销售后期,老业主推荐成交率占50%以上,而这些老业主基本上都是万客会的成员。

航空业也是如此。据了解,国内航空公司都有客户俱乐部,国航、南航、东航、海航等都设立了客户俱乐部。国航客户俱乐部拥有会员25万,国航还与上航展开客户俱乐部合作,持有国航或上航旅客卡的广大旅客只需凭自己在其中一家公司所获取的里程积分即可自由选择兑换国航或上航的奖励机票,双方会员总数超过35万人,而南航的明珠俱乐部则更是拥有200万会员之众。

张裕酒庄俱乐部为锁定高端市场而运作,该俱乐部运营总监如是说:"实现了与国际营销方式接轨,率先占据中国葡萄酒文化创造者和引领者的地位,实现了从单纯的产品营销到以文化为内核的服务营销的转变,同时将对中国葡萄酒营销模式产生深远影响,最大的特色是实现了一对一营销"(黄更,2005)。中国人寿湖南分公司于2003年度组织实施了中高端客户发展战略,创建了省、市、地三级VIP客户俱乐部。俱乐部的设立被公司认为带来了以下实质效果:搭建了与客户沟通的桥梁;有效客户管理,降低经营成本;传播公司文化,创建了宽松的销售环境(刘健康,2004)。

以上是企业俱乐部营销范式来之于现实的发展情况,可以预见,企业俱乐部营销有着良好的市场发展前景。在竞争加剧、不确定性增加,以及客户获得信息越来越充分和市场越来越缺乏成长性的环境下,为提高客户忠诚度而付出的努力就显得越发重要,而且可能会成为企业市场营销成功的重要战略因素之一。随着现代生活压力的增大,生活节奏的加快,人们对交往更为期待,俱乐部就成为满足人们交往的最佳方式之一。俱乐部通过市场细分,设置入会条件,把具有相同文化背景、社会地位、价值取向、兴趣爱好的消费者聚在一起,会员之间相互关照、相互提供机会和信息,创造了一种和谐的氛围,满足了消费者的社会归属感的需要。

二、企业俱乐部营销特征与界定

有文献(李剑锋,2002)将俱乐部营销称为会员制营销。它是企业通过提供某项利益或服务将人们组成一个俱乐部形式的团体,并开展一系列的活动,以达到宣传企业产品、促进销售的目的。实际上,俱乐部营销比会员制营销更进一步。会员制营销多为较肤浅的服务和打折服务,而俱乐部营销则试图发展与会员之间的感情归属关系(Stephan A. Butscher,1996),是关系营销和忠诚营销的主要策略体现之一。这里将俱乐部营销分为两种,一种是真正意义上的俱乐部营销,指所有采取俱乐部组织形式的营销活动,俱乐部的创立不是为了营销而创立,俱乐部此时所经营的主业就是俱乐部本身,例如健身俱乐部、游艇俱乐部等。另外一种是围绕营销某种产品或服务而创立的俱乐部,俱乐部并非企业的经营主业,只是企业/集团营销的手段而已,例如万科集团的万科客户俱乐部。我们将前一种称为俱乐部营销,后一种称为企业俱乐部营销(下文中所有提到的俱乐部都是属于企业俱乐部营销类),作为营销手段的企业俱乐部营销不同于真正意义上的俱乐部营销,它们属于不同的范畴(表10.1.1)。

表10.1.1 企业俱乐部营销与俱乐部营销的区别

比较内容	企业俱乐部营销	俱乐部营销
组织形式	会员制	不一定采取会员制
生命力	不一定长期存在,依据俱乐部营销效果	长期性,与俱乐部组织同生共长
服务对象	适用范围比较广,但有一定适用范围(具体分析见本章第四节)	俱乐部
目的	与客户建立长期关系,同时兼顾促进销售	以俱乐部营利为目的
企业营销的作用	辅助部门	重要部门
发挥作用的部门	所有部门	营销部门

根据上面所讲的内容,企业俱乐部营销模式应具备以下特征:

(1)俱乐部是由某个以营利为导向的企业发起、规划并管理。它有两个方面的含义:第一,发起者是以营利为导向的企业。非营利组织、学术机构或者因有共同的爱好而组织的俱乐部都不属于企业俱乐部营销模式研究范畴;第二,以营利为导向的企业是企业俱乐部的创始者,而且全面负责俱乐部运营管理。这一点非常重要,是将企业俱乐部与其他由客户或其他企业外部力量发起的计划区别开来的因素,例如雪铁龙爱好者俱乐部、旅游人俱乐部等,是由有共同爱好的人组建的俱乐部。

(2)企业俱乐部的设立目的主要是与客户建立长期关系,提升企业市场营销,促进企业销售业绩。这注定企业俱乐部的设立是创造定期交流沟通的机会,包括发起企业与客户、客户与客户之间的交流与沟通。更为重要的是,这种沟通方式是双向的,为企业收集到更多更直接准确的数据提供了保障。

(3)企业俱乐部营销是一种营销工具。第一,俱乐部的成立是为了营销,俱乐部只是企业的一个辅助部门。这将企业俱乐部与现在比较流行的运动休闲体育俱乐部区分开来。第二,企业俱乐部还可以从企业/公司中分离出来,成立自身的合法组织,但是它却不是以财务或其他经济利益为目标的。

(4)企业俱乐部会员是企业的客户,其目标瞄准客户。客户包括终端用户、潜在客户、商业客户和公司的战略合作分销商。根据俱乐部的目标和成立的方式,俱乐部可以定位一个或者几个目标群客户,或者定位在进一步细分的客户群上。

(5)企业俱乐部是利益提供的综合体。客户之所以会加入公司所成立的俱乐部,其中必有其利益的结合点。俱乐部的利益包括特殊的服务、不同的沟通方法或特别的定价,所有这一切都是为了能创造出超越公司销售产品/服务的价值。俱乐部为会员创造的会员价值是企业俱乐部营销成功的关键所在。

根据上面所讲的内容和特征,可以为企业俱乐部营销做如下的界定:

企业俱乐部是一种人与人、人与组织、组织与组织之间进行沟通的媒介,由营利为导向企业出面组织并在该企业的管理下运作,围绕营销某种产品或服务而创立,定期与会员接触并为他们提供具有较高感知价值的利益,目的是培养企业的忠诚顾客,以此获得经营利益的营销方式。

三、企业俱乐部研究现状

(一)国外研究状况

就所掌握的文献来看,国外的研究多为案例性研究。美国学者托马斯·科林斯与斯坦·瑞普合著的《超行销赢家》中以 HOG(Harley — Davidson Owner Group)为例讲述了哈雷忠诚营销战略,同样的实例研究还出现在哈佛商学院品牌社区研究经典案例——"Building Brand Community on The Harley—Davidson Posse Ride";菲利斯所著的《消费品营销策略》一书中将会员营销作为关系营销的一种策略,并配以案例进行研究。国外关于企业俱乐部营销的研究主要体现在:顾客忠诚计划(Customer Loyal Programme)、品牌社区(Brand Community)、社会认同论(Social Identity Theory)。

1.顾客忠诚计划

企业俱乐部营销被学术界和实业界一致认为是关系营销策略,通过企业俱乐部营销形式实现顾客忠诚。它比会员制营销更进一步。会员制营销多为较肤浅的服务和打折服务,而俱乐部营销则试图发展与会员之间的感情归属关系(Stephan A. Butscher,1996)。很明显,在作者看来,企业开设客户俱乐部就是为了顾客忠诚。而斯蒂芬·A.巴斯彻的《俱乐部运营》一书就更直接了,将企业俱乐部营销定义为顾客忠诚计划,详细地论述了以价值为导向的顾客忠诚计划的运作与管理。忠诚营销有三个理论前提：一是留住一个老客户的成本要大大低于赢得一个新客户的成本。二是对商家来讲，老客户比新客户更加易于开展营销活动(老客户相对来讲比新客户更加成熟，更加了解商家的产品与服务)。三是企业80%的利润来源于其20%的客户。深入理解这三个理论前提时会发现，其核心内容都在探讨客户的忠诚价值，而俱乐部正是为企业赢取顾客忠诚而设立的。对于俱乐部营销的实效性，Jonathan Barsky 和 Albert Lin 通过对酒店行业的实证分析得出：酒店俱乐部营销改变了俱乐部会员消费习惯，提升了酒店绩效。除了重复酒店住宿消费，其他方面的花费较高，价格敏感度低，酒店满意度较高(Jonathan Barsky and Albert Lin,2004)。Bowern and Shoemaker(1998)在调查中发现，美国运通白金卡(American Express Platinum Card)的会员每年要做在外逗留至少六夜的商务旅行，住宿于像丽嘉(Ritz Carlaton)和四季(Four Seasons)这样的豪华饭店。他们当中的忠诚顾客在预订其所忠诚的饭店时更少询价，在住宿过程中会更多地在餐饮和洗衣方面消费，会向周围12个人进行推荐，并且更有可能向饭店指出经营和服务当中的潜在问题并提出建议(Bowen J. Shoemaker S,1998)。

2. 品牌社区

国外的文献中没有俱乐部营销这种称呼，甚至连会员制营销等词组都没有。品牌社区是笔者所发现的与俱乐部营销模式最为相似的营销方式。最早提出品牌社区概念的学者是 Muniz 和 O'Guinn(2001)。早在1974年美国学者布斯丁就提出"消费社区"(Consumption Communities)的概念，认为消费社区是人们"在决定消费什么以及怎样消费的过程中创造和形成的一种无形的社区"(Boorstin,1974)，这是品牌社区的原始概念。可以看出，消费社区是一种企业无意、消费者自觉组织的一种消费者组织。Muniz 和 O'Guinn 所提出的"品牌社区"的概念，认为"品牌社区"是一种专门化的、非地理意义上的社区，建立在使用某一品牌的消费者之间的一整套社会关系的基础上(Muniz and O'Guinn,2001)。这一概念强调品牌与消费者以及消费者之间的各种关系，而 James H. McAlexander 等人(2002)对"品牌社区"的研究则又进了一步。他们认为 Muniz 和 O'Guinn 等人提出的"消费者之间的关系"在描述消费者忠诚时具有重要的作用，但是不完全，其他的团体和关系也构成了"品牌社区"的一部分，并且提出了一种新的品牌社区的模型：品牌社区的焦点消费者中心模型(图10.1.1)。这一模型强调以焦点消费者为核心而形成的品牌、消费者、产品和营销者之间的交互影响，证实了品牌社区实现了焦点消费者、品牌、产品、消费者、营销人相互之间的关系的正相关性。McAlexander(2003)对品牌社区与顾客满意度、忠诚度的关系进行了研究，指出顾客忠诚度不只受顾客满意度的影响，还受到品牌社区整合的影响。创建品牌社区已经成为许多公司维系品牌与顾客关系、提升品牌资产的主要策略。

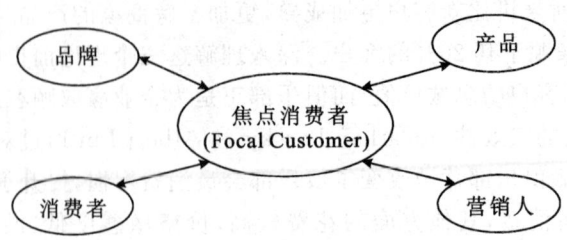

图 10.1.1 品牌社区焦点消费者中心模型

资料来源:James H McAl exander,et al. ,(2002)

René Algesheimer 等(2005)在对品牌社区进行实证研究时,对象选择的是欧洲大陆的几家汽车俱乐部(Ford、Volkswagen 等著名汽车企业设立的俱乐部),他们对品牌社区的特点做了以下几点说明:所研究的汽车俱乐部都是汽车企业品牌俱乐部,并不是具体某一品牌或者制造企业设立的俱乐部;同时这些俱乐部一般都得到汽车企业的财务支持;俱乐部是一种社会组织,经常组织会员活动和交流,而且还有规定性的活动时间和场所;大部分会员都有相应汽车企业的品牌产品。从这些可以看出,这几乎就是企业俱乐部所假定的特征的一个翻版,而且他们研究出来的结果就是汽车俱乐部的成立最终有利于塑造顾客忠诚(brand loyalty),与本文的研究结论不谋而合。

从品牌社区的定义来看,品牌社区就是企业俱乐部营销模式的一种具体体现,而且企业俱乐部营销比品牌社区更进一步,企业俱乐部是企业有意识组建的非营利性组织,企业为其提供财务支持,其组织性明显比品牌社区更强。

3.社会认同论

社会认同论是 Tajfel 于 20 世纪 80 年代创立的,该理论对于人们理解社团组织存在意义有很大的帮助,并成为群体关系研究中最有影响的理论。社会认同理论认为,个体通过社会分类,根据某些特别的因素,例如某种能力或者共同的社会爱好等因素,对自己的群体产生认同,并产生内群体偏好和外群体偏见,例如父母亲群体、女性在线、老乡会等。整个社会其实就是一个强烈对比的社会,个体通常会通过某些具体的特征(汽车拥有者)标榜自己与其他群体(非汽车拥有者)的差别,个体通过实现或维持积极的社会认同来提高自尊,积极的自尊来源于内群体与相关的外群体的有利比较。一旦个人成为某个社团组织的成员,通常情况下都会对社团产生积极的认同,认为自己的群体比其他群体好,同时认可社团的整体价值观(Stets and Burke,2000)。社会认同论有助于理解企业俱乐部营销,通过企业品牌,企业产品将有共同社会认同的人们联系到一起(Bradley Dean Carlson,2000)。

(二)国内研究状况

随着企业俱乐部营销模式在国内实践的发展,人们也注意到这种特殊的营销方式,并展开研究。苏伟伦主编的《商务楼与会员制俱乐部管理》列举了一些俱乐部营销的案例和简单分析;王金池的《俱乐部营销论纲》对俱乐部营销的特点、功能和存在的问题做了进一步的分析,但没有就俱乐部成立的理论基础和消费价值选择做出分析,但这恰是俱乐部营销的核心。这两年,俱乐部营销在我国得到了充分的发展,所以有关它的研究也较以前更为全面。最新的有关俱乐部营销的文献是北京大学出版社出版的肖建中的《会员制营销》,其实际上就是本文所研究的俱乐部营销。该书介绍了会员制在国内外的基本概况,总结了会员制的五大核心观点,并对会员制的规划与实施做了详细说明。作者认为会员制是企业战略的重要组成部分。事实上,会员制营销是企业战略营销的一个重要组成部分,它以某项利益或服务为主题将人们组成一个俱乐部或团体,与其保持系统、持续、周期性的沟通,广泛开展宣传、销售、促销等全面综合的营销活动。它克服了买卖双方之间信息闭塞的弊端,锁定了相当数量忠实的顾客,成为商家拓展市场的角力砝码。国内关于企业俱乐部营销模式主要集中于两个方面:关系营销与中间组织。

1.关系营销

众多学者的研究结论是,企业俱乐部营销模式是关系营销的一种重要的营销实践策略,是提高顾客忠诚度的有效途径(龚振,1999;苑晓锋,2000;李剑锋,2002;张世荣,2004)。企业俱乐部营销是服务行业拓展业务的一种有效方式。随着人类社会逐步进入信息时代,人们的消费需求不断发生变化,在数据库营销、CRM营销时代,企业的营销目标就是不断满足消费者的个性化需求,不断增强客户对产品与服务的忠诚度,这些都是会员制营销的核心理念(郁伟龙,2002;高屹,2005)。企业俱乐部营销融入了知识营销、口碑营销、承诺式营销、体验营销、数据库营销、渗透式营销、直销(包括直复营销)等诸多先进的营销理念。另外,俱乐部营销做到了与客户零距离沟通、零距离销售、零距离服务,打造了一个"零距离通路模式"。俱乐部在营销上有个"营养汲取"与"能量释放"的双重过程,如图10.1.2所示。

实践证明,俱乐部营销使得企业获得客户的第一手资料,使产品开发更贴近市场需求,与客户建立持续的良好互动关系,不仅有交易关系,更有伙伴关系、心理关系、情感关系作为交易关系的坚实基础,这些关系使顾客更加忠诚于企业,且这种营销体制不是竞争对手可以轻易染指的结构性关系。

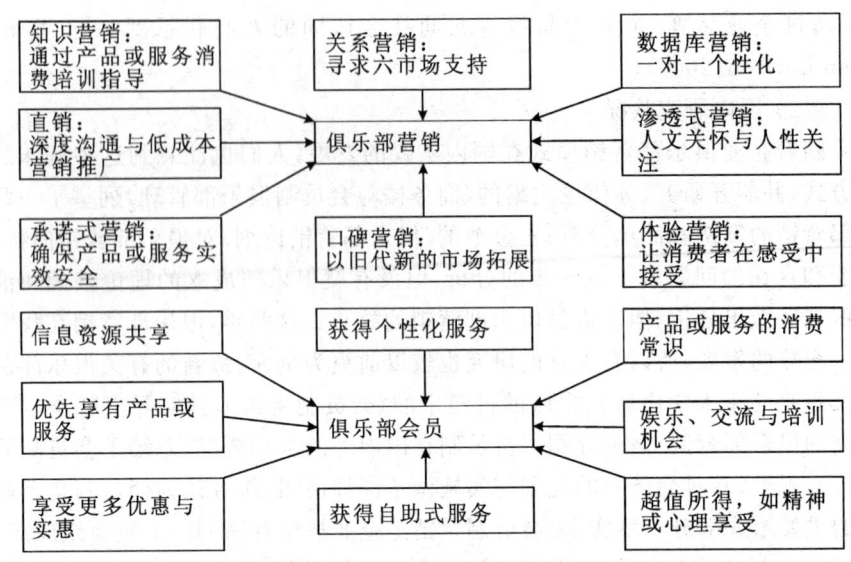

图 10.1.2 俱乐部营销汲取与能量释放图示

资料来源:贾昌荣,曾朝晖(2005)。

2. 中间组织

科斯、威廉姆森等人的研究使人们进一步认识到企业对市场的替代不是完全的,企业不是纯粹的企业,市场也非纯粹的市场,企业中存在着市场的价格机制,市场中存在企业的行政机制(贾根良,1998;路金波,2003),企业与市场之间客观上存在着大量的多样化的中间组织(inter-firm)形态。中间组织的形式主要有两种方向相反的途径:企业市场化和市场组织化。

企业俱乐部营销模式被认为是一种市场组织化的中间组织,将客户的选择过程从一个市场运转转移到多时段的契约关系市场上去运作(孟韬,张东伟,2001;路金波,2003)。市场组织化是企业为了节省交易成本所致。企业为避免重复交易、节约交易成本,为了设法建立和维持与消费者的长期交易,建立起了带有明显企业色彩的、以生产企业和消费者为主要成员、销售企业和社会公众为辅助成员的战略联盟。为了实现战略联盟的初衷,战略联盟成员共同制订了以消费者频繁购买或缴纳入会费,企业给予消费者价格优惠或折扣,互惠互利、利益共享、风险共担的契约或规定。企业俱乐部就是这种联盟的主要形式(李甲贵,沈忠勋,王渊,2005)。但是这种中间组织又不具备严格意义上行政机制协调而生产的组织费用,从而在一定的章程下,能够充分发展市场的效率(张富春,冯子标,1997)。具备市场的较强激励程度,同时,又具有企业组织的节约交易成本的优势,具有比较优势,既有效益,也注重效率(曾楚宏,吴能全,2006)。

（三）评述

从顾客忠诚计划到中间组织，可以大致认识企业俱乐部营销。从营销角度看，它是关系营销的一种策略，是企业有意识组建的非营利性组织，获得企业的财务支持，比品牌社区更紧密的组织。通过满足顾客的个性化需求，增加客户价值，最终实现顾客忠诚和企业价值双重目标。从经济学角度分析，有企业组织的效益，又兼备市场效率，降低交易成本。从心理学角度分析，正如社会认同论所指出的，人们加入俱乐部组织是一种社团情结。通常人生活在这个社会上是需要有对组织的依赖感，中国的情况特殊，第一，没有全民信仰的宗教，第二没有社团法[①]。人们具有向其他组织回归的诉求是一种自然倾向，俱乐部实际上就是一种社团，这种社团情结其实是某种宗教情结的替代物。

第二节 企业俱乐部营销理论分析

一、企业俱乐部营销理论基础——关系营销

企业俱乐部营销是从休闲娱乐性质的单纯的俱乐部企业发展起来的，在实际运作中借鉴单纯的俱乐部企业的经营理念和运作方法，目前还没有系统的理论研究。俱乐部营销虽然没有专门的理论，但是俱乐部营销实践中使用的许多方法都源于其他理论。例如，俱乐部发展与顾客的关系，应用了客户关系营销的理论和方法，而俱乐部营销本身也是客户关系营销的一种组织手段；企业俱乐部营销面对的不再是整体的市场，而是作为会员的消费者个体，通过与消费者个体的交往，逐一建立持久的关系，为消费者个体提供定制的产品和服务。这种营销应用了一对一营销的理论和方法；俱乐部营销通过建立客户资料库，准确掌握顾客的需求和需求的变化趋势，从而生产适销对路的产品和制定高效的营销策略。这里又用到了数据库营销。

从客户关系营销的理论到一对一营销理论，再到数据库营销，都是关系营销理论深入发展而产生的分支理论，其实质还是关系营销，都是通过加强对顾客的长期关系管理，为企业赢得关系优势，从而赢得竞争优势。

从本章第一节我们已经了解到，"企业俱乐部营销是一种关系营销策略"的结论得到了学者们的认可。但是学者们对关系营销的视角并非完全一致。到目前为止，关系营销还没有一个被普遍接受的定义。但是不可否认，其中存在一些

[①] 会员组织：营销初衷下的品质期待. 中国新闻周刊. 2006-1-23。

共同点和共同的核心要素,那就是:都认为关系营销是建立和发展长期关系,通过长期关系优化关系方之间的交换。从顾客关系营销的狭隘思想理论到企业利益相关者的关系营销理论的发展,虽然关系营销的对象扩展了,但是它们都没有偏离顾客为中心的营销理论,顾客还是市场关系营销的核心,而企业俱乐部营销正好吻合了关系营销中的顾客核心论。

理论界对关系营销的理解的多样性,反映出了关系营销这一概念有着极为丰富的内涵,包容性大。总体上存在五种理解:(1)保持顾客(Customer retention),(2)锁住顾客(Locking in the customer),(3)数据库营销(Database marketing),(4)承诺与信任理论(The commitment trust theory),(5)关系、网络与互动理论(Relationships, Networks and interaction)(庄贵军,2002)。对于企业俱乐部营销来说,它的关系营销目标在于顾客,更倾向于前三种理解的应用。

(一)俱乐部肩负拓展客户的使命——顾客吸引

企业俱乐部作为基本的参照人群,表现出极大的威力。在俱乐部这样一个团体中,顾客与顾客之间可以非常方便地传播产品的消息,产品成为人际交流过程的一部分,当公司产品能够以某种方式融入到人际交流的过程中去时,被接受的可能就增大。如同传播学上的意见领袖,企业俱乐部中也存在着焦点顾客,即消费者中对该品牌的忠诚度最高的那一部分,他们在企业俱乐部中起到中坚的作用,他们本身所具备的某种精神是品牌内涵的最完美体现。由于焦点顾客往往在消费者中形成一种"灯塔"效用,许多潜在消费者正是受到这种"灯塔"的指引,才可能接触和使用该品牌。在营销界有个"二五零定律",即一个一般的消费者的交际圈内亲戚好友平均为250人。而满意的顾客肯定会将企业品牌和产品推荐给其周围的许许多多的朋友,带来大量新的顾客。一个俱乐部会员的"灯塔"可以带动一批俱乐部会员,俱乐部会员又能利用"二五零定律"将企业的客户扩展成为一张巨大的网,如同原子弹爆炸,迅速向周围扩展。

(二)俱乐部是培养忠诚度的堡垒——顾客保持

可以从两个方面来分析,一是社会认同论(Social Identity Theory),是Tajfel于20世纪80年代创立的。该社会认同论认为,个体通过社会分类,对自己的群体产生认同,并产生内群体偏好和外群体偏见。个体通过实现或维持积极的社会认同来提高自尊,积极的自尊来源于内群体与相关的外群体的有利比较。一旦个人成为某个社团组织的成员,他通常情况下都会对社团产生积极的认同,认为自己的群体比其他群体好,同时认可社团的整体价值观。企业俱乐部在竞争对手前建立了一堵结实的高墙。一旦消费者形成了固定的对其向往的品牌的认同,就会产生比一般人更牢固的品牌忠诚,对不认同的品牌也会产生某种厌恶感。例如，苹果公司早期生产的 Macintosh 品牌计算机，由于刚开始时为众多消费者所喜爱，由此形成了一个坚强而牢固的 Macintosh"企业俱乐部营销"，以至于后来 IBM 推出的 PC 机遭到了这些"俱乐部"成员的强烈抵制，因为他们就认同 Macintosh 的价值观。通用汽车公司的 saturn 分部一直在车主中间推广社团感，在发布的广告中，表现了车主与他们爱车之间的那种特殊关系。这种特殊关系使得竞争对手休想分一杯羹。

二是交易成本理论。企业俱乐部营销对交易成本的影响可以从以下两个方面考虑。(1)可以减少"事前交易成本"。俱乐部创造的信息沟通渠道，打造的企业与客户之间的个人关系有助于节约事前交易成本。建立一个俱乐部营销关系网并且在这个既定的网络内进行日常交易，企业营销目标非常明确，必然有助于减少科斯(Coase,1937)所说的"发现价格的成本"。(2)俱乐部营销对事后交易成本的影响。事后交易成本是威廉姆森(Williamson,1975)提出的，主要由"可能被剥削的"准租金"和"为促进或保证契约的有效实施而发生的防范成本"两部分构成。他指出，"当经济主体投资于一项资产，而这项资产在初始用途以外的回报很低时，互补性资产的所有者(指交易的另一方)就会具有一种机会主义倾向，即通过威胁收回他们自己的投入来榨取'准租金'"。为了降低"准租金"被剥削的风险，专用性资产的投入者可能会采取一定的措施保证契约的有效实施，由此也会产生一定的交易成本。事实上，俱乐部营销可以被看作是一个防止"机会主义"倾向的机制，它通过提高服务质量、加强顾客关系管理等努力来增加顾客的转换成本，形成双边锁定，从而提高顾客的保持率。虽然客户对于企业来说，不存在因资产专用性而使得准租金被剥削的可能性，但是为了锁定顾客，提高顾客的转换成本，俱乐部营销推行会员制，消费者通过交纳入会费或购买一定数量的产品才能成为俱乐部的会员，享受俱乐部的服务以及附加的优惠购买条件。这与直接给消费者折扣对消费者的消费心理的影响是不同的，前者对消费者更具有激励作用，形成对顾客的锁定效应。

下面我们通过图来分析俱乐部会员制的这种锁定效应。图 10.2.1(a)为实行俱乐部营销会员计划的消费曲线与普通的消费曲线的比较，图 10.2.1(b)是单纯采取向顾客让利的消费曲线与普通消费曲线的比较。在图 10.2.1(a)中 OA 为普通消费曲线，BC 为俱乐部会员计划的消费曲线，OC 为俱乐部会员计划的入会费。当企业采取俱乐部会员营销计划时，收取一定的入会费 OC，并给会员一定的购买优惠，使消费曲线起点变为 C，消费曲线斜率变小，两条消费曲线相交于 D 点，D 点对应的消费数量 E 以下，俱乐部营销的会员购买相同数量的产品付出的价格要比普通消费者高，会员会觉得不合算。在俱乐部的会员消费数量超过 E 时，付出的价格要低于普通消费者，而且消费得越多，获得的收益越大，会员会得到经济利益带来的满足。在D点,俱乐部营销与非俱乐部营销消费者消费相同数量的商品花费的金额相同,会员会感觉不赔不赚,达到一种心理平衡。D点可以称为心理平衡点。根据人类行为动机理论,作为会员的消费者为了追求这种心理平衡,会尽力消费到高于心理平衡点D对应的消费量E,以达到心理的满足。在图10.2.1(b)中OA为普通消费曲线,OB为打折以后的消费曲线。虽然打折后消费者也是消费越多,节省的支出越多,但因为没有付出,就不会产生心理平衡点,也就不会产生消费者的自激励作用。

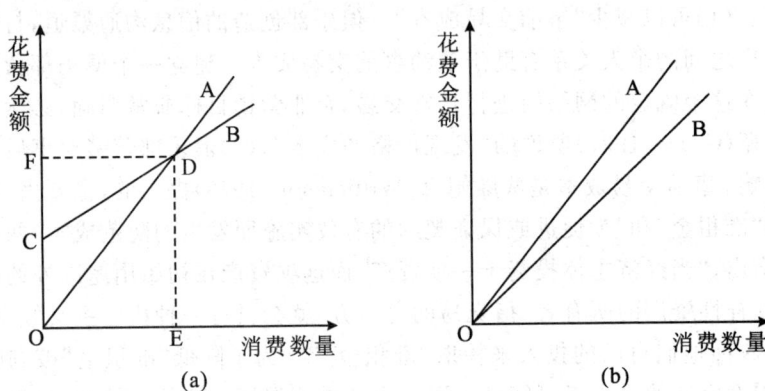

图 10.2.1 企业俱乐部营销模式对消费者心理影响

资料来源:李剑锋(2002)。

(三) 企业俱乐部促进企业产品或服务不断改善——改进

俱乐部营销以会员为中心,会员数据库中储存了会员的相关数据资料,企业通过与会员互动式的沟通和交流,可以发掘出客户的意见和建议,根据客户的要求改进设计,根据会员的需求提供特定的产品和服务,具有很强的针对性和实效性,可以更大地满足客户的需求。通常,企业俱乐部会员出于对企业品牌的热爱,比一般消费者更加关注企业的发展,并提出极具价值的意见,维护企业沿着正确的航向行驶。

例如:Oiliy,一家荷兰服装厂,它销售鲜艳有趣的儿童服装,它的名流崇拜俱乐部拥有来自全球约4万的儿童和少年,除了接收生日卡和业务通讯外,这些孩子还接收公司对他们信件的回执,公司平均每天要收到200多封信。Oiliy还从它的俱乐部成员那里获得建议。一个小女孩来信写道:她喜欢鲜艳的服装,但是她的老式眼镜与服装根本不搭配。作为回应,Oiliy开发了一条加工鲜艳眼镜框的生产线①。

俱乐部成员的意见往往表明企业的产品或服务有缺陷或服务方式应当改进,这正是产品和服务创新的佳机。反之,当俱乐部成员的意见得到重视时,成员会感觉企业对自身的尊重,从而会用购买行为支持企业的继续发展。

(四)企业俱乐部营销成功的技术保障——会员数据库

拥有会员数据库或许不再是一项竞争优势,但是没有会员数据库却绝对是一项竞争劣势。企业俱乐部营销的目的在于培养客户的忠诚,留住每一位客户,以带来后续购买行为,实现该目的的关键是千方百计地提高客户的满意度。要提高顾客的满意度,就必须了解和掌握客户需求信息,以制定更有效的、有针对性的营销策略及开展有效的营销活动。更详尽的内容见第三章。

二、俱乐部会员消费价值分析

市场营销是以顾客为中心。顾客资源已经成为稀缺资源。探讨企业俱乐部营销的可行性要从企业的角度出发,更应该从顾客角度出发。诸多个案(哈雷拥有者俱乐部、万科的万客会等)表明,企业俱乐部营销模式对企业的稳步发展起到了重要的作用。创建企业俱乐部已经成为许多公司维系企业与顾客关系、提升品牌资产的主要策略。并非所有的企业俱乐部都经营良好,如泰国正大超市竹业会员店改为"易初莲花"大卖场、沃尔玛长春和昆明的山姆会员店改为购物广场,而以会员制起家的美国零售巨头普利斯马特在中国市场上非会员店数量几乎是会员店的两倍②。这当然事关会员制经营者的管理不善,但换位思考一下,为什么会没有顾客?顾客为什么要加入这些俱乐部?顾客能从俱乐部中获得什么利益?或者说,基于俱乐部会员消费价值是什么?这一问题需要从理论的层面来解答。

1980年代初,德鲁克指出,营销的真正意义在于对顾客来说,什么是有价值的③;格朗鲁斯也提出,价值是关系营销的起点和结果。学术界对消费价值进行了卓有成效的研究,提出了关于消费价值组成部分的若干观点。例如,菲利普·科特勒在分析顾客价值时,也把总顾客价值分为人员价值、形象价值、产品价值和服务价值;希斯、纽曼和格罗斯(Sheth,Newman & Gross)认为产品为顾客提供了五种价值,即功能价值、社会价值、情感价值、认识价值和情境价值;伯恩(Burn)认为顾客价值包含以下四种价值形式:价值—产品价值(Value-product

---

① 万婧.品牌社区的力量.市场观察,2005(2):84~86。
② 周益广.会员制大跃进——中国普马陷入扩张泥潭.第一财经日报.2006-4-18。
③ 李扣庆.试论顾客价值与顾客价值优势.上海财经大学学报,2001,3(3):16~25。

Value)、使用价值、拥有价值以及顾客在评价过程中形成的总的评价价值;品牌研究专家 Aaker 认为消费价值包括功能利益价值、情感利益价值和自我表达价值[①]。当然,这里研究的是基于企业俱乐部的消费价值,因此研究价值不一样,不能直接照搬上述观点。国内有些学者提出了俱乐部功能的观点。例如,王金池指出俱乐部具有社交、娱乐、心理、力量等四种功能(王金池,1999);贾昌荣认为俱乐部具有社交、沟通、服务、心理、促销、凝聚等六种功能(贾昌荣,2005)。可以看出,这两观点都是以俱乐部为基点,却没有从顾客的视角考虑价值,或者将两者的价值混在了一起。

尽管各位学者的观点在表述或角度上有所不同,但有一点是得到一致认识的,即企业应该站在顾客的角度看待顾客价值。从本质上来看,这些价值的类型无非涉及两个问题:一个是价值性质问题,即价值是物质层面的还是精神层面的,物质性价值与提供物本身有关,而精神性价值与提供物所产生的影响有关。例如,功能性价值属于物质层面的价值,而体验性和象征性价值属于精神层面的价值;另一个是价值方向问题,即价值是内敛型的还是外显型的。内敛型价值是针对个体内心感受而言,而外显型价值是针对个体外在的感受而言。例如,体验性价值属于内在价值,而象征性价值属于外显价值。同时可以看到,这些消费价值的类型大多由价值性质和价值方向两个维度组合而成,如体验性价值属于内在的精神层面的价值,而象征性价值属于外显的精神层面的价值。具体到俱乐部则体现如下:

(1) 内在的物质价值,称为服务价值。此处的服务通常是非会员顾客享受不到的,主要包括信息价值和附加价值。从信息经济学角度来看,人们获得信息是需要搜寻成本的。在信息时代存在一个悖论,即一边是纷乱繁杂的信息爆炸,一边是有用信息的相对贫瘠。帮助顾客降低信息搜寻成本(如最新产品和促销信息的及时提供)将是信息经济时代的一大价值体现。另外,服务经济的到来使得各大企业大打"服务牌",推出各种个性化的附加的增值服务(如免费送货上门、咨询服务等)。这些服务为会员的购买和消费提供了很大便利。

(2) 外在的物质价值,称为财务价值。指的是成为会员后,顾客可以从中获得的财务利益,如购物时可以享受一定折扣等。价廉物美永远是广大顾客购物的基本准则,所以通过积分计划为会员提供各种打折和优惠已成为当前经营俱乐部最常采用的策略,也几乎成了会员制经营的代名词。不过,财务价值只能造就顾客的行为忠诚,并非情感忠诚,由此而形成的顾客忠诚也是不稳固的。一旦竞争者给予会员更低的价格折扣,那么企业就将陷入变相的"价格战"当中。因此,

---

① 叶志桂.西方顾客价值研究理论综述.北京工商大学学报(社会科学版),2004,19(4):11～15。

财务价值必须配以其他的消费价值才能发挥更大的作用。

（3）内在的精神价值，称为社交价值。指的是会员通过与其他会员沟通而获得的交往的愉悦，以及由此形成的归属感。人是社会的人，脱离社会交往的人其身心是不健全的。有调查表明，当代中国城市居民中，有交往愿望的占40.2%，很愿意交往的占33.5%，两者相加达73.7%。另一方面，无论是工作领域还是生活领域，城市社区中人际互动的情感色彩都有淡化的趋势，这直接引发或强化了人们内心孤独的心态。据北京市的一项民意调查显示，近80%的市民长期或不同时期有过较强烈的孤独感和社会隔离感（王金池，1999）。

（4）外在的精神价值，称为形象价值。指的是一个会员身份为顾客带来的社会地位和声誉，从而获得的尊重感。顾客在选择俱乐部的时候，会以其能否帮助实现"理想自我"或"理想社会自我"作为依据。据 Deloitte & Touche 接受美国直销营销协会的委托所做的一项调查表明，在执行"会员制"营销方案的零售商店，顾客加入成为会员决不仅仅是为了赢得消费积分和免费物品，他们更多的是希望被"认可"和受到"特别对待"[①]。

以上四种俱乐部会员的消费价值经过相关学者的证实是存在的（周志民，2005；何远梅，刘学谦2006）。根据这个俱乐部消费价值框架，企业俱乐部经营者可以以此为依据，设计一些活动或俱乐部功能来满足俱乐部会员的不同价值功能的需求，可以对四种消费价值进行排序，分出轻重缓急；还可以将多种功能整合在一起，以此设计出一个全方位的俱乐部价值组合，由俱乐部成员自行选择。该价值组合中应当包括四种价值主导的方案。

三、企业俱乐部营销的顾客忠诚驱动模型

（一）模型构建

影响顾客忠诚的因素有很多，主要集中于以下几点：服务质量、顾客满意、转移成本以及让渡价值（方正峰，刘云华，2003；董欢喜，董满春，2006）。营销大师菲利普·科特勒以顾客让渡价值来表示客户感知的价值，认为顾客让渡价值是指总顾客价值与总顾客成本之差。总顾客价值就是顾客期望从某一特定产品或服务中获取的利益，包括产品价值、服务价值、人员价值和形象价值等；顾客总成本是指顾客为购买某一产品所付出的代价，包括货币成本、时间成本、精力成本和体力成本等。William D. Neeel 认为顾客忠诚是由价值驱动的，而非满意驱动，顾客满意只是该品牌的产品进入顾客下次购买的备选集合而已，但不能保证顾客

---

① 普尔斯马特：异化的会员制为何步履蹒跚. 转引自：http://www.em—cn.com/Article/200702/137337—2.html.

的重购(William D. Neeel,1999)。顾客价值论认为每一个顾客都会评价产品的价值结构,顾客在购买产品时根据自认为重要的价值因素如产品的品质、价格、服务、公司的形象,对顾客的受尊重等因素进行评估,然后从价值高的产品中选择购买对象,因此要使顾客忠诚必须为顾客提供满足他们需要的价值。Bradley T. Gale 主要从认知质量和成本这两个视角来分析顾客价值,既然顾客满意不能保证顾客忠诚,那么如何使顾客愉悦直至忠诚呢? 他认为顾客价值才是完全满足顾客需要的方法,并从相对质量和相对价值这两个因素来计算顾客价值,认为只有那些质量/价格比高的产品才会促使顾客满意乃至愉悦,最终导致顾客忠诚(Bradley T. Gale,1994)。

所以顾客价值是顾客忠诚的最终驱动因素,是顾客忠诚的内在原因,因为顾客在有限的产品知识、有限的搜索成本下追求价值最大化,企业只有提供超越顾客期望的价值,也就是说不仅满足了顾客的基本期望,也满足了顾客的潜在期望,顾客才会感到愉悦,顾客才会忠诚。顾客满意理论和顾客价值理论实际上是一致的,只是前者指顾客购买后评价的感觉,而后者指顾客购买前的评价,而服务质量只是顾客价值中的一种服务价值体现而已。基于以上分析,认为企业俱乐部事前提供的,让顾客感觉到的顾客让渡价值期待、事后顾客满意态度以及俱乐部特有的锁定效应共同构建了企业俱乐部忠诚营销的驱动关键。图10.2.2 所示的是企业俱乐部忠诚营销驱动模型。

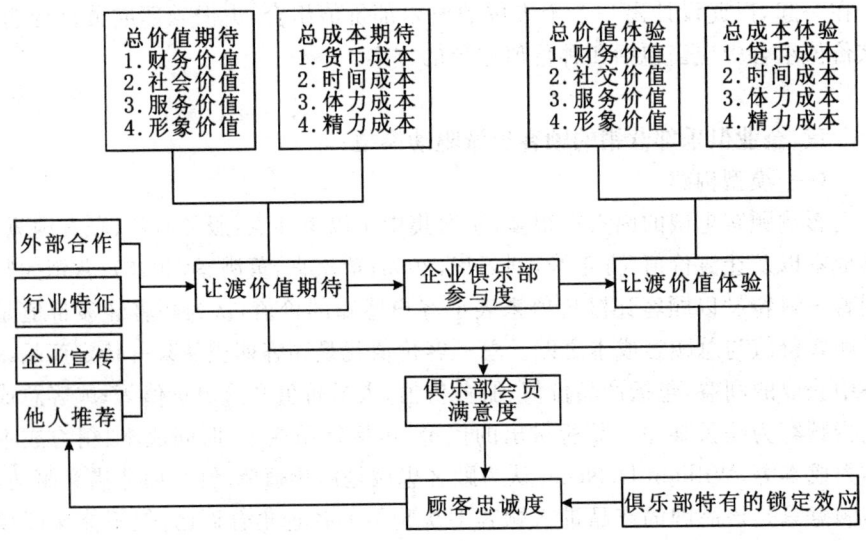

图10.2.2　企业俱乐部忠诚营销驱动模型

(二)模型分析

企业俱乐部营销忠诚形成激励模型是一个逻辑性流程模型,描述了俱乐部顾客忠诚形成与发展过程。整个模型围绕着三个问题和三个理论来构建。三个问题是:顾客为什么会加入俱乐部?顾客加入俱乐部后对俱乐部/企业产品态度如何形成?顾客如何促进俱乐部的长期发展?第一个问题与顾客让渡价值有关,第二问题与顾客满意度理论有关,第三个问题与顾客忠诚度理论有关。以下是对该模型几个关键点的解释。

1. 让渡价值

顾客之所以愿意参加企业俱乐部成为会员,是因为他们期待企业俱乐部能为他们带来一定的让渡价值。这些让渡价值是非会员无法享受到的,因此是企业俱乐部的吸引力之所在。

关于企业俱乐部所带来的价值,有两个重要的问题需要进一步分析:

(1)让渡价值构成。企业俱乐部带来的总利益从价值性质和价值方向两个层面上可以分为四种价值:财务利益、社交利益、服务利益、形象利益,而俱乐部会员的消费总成本则包括货币成本、时间成本、体力成本、精力成本。企业俱乐部是否有吸引力就取决于企业俱乐部总利益与总成本的对比,每位顾客在加入企业俱乐部之前都或多或少会在心里对此进行衡量。需要指出的是,此处的总利益和总成本只是顾客参与企业俱乐部之前的心理认知和期望,不是参与之后的实际感受。

(2)让渡价值途径。至少有四个途径影响了顾客对企业俱乐部让渡价值的期望值:①外部合作。由于时空的限制,企业所能控制的资源有限,仅仅依靠企业的内部资源来为俱乐部会员提供利益是十分有限的,寻找外部合作,可以节省企业资源,大幅度提升会员消费价值,是体现会员个性化服务和尊贵身份的有效途径(例如机场移动 VIP 专用快速通道),并且无形中拓宽了企业的销售和宣传渠道,有利于提升企业知名度;②行业特性。顾客会对不同行业的企业俱乐部产生不同的利益期待和成本估计。例如,高尔夫球会的会员希望能有一个与社会精英阶层交流的平台,当然这需要支付一大笔费用;零售店的会员希望能享受更多的折扣和及时获得新产品信息,但同时也可能受到很多垃圾邮件的干扰;书友会的会员希望书城能提供更多的新书信息和开设更多知识讲座,但价值不大的讲座又会耽误许多时间等。③企业宣传。企业常常印制一些精美的小册子、宣传单或者制作一个精美的网站,介绍会员权利和义务,如积分规则、交流活动等。这些宣传是影响顾客价值期望形成的关键来源。④他人推荐。这是一些偶然性的非商业来源,如顾客可能会受到朋友或媒体对某品牌评价的影响,之后会对该企业俱乐部形成一种先入为主的看法。这些看法与企业宣传一致时,将极大地巩固顾客对价值的期望；而与企业宣传不一致时，则会大大降低顾客对价值的期望，甚至使之决定不参加该企业俱乐部。所以，在顾客看来，企业宣传与他人推荐之间有一个对比的过程。

2. 顾客满意度

顾客加入俱乐部，能否继续配合与支持企业的发展，取决于顾客对让渡价值的满意度。吸引顾客加入只是企业俱乐部经营的开始，使其规模不断扩大且长期经营下去才是企业运作俱乐部的目的，而必要前提是让这些已成为会员的顾客感到满意。根据 Oliver 的"期望—实绩"顾客满意理论模型（Richard l. Oliver，1980），会员对企业俱乐部的满意度由价值的体验值与期望值的对比程度决定，所对比的具体内容包括决定企业俱乐部让渡价值的四种利益和四种成本。显然，顾客满意的条件是体验值高于期望值。体验值的形成来源于顾客在日常购买、消费和会员活动中对企业俱乐部这种形式的体验，从而产生对四种利益和四种成本的评价。相对于期望值而言，体验值的形成是长期的结果，是从顾客角度对企业俱乐部经营状况的一个反映，因此对满意度的影响更大。

3. 俱乐部锁定效应

相对其他的一些营销计划，俱乐部忠诚营销具备特有的顾客锁定效应，有效地促进了顾客忠诚。这种锁定效应既有财务成本上的锁定效应，更有心理成本的锁定效应，这里所谓的心理成本包括前面分析过的通过会费、积分、打折、返礼达到的消费心理激励作用，还包括会员对俱乐部的一种社会认同感和社团情结。通常人生活在这个社会上需要有组织的依赖感。一旦个人成为某个社团组织的成员，他通常情况下都会对社团产生积极的认同，认为自己的群体比其他群体好，同时认可社团的整体价值观（Stets and Burke，2000）。企业俱乐部在竞争对手前建立了一堵结实的高墙。一旦消费者形成了固定的对其向往的品牌的认同，就会产生比一般人更牢固的品牌忠诚，对不认同的品牌也会产生某种厌恶感。

4. 顾客忠诚度

要让顾客会员一直配合俱乐部计划和活动，支持企业俱乐部的发展，首先必须提高顾客对企业俱乐部的满意度。因为顾客满意度是顾客忠诚度的必要条件，只有满意的顾客才会对企业忠诚。从一定意义上讲，满意度是一种手段和途径，真正的目的是使会员对企业俱乐部产生忠诚。忠诚才能确保企业俱乐部中的会员对企业产生稳固的和更大的贡献。结合 Griffin 提出的顾客忠诚的行为表现可知，企业俱乐部会员的忠诚体现在以下方面：持续购买该企业的产品、经常参加会员活动、推荐亲友参加企业俱乐部、不加入竞争企业的企业俱乐部、能对企业的发展提出合理化建议等。这些具体的忠诚行为为企业俱乐部的忠诚度培养提出了努力的方向。其中，向亲友推荐是促进企业俱乐部发展的重要因素。在许多企业俱乐部的壮大过程中,口碑推荐都起到了积极的作用。口碑推荐又形成了下一位准会员对企业俱乐部的价值期望。

第三节 企业俱乐部营销运作与管理 4C 模型

企业俱乐部的运作与管理同企业的运作与管理相似,需要考虑的因素很多:一个详细的计划、专心的投入并且严格的执行。直接参与的人和支持它的人如高层管理者,都可能为企业俱乐部运作管理全力以赴。近几年企业俱乐部营销已成一种关系营销的范式,但遗憾的是,企业俱乐部营销并不是人们想象中的那样拿来就能为公司带来效益,大多数企业俱乐部营销并没有产生应有的效益。原因就是,人们对于这种新的营销范式的认识还处于一种盲目的狂热状态。当企业俱乐部如雨后春笋般大量出现时,很多公司因没有自己的俱乐部而备感压力,同时因特网的出现,使得留住顾客的压力进一步增大,公司确实需要企业俱乐部营销这种范式。

企业俱乐部运作与管理总体上需要考虑到四个方面的内容(4C):顾客服务中心(Customer Service Center)构建、核心利益(Core-Benefit Integrating)整合、市场沟通(Communication)平台搭建、顾客服务定制化(Customization),而这四个方面的内容通过更为详细的展开讨论,就构成了企业俱乐部运作与管理过程中主要流程——企业俱乐部运作与管理的八大流程。

在公司决定开展企业俱乐部营销、组建企业俱乐部之前,需要评估企业产品/服务销售是否适合俱乐部这种模式,如果合适,接下来的问题就是部门的组建、俱乐部章程的制定、会籍的规划、忠诚价值利益的提供、会籍的推广、沟通平台的搭建以及个性化服务等方面的内容。图 10.3.1 展示了企业俱乐部营销运作与管理的 4C 模型和八大流程。本节就主要围绕 4C 理论和八大流程进行详尽讨论。

一、顾客服务中心(Customer Service Center)构建

(一)企业俱乐部营销适用性评估

企业俱乐部营销有很好的发展前景,因为营销趋势的发展以及俱乐部营销有着很多优点,同时还因为企业里已经有很多孤立的活动存在,这些已经存在的与客户的接触为企业俱乐部的成立奠定了极好的基础。企业提供的现有的和传统的服务可以被成功地整合到俱乐部的营销工作之中,俱乐部为这些分散的活动提供适合的组织框架。

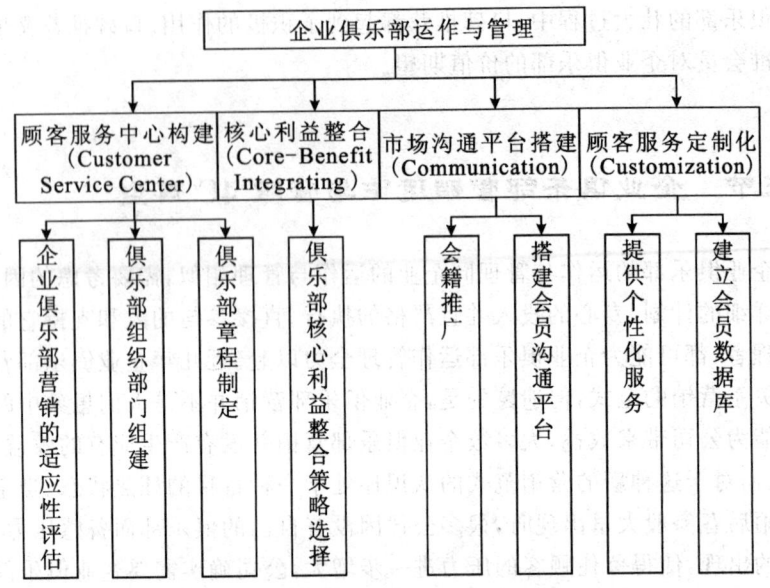

图 10.3.1　企业俱乐部营销运作与管理的 4C 模型与八大流程

但是,好的不一定适合,适合才是最好的,开展俱乐部营销也是如此。尽管企业俱乐部营销有很多优势,但在不适宜或不具备条件的情况下,也不会收到良好的营销效果的。

首先,企业俱乐部成立运营是需要一定成本的,企业必须衡量俱乐部运营的成本与俱乐部所能给企业带来的效益,只有在效益大于成本的时候,俱乐部营销才能发挥其关系营销的良好效应。

其次,俱乐部营销的生存行业需具备以下特征:产品具有重复购买的可能性或者企业提供的是系列产品,例如海尔家电产品,虽不具备重复消费的可能性,但是海尔提供的系列产品可以供顾客多次消费"海尔";产品或服务需要深度开发,如汽车消费和保险业;目标客户相对确定,且比较容易锁定[1]。

根据以上这些条件,下面几个行业适宜采用企业俱乐部营销模式:

(1) 制造业中的那些提供系列产品的企业。例如"海尔俱乐部"、"联想俱乐部"。他们共同的特点是产品成系列,同一个产品的重复消费性不高,但是同一顾客可以在一定时期内同时消费"海尔"或"联想"的其他产品。

(2) 企业是信息方案提供商。这类企业产品的主要特征是技术性高,且技术更新换代迅速,对售后服务和使用咨询要求较高,例如华为的 CIO 俱乐部。

---

[1] 邹兆莎,宋乐,童东风.企业俱乐部营销模式研究.市场周刊理论研究,2006(10):60～62.

(3) 日用消费品行业。以酒、茶产品为代表,如"张裕:酒庄俱乐部""茶文化沙龙"等。

(4) 房地产行业。如"万科会""红豆缘俱乐部"等。

(5) 汽车行业。如上海大众汽车俱乐部。

(6) 出版传媒行业。如各类读者俱乐部等。

(7) 化妆品、保健品等消费品行业。如大印象减肥俱乐部。

(8) 保险、休闲等众多服务行业。如海尔纽约人寿 VIP 客户俱乐、中国人寿 VIP 客户俱乐部等。

(二)俱乐部组织部门组建

在实施俱乐部营销过程中,如何将俱乐部整合到企业的组织结构中去,是一个很值得企业探讨的问题。一般来说,有以下几个方案可供选择:专门成立俱乐部管理公司,全方位负责俱乐部的管理和运作;将俱乐部营销计划整合到企业现有的一个部门中去,例如市场营销部;或者将俱乐部管理整体外包给相关专业管理公司。不管是哪种方案,企业俱乐部都是作为一个相对独立完整的职能部门存在的。实际上,企业俱乐部营销的实施是一个复杂的系统工程,涉及几个不同的利益团体,如,俱乐部营销管理者、外部合作者、财务合作者以及会员。每一个团体都需要得到不同的信息、任务及沟通的类型等。为了保证企业俱乐部的平稳运行,必须建立专门的组织部门来负责执行实施,投入包括正确数量的人力、财力、技术和时间等方面的资源。这样的组织机构通常称为顾客服务中心(Customer Service Center,CSC),如图 10.3.2 所示。顾客服务中心通常设有会员事务管理工作部、会员系统工作部、运营工作部、会员活动部等部门。

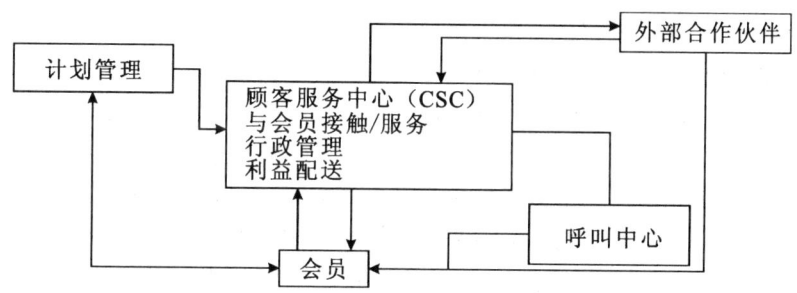

图 10.3.2 企业俱乐部顾客服务中心结构示意图

资料来源:斯蒂芬·A.巴斯彻著.俱乐部运营(第二版).孙路弘,陈叙译.北京:电子工业出版社,2005.120.

(三)俱乐部章程制定

1. 俱乐部章程制定

所有俱乐部都有俱乐部章程,这是由俱乐部产品本身性质所决定的。经济学家根据产品的两大特征——消费的排他性(exclusive)和竞争性(rival)来界定产品的性质。与此相对的是消费的非排他性和非竞争性。根据产品是否具有非竞争性和非排他性两种特性,经济学对产品做了如表10.3.1所示的分类。

表 10.3.1　经济学对产品的分类

竞争性 \ 排他性	有	无
有	1. 私人产品	3. 公共资源
无	2. 俱乐部产品	4. 纯公共产品

资料来源:黄恒学.公共经济学.北京:北京大学出版社,2003.62.

第2、3类是准公共产品(quasi—pubicl goods),即不是纯粹的公共产品,它们或者是在消费上具有非竞争性,但却可以轻易排他的俱乐部产品(club goods),或者是在消费上具有竞争性,但却无法有效排他的公共资源(common resources)。准公共产品是指具备非排他性和非竞争性两个特点中的一个,另一个不具备或不完全具备,或者虽然两个特点都不完全具备但却具有较大的外部收益的产品。准公共产品一般具有"拥挤性"(congestion)的特点,即当消费者的数目增加到某一个值后,就会出现"边际成本"为正的情况,而不是像纯公共产品,增加一个人的消费,边际成本为零。准公共产品到达"拥挤点"后,每增加一个人,将减少原有消费者的效用。

从内部来看,俱乐部产品的非竞争性要求有合理规章制度。单个会员对俱乐部产品的消费不会影响或减少其他会员对同一物品的消费。因为单个消费者对公共物品的消费同时意味着其他所有人的相同的消费,所以俱乐部产品更接近于公共物品。但区别在于,俱乐部产品的消费是有限的,只限于全体会员。问题在于加入俱乐部的会员同样有机会主义行为倾向。如果加入俱乐部给会员带来很多利益的话,可能造成加入俱乐部会员的需求大大增加;若会员入会不从制度上加以规范,在入会条件上严格把关,会员数很快会达到"拥挤点",产生拥挤矛盾。这使得俱乐部产品的非竞争性无形中消失了,俱乐部排他性的功能也大大减弱了,使得企业俱乐部的营销效果并不像想象中的那么理想。所以,企业俱乐部营销同样需要建立一套规范的会员管理和俱乐部管理制度,以保证俱乐部营销行之有效。

由此看来,俱乐部章程是开展俱乐部营销的保证,它代表着俱乐部制度化管理。从表面上看,章程是俱乐部内部对经营者和会员的一种约束,实际上它又是一种合同。尽管没有使用"合同"的字眼,但它规定了俱乐部经营者和会员双方的权利和义务。俱乐部章程制订得尽量细致,以减少在俱乐部运作中产生不必要的纠纷,破坏企业与会员的关系。制定严格的规章制度会把顾客吓跑的担心是不必要的,只要平衡好会员的权利与义务之间的关系,在要求会员遵守俱乐部章程的同时,切实满足会员的需求,会员是可以接受的。另一方面,会员遵守俱乐部章程也是保证会员利益、使会员获得更好服务的前提条件。以北京最高档的京城俱乐部为例,尽管会员需要缴纳高额的入会费、月费和使用费,并且要遵守烦琐的俱乐部章程,但仍有很多商界成功人士加入,其原因是,会员享有的利益确实能够满足他们在商务、社交、餐饮、娱乐等方面高档次的需要,不仅如此,俱乐部还把超越会员的期望作为俱乐部经营的座右铭,经常给会员一些意外的惊喜。

俱乐部章程一般包括总则、会籍种类、会籍管理(包括入会条件、转会、退会、终生会籍的手续)、设施、服务、会费、会员守则、违约责任、适用法律等内容。虽然有的俱乐部章程很简单,好像这样的章程没有很大必要,但是从把俱乐部办好出发,建立一个完善的会员章程还是必要的,只不过内容不一定像上面一样面面俱到,不同的俱乐部要根据自己的实际情况制定合理的规章制度,作为俱乐部运作的法律依据和指导原则。

2. 会籍规划

(1)限制型与开放型

某种特定类型会员计划可能比另一种会员计划更容易达到既定的目标,这要取决于企业俱乐部忠诚营销所选择的目标客户群。会员计划是指俱乐部根据提供的产品范围的不同和服务的深度、广度不同,制订不同的价格,将会员分成不同的会籍区别对待的一种经营方式。大体上说,有两种不同的会员计划类型:限制型和开放型。限制型忠诚计划不是任何人都能加入的,为了成为会员,你必须经过正式的程序。这个过程可能包括交纳入会费或年费并填写申请表。在某些情况下,必须符合某些标准才能成为会员,例如每年购买一定量的产品、订阅某种杂志、使用某种软件或对客户关系有时间上的要求。企业通过设定这些入会条件,俱乐部的会员计划能很好地过滤掉那些不受欢迎的会员,保证那些加入俱乐部的会员都属于主要的目标客户群,确保了俱乐部会员在某些方面共同的价值观,并且认可企业的价值观,实现企业真正的忠诚顾客。

相比之下,开放型的会员忠诚计划则允许任何人加入,通常没有正式的申请过程。有时候,客户对企业的产品感情不是很强烈,因此公司不能为这个产品定制一个限制型的会员计划。在这种情况下,有入会条件限制的计划不能吸引足够多的会员,因为对一个不能带来相应回报的产品而言,进入壁垒抬高了。而开放型会员计划,则能建立起一个更为广泛的会员基础,它甚至不需要填写申请表,购买了产品就能直接成为会员。开放型会员计划能够引起很多顾客对企业和企业产品的注意,并且能够进行一些简单的对话,让他们接触企业品牌。

限制型和开放型都有各自的优势,如表10.3.2所示。企业俱乐部营销为的是忠诚营销,为的是为顾客塑造归属感和满足感,需要的是与顾客的深入沟通,需要的是俱乐部对会员持之以恒的关注。为了将精力放在主要的目标客户群上,限制财务投入并控制风险,以及通过更有效的沟通来提高效率,在大多数情况下,建议采用限制型会员计划,而且现实情况也是这样的。在德国进行的一项市场调研发现,在全部的俱乐部忠诚营销的计划中,只有26%是采用开放型,其余74%都是限制型会员计划[①],人们也似乎更乐意选择限制型忠诚计划,更愿意去接受有点"挑战"、有点"乐趣"的俱乐部,这种趋势越来越明显。

表 10.3.2 限制型和开放型会员计划各自的优势

限制型会员计划	开放型会员计划
• 会员费能帮助回收成本	• 可以接触更多的潜在顾客
• 入会的先决条件有助于将客户归入目标客户	• 数据库数据所能涉及的和获得的信息更广
• 入会条件的限制使会员资格更有价值	• 可以更容易地接触到潜在客户和竞争对手的客户
• 清晰地确定会员结构使沟通变得更有效	• 在对数据进行分析后,可以对客户群进一步细分并确定对细分客户的沟通方法
• 入会条件的限制条件有效控制了会员数量,降低了俱乐部经营成本	• 会员人数多有利于俱乐部达到临界状态,这使得俱乐部运营成本有优势
• 数据库中的信息都是那些对产品有较高兴趣会员的信息	
• 交纳会费提高了会员的期望,从而迫使俱乐部经营管理层不断提高它所提供的价值	

资料来源:斯蒂芬·A.巴斯彻著.俱乐部运营(第二版).孙路弘,陈叙译.北京:电子工业出版社,2005.50~51.

(2)形象价值——会员等级

俱乐部的消费价值里面有形象价值,其实从内部来看,不同的会员级别也能够体现会员的身份价值,体现会员的形象价值。制定会员等级制度是现代俱乐部管理大势,根据不同的会员等级,提供不同的会员服务,在市场细分的基础上,提供个性化服务,产生差别,刺激普通顾客成为会员,刺激会员增加消费,达到俱乐部营销的目的。企业俱乐部营销是从休闲娱乐性质的单纯的俱乐部企业发展起来的,在实际运作中可借鉴单纯的俱乐部企业的经营理念和运作方法。具体的俱乐部会员等级实例参见下面香港游艇俱乐部会员计划。

---

① 斯蒂芬·A.巴斯彻著.俱乐部运营(第二版).孙路弘,陈叙译.北京:电子工业出版社,2005.52.

案例 10.3.1

香港游艇俱乐部会员计划

香港皇家游艇俱乐部是香港历史最悠久和最负盛名的游艇俱乐部，也是世界上最大的游艇俱乐部。要成为游艇俱乐部的会员，其身份、地位都须经严格审查。会员主要包括：银行家、股票家等资产拥有者；企业拥有者；贸易公司、国际大商号等商务拥有者；政界、军界巨子和社会名流等。会员有名誉会员、公司会员（法人会员）、个人会员之分，除名誉会员外，公司和个人会员都须交会员费。

香港皇家游艇俱乐部也不例外，它采取会员制管理模式，会员必须对航行或者荡舟感兴趣，必须有航行和荡舟的相关经验，然后通过一个投票系统才能成为会员。俱乐部的许多服务及娱乐设施都是位于会员专属区，非会员不得进入和使用（除非你是会员的亲戚或朋友，俱乐部会员有权携带一位朋友）。下面就香港皇家游艇俱乐部的会员制作一简单介绍。

(1) 个人会员。如图 10.3.3 所示，个人会员包括五种形式：普通会员、高级会员、短期会员、青年会员以及青少年会员。

连续五年申请为普通会员的才有资格升级为高级会员，普通会员在第六年申请为会员时可申请升级为高级会员，同时也是俱乐部的永久会员。永久会员必须参加俱乐部所组织的各类游艇、划船、龙舟活动。如果第六年没有申请为高级会员，可以继续申请为普通会员，不过这时会员资格审查将会更加严格，同时，高级会员和普通会员在会员大会投票比例为 10∶1。

申请短期会员的条件为，在游艇驾驶方面有着特别的技能，能为俱乐部其他会员提供有价值的经验，会员有效期不超过两年。

年龄 8～18 岁可申请为青少年会员（父母亲不是俱乐部会员），18～29 岁的个人可申请为青年会员（父母亲不是俱乐部会员）。青少年会员无需年费，需要的是两个会员担保人以及按月交纳一定的费用，也没有携带朋友来玩的权利。

(2) 个人债券会员。

(3) 公司会员。公司或企业为组织的发展而申请为会员，允许公司职员进入俱乐部、租赁俱乐部的相关设施。

以上各类会员种类根据自身的实际情况，可申请不同类型的会员种类，它们大致可以分为夫妻会员、单身会员、青少年会员（父母为俱乐部会员，年龄 8～18 岁）和儿童会员（父母为俱乐部会员，年龄 5～12 岁）。

会员申请入会时需要交纳一定的入会费，以后按月交纳一定的会费。具体收费情况如表 10.3.3 所示。

(4) 名誉会员。名誉会员无需交纳入会费和月供，他们是政府官员或者各界名流。这样做为的是扩大俱乐部的影响力。

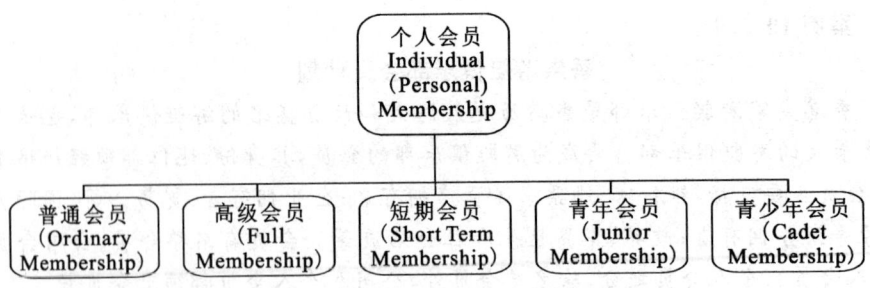

图 10.3.3　香港皇家游艇俱乐部个人会员类型

资料来源：邹统钎.中外俱乐部经营与管理经典案例.北京：旅游教育出版社，2006.261.

表 10.3.3　香港游艇俱乐部入会费

会员种类	入会费（美元）
普通夫妻会员	$60 000
短期夫妻会员	0
普通单身会员	$45 000
短期单身会员	0
会员的配偶入会	$15 000
青年会员	$1 620
青少年会员	0
个人债券会员	$240 000
公司会员	$600 000

普通会员		短期会员	
夫妻型	$965.00	夫妻型	$1 447.50
单身型	$755.00	单身型	$1 132.50
青少年型	$115.00	青少年型	$172.50
儿童型	0	儿童型	0
青年会员	$420.00	青少会员	$115.00
公司会员	$965.00	个人债券会员	$965.00

会员卡可以转让和转变性质，出让方需要交纳一定的转让和转变费$300 000，接纳方只需按月交纳月费。

俱乐部现有大约10 200名会员，其中3 700名活动会员（活动会员指退休后定居香港，可以随时参加活动的成员），65 000名缺席会员（缺席会员指曾经参加过游艇俱乐部，但当前已离开香港的会员，允许他们回香港度假或出差时参加俱乐部的活动）。

二、核心利益整合(Core-Benefit Integrating)策略选择

20世纪90年代被再三称为"价值时代",任何一个企业俱乐部营销模式的建立,最为重要的部分在于它向会员所提供的利益包,正如前面所分析的一样,顾客参加企业俱乐部是有其动机的,所以利益的设计是俱乐部营销的灵魂,也是决定俱乐部能否成功以及能否达到塑造客户忠诚这一目标的主要因素。由于企业俱乐部营销模式旨在建立起富有感情色彩的关系,因而找出正确的利益显得更加重要。俱乐部所提供的价值必须是有价值的,而且能够在客户和企业间建立感情上的联系,从而改变客户心目中的价值取向(也就是说,利益和价格的均衡)。

(一) 四种会员消费价值的合理组合

俱乐部消费价值的四种价值为俱乐部价值设计提供了框架。根据这些价值,俱乐部可以有针对性地设计一些利益来分别满足会员财物价值、形象价值、服务价值、社交价值。同时还可以根据不同的会员等级设计出不同会员价值提供体系,充分体现会员的形象价值。另外还可以为不同细分的会员设计不同的会员利益,有的会员可能注重物质享受,可以适当偏重财物价值的提供,而有的会员则偏爱形象价值或者社交价值等,这些最终体现出来的是会员细分与等级。

(二) 设计一个能最大限度地鼓励客户忠诚的奖励方案

财物价值是俱乐部最基础的部分,虽然财物价值不是导致最终忠诚的直接驱动力,但是它却是俱乐部成功经营的基础门槛。大多数的奖励方案只是间接地实现了这个目标,因为它们没有考虑客户的目前状况。在许多奖励方案中,参与者每花一元钱会得到同样数量的点数。如图10.3.4所示,例如:航空公司的"飞行购买"计划中,会员买得越多,她或他飞行的次数就会越多。航空公司常常采用这个方案的不同形式:经济舱的飞机票价每一英里或每一元1点,商务舱的是1.5点,而头等舱的是2点。诱饵就是以获得不同的奖励级别,以刺激顾客在此服务上花费足够的钱。有些奖励方案对购买者更透明,他们每增加一元会给予更多的奖励点数,这样对客户而言,下一次购买就愈来愈有价值了。在这三个区域(区域1、2、3)是为了平衡拥有太多不盈利客户的公司的成本与客户参与俱乐部的动机(克里斯廷,格罗鲁斯,2002)。

在区域1内,轻度购买者可以加入但将获得比较少的奖励。除非公司能为客户有效地提供跨区域销售的产品和服务,否则公司不希望他们加入俱乐部,因为数据的维护以及定期与太多这样的购买者进行沟通也很费成本;然而,也不要疏远他们,他们自己也许不认为自己是轻度或不重要的客户。2区的曲线是最陡峭的,它的目标就是激励中等客户继续购买并分配更多的金钱用于该产品采购。这些客户可能是最有利可图的一种,值得为他们服务,但也不是说他们就值得给予

数量折扣。而3区曲线比较平稳,这就表明公司应该限制给予超大量购买者的奖励。这些客户已经形成了价值取向,他们目前的购买表示吸引他们以后购买更多是很难的,除非公司增强其价值取向或者开发更为广泛的分销渠道。

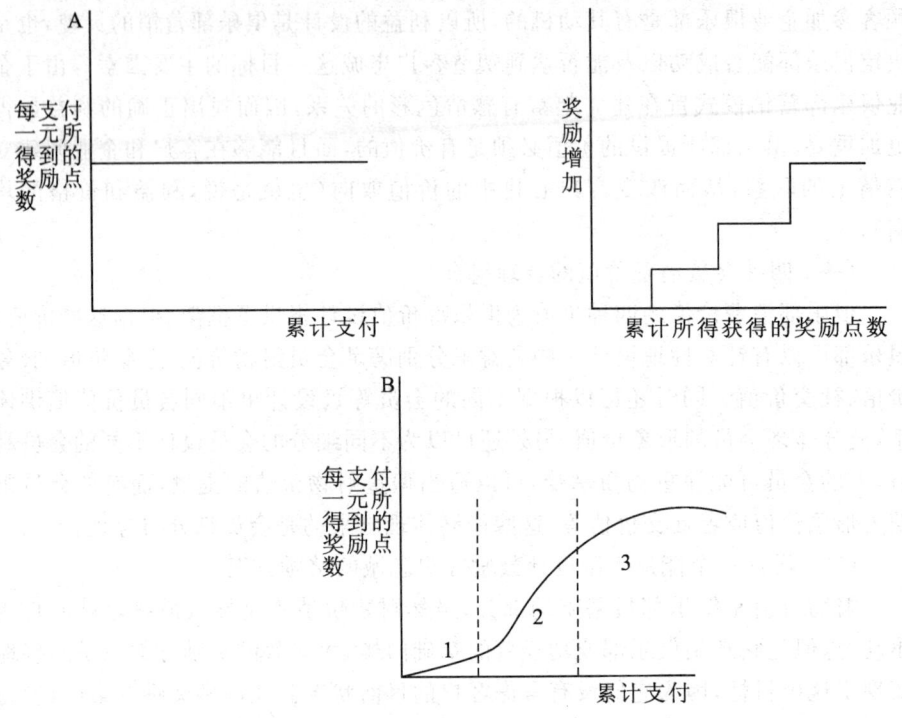

图10.3.4 俱乐部顾客忠诚奖励方案函数

资料来源:克里斯廷,格罗鲁斯(2002)。

(三)寻找外部合作,扩大会员利益

一个企业所能掌握的资源是有限的,而顾客的需求则是多方面的,选择外部合作则能在更多层面上满足顾客需求,同时顾客也能享受更多的俱乐部利益,使得顾客忠诚度更上一层楼。但是必须记住三点:选择合作者必须与发起公司的形象及俱乐部品质相匹配;不要让外部合作者的销售意图不断去打扰客户,不要允许外部合作者直接向会员提供他们的产品,所有的沟通和活动必须由俱乐部控制;选择合作企业方要考虑到顾客具有交叉性,要能最大限度提高顾客消费价值。

三、市场沟通平台(Communication)搭建

(一)会籍推广

会籍推广是企业俱乐部营销实施初期不可避免的,俱乐部因为会员而存在。

如何让企业目标顾客成为企业俱乐部的会员,甚至核心会员,如何扩大俱乐部在目标顾客中的影响力,使目标客户群成为企业忠诚顾客,都需要俱乐部制订详尽合理的会籍推广计划。市场推广的方法很多,不同的行业、不同的发展时期采用不同的推广方法。例如某杂志俱乐部的初期推广计划包括:展会推广——参加全国各行业大型展会,现场赠刊及征订活动;写字楼推广活动——北京、上海、广州的大型写字楼巡回赠刊活动;形象广告推广——与其他媒体合作举办商务类型的论坛,达到杂志俱乐部品牌宣传的效果;全国商务休闲会所赠刊推广;与主流及专业网站、非主流网站合作链接推广。除以上推广方式获得会员外,更多企业采用由消费者在消费产品(或服务)达到一定积累后自动转为俱乐部会员的方法,也有缴款入会的情况。

(二)搭建会员沟通平台

1. 建立独特的沟通平台

企业俱乐部营销的主要目标之一就是创造与会员的沟通机会,而且这种沟通必须是排他性的,也就是说,只有会员才能得到这种沟通。企业俱乐部营销之所以能够满足客户的社会归属心理需求,其中沟通起到决定性的作用。无论是个性化服务的提供,还是会员之间由于相同文化背景、社会地位、价值取向、兴趣爱好而产生归属感,都缺少不了沟通。会员沟通是其中的核心,沟通的方式通常有:电子邮件、邮寄、热线、业务通讯、俱乐部杂志、网页、会议/茶话会等。当然不是沟通越多越好,经验表明,过多的沟通(如每天或每周的沟通)会起到相反的作用,因为它们会使会员感到压力,让会员感到苦恼,特别是当这些联系或明或暗地隐含着销售意图时。理想的情况是通过采用不同类型的沟通,每年与会员联系6~12次[①]。

2. 重视开展俱乐部活动,充分发挥俱乐部的社交功能

俱乐部活动是俱乐部营销的灵魂和主要手段之一,社交和兴趣相投的娱乐活动、定期聚会与互相交流是俱乐部的灵魂,把俱乐部的活动办得丰富多彩,吸引会员积极参与俱乐部的活动,才能培养会员的归属感,体现俱乐部营销的社交价值,达到留住顾客的目的。在消费商品或享受服务时,经常收到商家赠送的各种打折卡、会员卡,甚至VIP卡,这种营销只是价格竞争的一种方式,算不上真正的俱乐部营销。有很多商业、服务业企业采用会员制,但因为他们没有组织会员活动,所以也不能算是真正的俱乐部营销。人们比较熟悉的普尔斯马特会员商店就是一个例子。它只是建立了一套会员资料,除了偶尔向会员寄送一些商品信

---

① 斯蒂芬·A.巴斯彻.俱乐部运营(第二版).孙路弘,陈叙译.北京:电子工业出版社,2005.104~111.

息和打折促销信息以外,并没有很好地使用会员的资料,组织有针对性的活动,这样的营销由于缺乏与顾客的交流,不能培养顾客的归属感,在各种超市激烈的价格竞争中,很难培养忠诚顾客。俱乐部营销不能只是以俱乐部的形式向会员推销商品,而应该把俱乐部办成企业宣传的一块阵地,传播企业的文化,用企业的价值观去影响消费者,组织俱乐部活动是达到这一目的的有效手段。以万科企业股份有限公司组建的企业俱乐部万客会为例,它们在2007年初期就举办了多场丰富多彩的会员活动,详细请见案例10.3.2。

案例 10.3.2

万客会丰富多彩的会员活动

万客会是万科企业股份有限公司于1998年8月18日成立的消费者俱乐部。它面向各地万科业主和社会各界,提供房产顾问和生活助理方面的服务。万客会在各城市都设有分会,目前全国万客会会员人数已逾8万人。万客会为俱乐部会员组织、提供各种生活、娱乐、教育、旅游等资源,外联其他俱乐部、会所等组织,为本会会员提供消费优惠、文化沙龙、旅游健身、置业咨询等全方位的服务。该俱乐部主要依托网上平台,开展会员的信息管理、维护、发展和加盟商管理等业务[①]。表10.3.4为深(圳)万客会2007年1~2月份主题活动一览表。

表10.3.4 2007年深(圳)万客会主题活动一览表

活动主题	活动时间
"爱与家同行"万科社区联欢晚会	2007年1月13日
万客会会员尊享,多重好礼欢乐送	2006年12月10日~2007年2月10日
《城市·人居——传统与可能》应天齐现代艺术展	2007年2月10~30日
情人节,用BIJOLI喊出最感人的爱情宣言	2007年2月1~14日

资料来源:http://szvkh.vanke.com/Web/main/467/Default.aspx。

组织俱乐部活动也要有一定的技巧。俱乐部活动需要一定的经费,要想使花出的钱达到应有的效果,必须吸引更多的会员积极参与。应该把俱乐部办活动、会员参加的模式,转变为俱乐部与会员共同办活动的模式。这一点可以借鉴那些专业的俱乐部的做法。例如北京的京城俱乐部,在它的内部又成立了一些由会员组成的专门负责某一项活动的组织,如咨询理事会,由一些德高望重并且积极参与俱乐部活动的会员组成,负责维护会员的权益,监督俱乐部的经营活动,并对俱乐部的经营提出意见和建议;会员活动委员会,负责发起和组织一些会员活动,如体育比赛、郊游等活动。在这些组织里俱乐部方面只是起到辅助作用,而会

---

① 深圳万客会官方网站:http://szvkh.vanke.com/Web/main/456/,2007-03-20。

员是主角,这样才能调动会员的积极性,把俱乐部的活动变成会员自己的活动,增强会员的归属感。

另外,俱乐部的会员活动的另一个作用是招募新会员,俱乐部应该邀请一些潜在的会员参加活动。因为,只要俱乐部会员的数量还没有饱和,就需要无时无刻地发展新会员。即使会员数量饱和了,会员也会经常发生流失,必须弥补空缺。让潜在的会员参加俱乐部的活动,亲身感受一下俱乐部的气氛和服务,是对俱乐部最好的宣传。例如京城俱乐部绝大多数会员都是受朋友或客户的邀请参加了俱乐部的活动,才决定加入俱乐部的。

四、顾客服务定制化(Customerization)

(一)提供个性化服务

俱乐部营销不同于其他传统的营销方式,它是一种个性化营销,对会员的服务在它的营销中占据主要地位。这种服务贯穿在会员加入俱乐部之后的整个过程当中,而且它的一个主要特点就是它的个性化。俱乐部营销要满足消费者"个体"的需要,而不是"群体"的需要。俱乐部要把对消费者个体的关注、消费者个体的个性释放以及消费者个体的个性需求的满足,作为一种营销理念来指导俱乐部营销活动。不论是专门的俱乐部企业还是为某种产品而设立的俱乐部营销组织,它们的一个重要的吸引顾客的方式就是提供量身定做的个性化服务。什么样的服务才是个性化的服务呢?以北京的京城俱乐部为例进行说明。通过案例9.3.6可以看到,俱乐部通过提供个性化服务,不仅满足了会员在餐饮娱乐方面的个人偏好,给会员提供了各种方便,而且满足了会员被尊重的需求,显示了会员的社会地位,这也是很多会员加入俱乐部的目的。

前面已经提到过,俱乐部营销产生的一个原因是消费者个性化需求的空前增长。俗话说,人各有所好,每个人在消费需求方面都各不相同,只是在以前商品缺乏时期没有表现出来罢了。个性化服务因为要尽量满足不同顾客的各种各样的需求,不能再大批量生产相同的产品,对服务而言也难以标准化,这必然带来营业成本的增加,因此,俱乐部营销的企业要仔细权衡个性化服务的成本与收益的比例,并不断提高技术和管理水平,降低成本。正如20世纪初福特汽车公司总裁亨利·福特曾说过一句名言:"我们生产各种颜色的T型车,只要它是黑色的。"这句话充分体现了过去一切以生产为中心的产品营销观念对个性化需求的遏制。这也是跟当时汽车刚产生不久,企业要以最低的成本大批量生产的背景相关联的,那时拥有汽车对绝大多数人来说还是个梦想,更不用说挑选自己喜爱的汽车了。如今随着科技的进步,带动生产力水平的提高,特别是柔性生产技术使消费者不仅可以挑选汽车的颜色,而且在汽车类型、配置等方面都有很大的满足个性需求的选择的余地。一方面,生产技术水平的进步使满足消费者个性化需求成为可能,另一方面,以计算机为代表的信息技术革命,在满足消费者个性化需求过程中,为提高效率,降低成本做出了巨大贡献,现在一台普通的计算机在很短的时间里就能处理成千上万的客户资料。以上两方面使俱乐部营销提供个性化服务的成本降低到可以接受的水平,使俱乐部为顾客提供个性化服务成为可能。企业首先搜集大量的客户信息,录入计算机系统,并经过分类处理,归纳总结,了解到消费者的需求,然后针对顾客不同的需求和需求的变化,不断增加或调整产品生产线,增加产品的花色品种,满足顾客的个性化需求。

(二)建立会员数据库

企业俱乐部营销通过建立客户资料库,准确掌握顾客的需求和需求的变化趋势,从而生产适销对路的产品和制定高效的营销策略,这里应用的就是数据库功能。俱乐部营销必须发展到一定规模才能产生效益。当会员发展到成千上万,每个会员的信息又细致入微时,不借助计算机是难以管理的。而仅仅用电子表格、Word文档将资料进行简单的堆砌,并不是真正的计算机管理,必须借助数据库技术和互联网技术建立起功能完善的会员数据库管理信息系统。而且数据库营销把客户需求、客户欲望进行各个层面、全方位的细分和创新分析。它是以客户为导向的新营销理念和信息技术的无缝结合。传统营销方式与之最本质的区别在于没有把以客户为中心的理念凸现出来,没有找到客户的需求。与传统的市场营销相比,它在以下几方面具有自己的优势:与客户建立、维持良好的关系,明确企业的目标市场,并能准确定位,找到所需客户;使客户直接反映,刺激客户查询或订货;提高产品附加值,能将单一的产品转变成一种综合的服务和令人满意的享受;使广告活动和销售活动得到高度的统一;效果具有可测定性,又具有效果反馈的功能;具有隐蔽性,这对产品或服务提供者采用新的营销策略极为有利。随着CRM的发展,数据库也越来越具有战略职能,由此提高了它作为企业营销的核心元素的重要性。

图10.3.5表明了俱乐部营销会员数据库管理的循环过程。如果能够对数据进行正确的分析,就能找出接近客户的个性化方法。一个组织良好的数据库对俱乐部忠诚营销的成功至关重要,不仅仅是因为忠诚计划本身能够得到有效管理,而且一旦拥有了数据库,整个公司就能从俱乐部营销中受益。

俱乐部数据库重要决策之一是决定要收集哪些信息。通常输入客户数据库的信息可参考案例10.3.3。

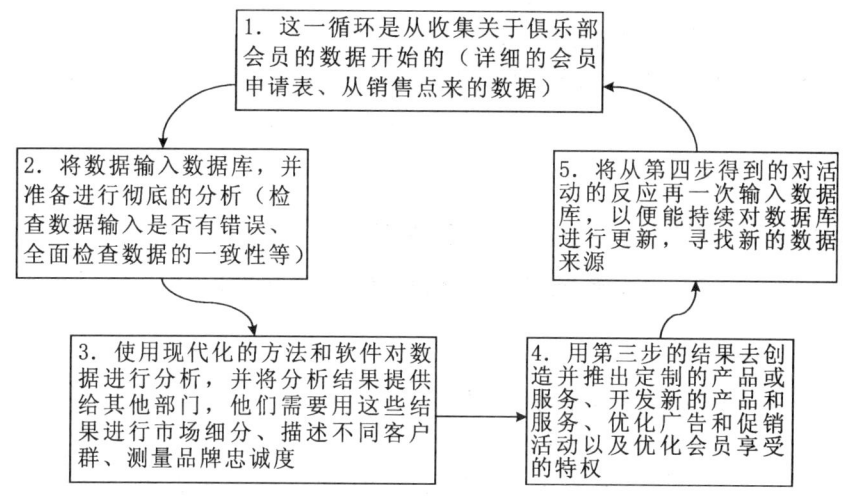

图 10.3.5　俱乐部数据库管理的循环过程

资料来源:斯蒂芬·A.巴斯彻著.俱乐部运营(第二版).孙路弘,陈叙译.北京:电子工业出版社,2005.134。

案例 10.3.3

上海大众汽车俱乐部完整的客户生命档案[①]

(1)基本静态信息

• 个人资料(如车主的资料对于个人车主,包含:姓名、年龄、性别、完整的联系信息,倾向的联系方式和联系时间等等)

• 联系人的资料(姓名、联系方式、与主人的关系、与车主的关系)

• 车辆信息(详细的新车购买意向、现有车辆的拥有情况、历史车辆的拥有情况)

• 现有车辆的维修信息(时间、维修站名称、服务项目),以及相关的咨询、投诉信息(时间、咨询/投诉的具体内容、解决情况)

(2)俱乐部项目和用户的所有的沟通信息,如:

• 沟通的时间和沟通的方式,包括电话沟通、Online、直邮沟通、电子邮件沟通、SMS 沟通等等

• 沟通的内容和结果

---

① 上海大众 CRM,在市场厉炼中完善成长.http://www.cccs.com.cn/column/dazhong/article005.htm。

- 个人数据:编号、姓名、职业、年龄等
- 地址数据:公司、电话、区域
- 行为数据:购买地点、购买时间、购买频率以及购买的产品及品牌等
- 财务数据:财务状况、收入情况、账户类型、订货时间

第四节 我国企业俱乐部营销实践
——以电信行业企业俱乐部为例

一、我国电信行业竞争态势分析

(一)电信主要服务提供商

中国电信市场主要有六大运营商:中国移动、中国联通、中国电信、中国网通、中国铁通和中国卫通,其他还有一些小的电信运营商。中国移动和中国联通是移动电话运营商,而且中国联通是唯一的全业务电信运营商,拥有 G 网和 C 网,同时还能经营固话业务(IP 长途电话业务)。中国网通在原中国电信集团公司及其所属北方10省(区、市)电信公司、中国网络通信(控股)有限公司、吉通通信有限责任公司基础上组建而成。中国电信集团公司则是通过上海、江苏、浙江、广东四省(市)电信业务资产的重组改制成立中国电信股份有限公司,随后收购了安徽等六省电信资产以及湖南等十省电信资产。中国电信和中国网通的业务主要是围绕固话业务展开的,而且只能做固话业务,具体包括:固定电话、小灵通、宽带业务、互联网业务等其他增值业务。与其他四个电信运营商相比较,中国铁通和中国卫通则是相对较小的两个电信运营商。

(二)一马独大

从 2006 年四大主要电信运营商中期营业数据来看,中国移动公司呈现出一马独大的趋势。根据国内四大电信运营商发布的 2006 年中期业绩,中国移动上半年营业收入为 1 369.79 亿元,比上年同期增长 19.6%,纯利润达到 301.68 亿元,比上年同期大幅增长了 25.5%。紧跟其后的是中国电信,2006 年半年的营业收入为 869.36 亿元,比上年同期增长 3.5%;而含初装费收入的净利润为 140.84亿元。中国联通的整体业绩取得了较好的增长,2006 年上半年的营业收入为 467.7 亿元,比上年同期上升 8.2%,期内实现净利润 28 亿元,同比增幅为 20.2%。中国网通的表现有些不尽如人意,其营业收入和净利润分别为 431.81 亿元和 70.94 亿元。另据中国移动数据显示,近两年内,其市值增长了一倍多,跃

居全球电信运营公司市值榜首。①

(三)移动分流

据信息产业部统计数据显示,2006年1～7月新增电话用户中,中国固定电话用户新增数为1 615.2万户,远少于中国移动的电话用户新增数3 025.2万户,在增量收入市场中,中国电信和中国网通两家份额相加也远低于中国移动的份额。电信和网通为了抵挡移动业务的分流,大力发展小灵通业务,由于技术上的先天劣势,还是挡不住用户数量和业务量下滑的趋势,固网市场日益萎缩。从当前来看,我国电信市场正在演绎这样一个怪现象,即移动业务如日中天,固网市场却日渐萎缩。②

(四)降价竞争转向关系营销

在电信市场竞争日益激烈的今天,无论是政府主管部门还是各大电信运营企业,都在积极转变营销观念,价格不再是电信企业竞争战略的杀手锏了,它们不约而同地将竞争策略转向提高客户服务质量,把提高服务质量作为提高企业核心竞争力的重要举措,服务从"标准化服务"向"个性化高质量服务"转变,从单一服务向多样化服务转变,并加强顾客与企业之间的关系。在这种情况下,各大电信服务商都组建了自己的客户俱乐部。例如中国移动的全球通VIP俱乐部、动感地带俱乐部、中国联通客户俱乐部、中国电信e家俱乐部以及中国网通的金色俱乐部。这些俱乐部都隶属于各大电信运营商,非营利性的,终极目标在于塑造顾客忠诚。

二、俱乐部目标

1. 全球通VIP俱乐部

全球通VIP俱乐部是中国移动通信为了感谢长期以来支持公司发展的高端客户而成立的一个服务平台。通过这一平台,中国移动通信为客户提供只属于客户的"个性化、差异化"服务项目,客户可以享受到"优质网络服务、优质客户服务、优质延伸服务"为一体的3A服务。全球通VIP俱乐部是中国移动与全球通VIP会员客户感情沟通的桥梁和纽带。③

2. 中国联通客户俱乐部

---

① 打造世界级电信业国家队符合和谐社会的需要.中国电信设备网:http://www.txsbw.com.cn/,2007－04－10。

② 扬帆.到底是谁动了固定电话运营商的"奶酪".中国新通信杂志. http://it.sohu.com/20060913/ n245318396 .shtml,2007－05－01。

③ 中国移动全球通VIP俱乐部网:http://www.ha.chinamobile.com/CardArea/1VIP.htm,2007－5－6。

整合内外资源,全面满足用户需求,根据不同会员的等级提供针对性的通信、商旅、休闲、娱乐、旅游、金融、交通等通信内、通信外的个性化服务,让客户在享受联通通讯产品服务时,获得更多的通信外奖励和回报,体验非凡的人生,实现生活方式的全方位转变,提升客户价值。①

3. 中国电信 e 家俱乐部

围绕客户信息化发展的新需求,进一步充实活动内容、拓展活动形式、完善服务体系、提升服务水平。致力于为客户打造一个层次高雅、内容丰富、气氛融和的和谐"家"园。为客户精心提供钻石级的服务和享受,充分满足客户沟通交流、健身娱乐、相互学习、提升能力的需求。真正实现与大客户共享知识、健康与快乐,共享与世界同步的信息文明;共创商机、创造价值,共同开创美好的未来;同心携手、共同进步,共同在国际竞争中赢得市场、赢得成功的目标。②

4. 中国网通金色俱乐部

"金色俱乐部"是专为长期使用中国网通的通信服务、且满足一定条件的重要客户提供的一项客户关怀和回报计划。体现中国网通对客户的关注、关心和关爱,为客户提供个性化、零距离的服务,在中国网通和会员、会员和会员之间提供一个充分交流沟通的平台。③

三、会员管理系统

(一)会员选取

四家电信运营商都采取的是限制型会员忠诚计划,要求客户不但是公司产品的使用者,而且还有消费数量的要求。由于四大电信服务商都是跨区域性的大企业,俱乐部会员的甄别不但公司之间有区别,而且同一公司不同地区的也会有不同的选择标准。在此以中国网通山东有限公司为例。

按照金色俱乐部营销的定位,山东网通首先制定客户入选会员的标准。第一,将能对山东网通的企业发展提供帮助和支持的客户定位为党政军相关部门、事业单位、社会团体及各类媒体,因为良好的政府关系有利于企业树立良好的公共关系形象,并通过与政府的密切合作获得很多直接或间接利益。发展政府机关、各类社会团体作为山东网通的会员,通过优质的服务,加强山东网通和政府机关、社会团体良好的关系,营造良好的社会环境,有利于山东网通各种问题的解决,保证企业营销的成功。各类媒体则可以更好地宣传山东网通的企业形象。

---

① 中国联通客户俱乐部网:http://club.chinaunicom.com.cn/huikan/index.jsp,2007－5－6。
② 中国电信 e 家俱乐部网:http://www.chinatelecom.com.cn/,2007－5－6。
③ 中国网通金色俱乐部网:http://www.chinanetcom.com.cn,007－5－6。

第二,将能对山东网通的业务发展起到促进作用的客户定位于企业的各类营销代理渠道,公司的代理商虽然可能不会给山东网通带来直接的通信收入,但代理商通过代理发展各类业务,却可以为公司带来更多的通信业务收入。如果处理不好与代理商的关系,代理商转而代理其他运营商业务,对公司的损失更大。在经营过程中,转变公司与代理商的关系,主动和代理商沟通公司的营销政策,佣金的改变与代理商共同协商。通过把代理商发展为会员,加强对代理商的管理与合作,把代理商视为公司的合作伙伴,提高代理商对山东网通的忠诚度,促进代理商的主动性和积极性。第三,制定公司的高价值客户的选取标准。山东网通通过长期跟踪分析客户的通信消费状况,按照客户消费的不同通信产品金额,选取了山东网通的高价值客户。具体的客户通信消费分析如下:

(1) 按客户本地网通信消费情况选取

通过对客户本地电话的通信消费情况分析,通信费用在100元以上的客户,数量仅占5.23%,收入却占39.57%,可将此部分客户选取为俱乐部会员。数据详见表10.4.1。

(2) 按客户长途通信消费情况选取

通过对客户长途电话的通信消费情况分析,通信费用在50元以上的客户,数量仅占2.69%,收入却占61.15%,可将此部分客户选取为会员。数据详见表10.4.2。

(3) 按客户通信消费总额情况选取

通过对客户通信消费总额的分析,通信费用在300元以上的客户,数量仅占17.06%,收入却占51.94%,可将此部分客户选取为会员。他们才是公司高价值客户。数据详见表10.4.3。

表10.4.1 山东网通客户本地消费情况分析表

消费水平(元)	20	20~50	50~100	100~150	150~200	200~300	>300
数量占比(%)	67.69	19.64	7.44	2.75	0.85	0.97	0.66
通信费占比(%)	17.38	23.35	19.70	13.13	5.80	8.90	11.74

表10.4.2 山东网通客户长途消费情况分析表

消费水平(元)	<20	20~50	50~100	100~150	150~200	200~300	>300
数量占比(%)	93.43	3.88	1.54	0.53	0.2	0.2	0.22
通信费占比(%)	20.40	18.45	16.27	10.01	5.45	7.51	21.91

表 10.4.3　山东网通客户消费总额分析表

消费水平(元)	20～100	100～200	200～300	300～1 000	1 000～2 000	2 000～3 000	＞3 000
数量占比(%)	50.51	21.60	10.83	7.47	6.19	0.99	2.41
通信费占比(%)	10.85	17.79	19.42	15.77	20.91	6.98	8.28

资料来源:张之建.山东网通会员制营销模式研究:[学位论文].济南:山东大学,2005.

在确定选取会员标准后,山东网通通过电话回访、邮寄会员信、上门签订协议、符合条件的客户主动申请四种方式在确认会员同意后自动成为会员,并每月根据客户消费情况吸收符合条件的客户成为会员。对于会员,如果消费额度连续三个月低于50元则取消会员资格。

(二)加强会员管理,制定俱乐部章程

为了加强俱乐部的管理,促进俱乐部的健康发展,维护俱乐部和广大会员的公共利益,俱乐部都会制定俱乐部章程,以保证俱乐部管理、组织有序性,以及明确俱乐部会员的权利、义务等。俱乐部章程通常包括:总则、会员管理、会员权利及义务等部分。正如前文所说的,俱乐部会员不但能起到对会员的个性化作用,同时也能起到对会员与会员之间的个性化作用,不同的会员等级,执行不同的会员义务,同时也享受特别的会员等价待遇,这两点共同组成了会员的形象价值。所以四大电信公司都制定相应的俱乐部会员等级。例如全球通VIP俱乐部将会员分为三个等级:钻石卡会员,年度月平均消费水平≥2 500元;金卡会员,1 200元≤年度月平均消费水平＜2 500元;银卡会员 600元≤年度月平均消费水平＜1 200元。不同会员级别将享受不同级别的会员服务;中国联通客户俱乐部会员共分为三种:钻石卡会员、翡翠卡会员、蓝宝卡会员;中国联通金色俱乐部会员分为公众会员(针对个人客户)及商务会员(针对非个人付费客户)两类。其中公众会员由高到低分为三级:钻石卡会员、金卡会员、银卡会员;商务会员暂未分级。

四、建立专业数据库

专业的数据库是俱乐部市场营销的支柱,关于客户的详细信息渐渐成为一种战略成功的要素。只有准确的客户资料才能形成以目标为导向的、客户定制的对话。以山东网通金色俱乐部数据库为例:首先是收集会员信息,山东网通设计了如表10.4.4所示的会员资料收集表。

同时,会员管理系统还要采集会员的通信消费数据、业务使用数据,对会员的通信消费情况、通信消费习惯进行分析。会员管理系统可实现以下功能:会员可以通过营业厅、互联网、电话、短信和POS等终端设备上实现山东网通各种领域的消费;可以根据客户的实际需求,实现客户在其他消费网点(特约商户)的消

表 10.4.4　山东网通会员资料收集表

姓名		电话	
证件名称		证件号码	
工作单位		联系电话	
通讯地址		邮编	
性别		年龄	
家庭地址			
电子邮箱			
希望成为会员的回报形式			
对金色俱乐部的建议			

费;可以实现会员通过会员卡在自助终端上缴纳话费及各项营业费用;能够按照会员消费的不同通信产品进行细分,通过了解不同客户的通信消费情况,制定有针对性的营销措施。比如,如果会员每月都产生一定的拨号上网通信费用,可以向会员推荐上网速度更快的 ADSL 上网业务等。按照以上功能实现的金色俱乐部会员管理系统采用分布式数据库结构,分客户层(表示层)、数据库层。

五、俱乐部提供的利益包分析

1. 服务价值

中国移动根据不同的会员级别设计了不同的会员特别服务项目,级别越高,特别服务项目越多,在低级别的基础上加上相应的高级服务,组成高级别的会员服务项目,例如:中国移动全球通 VIP 俱乐部银卡会员特别服务项目包括"专制客户经理"服务、话费提醒服务、"延迟停机"服务、"手机维修"服务、优惠购机、专项免保国际漫游业务、吉祥号码优先选用服务、免费办理"一卡双号"业务、新业务免费使用服务等多项特别服务。而金卡会员则在银卡会员的基础上多出 5~6 条服务项目。

2. 财物价值

会员在获得会员资格之后,享受一定量的消费折扣,同时还能消费积分,俱乐部则经常有各种各样的会员积分/返礼换礼活动。如网通金色俱乐部会员回馈活动(详情见案例 10.4.1)。

案例 10.4.1

金色俱乐部会员回馈活动

项目开展范围

北京、天津、沈阳、上海等 90 多个实施金色俱乐部项目的城市

活动时间

2005 年 4 月 1 日至 2005 年 5 月 31 日

项目目标人群

所有中国网通金色俱乐部会员,包括银卡会员、金卡会员、钻石卡会员。

具体回馈奖励办法及奖品

- 凡金色俱乐部会员在2005年4月1日至2005年5月31日期间,每购买消费e龙的旅游、酒店、机票等任意产品,即可获得价值128元的上网安全防护套餐卡一张,多买多赠。此卡为e龙公司特别定制的上网保护卡,使用该卡将使您的计算机使用过程中再无后顾之忧。

- 凡金色俱乐部会员在2005年4月1日至2005年5月31日期间,累计购买消费e龙酒店产品满5间夜,在获得价值128元的上网安全防护套餐卡一张的基础上,还可获得e龙独家推出的价值45元的礼品工具书《中国城市之旅》一册。

- 凡金色俱乐部会员在2005年4月1日至2005年5月31日期间,累计购买消费e龙酒店产品满10间夜,在获得价值128元的上网安全防护套餐卡一张的基础上,还可获得e龙独家推出的价值118元的安心保险卡一张。

3. 社交价值

俱乐部通过组织各种活动,使俱乐部会员生活得到充实,同时也得到了交往的愉悦,这也是俱乐部吸引会员关键价值所在。根据会员的兴趣举办的如健身、娱乐活动;如开展球类、游泳、爬山、钓鱼等健身活动;举办会员各种比赛等娱乐活动;举办针对行业客户的商业论坛等。通过举办丰富多彩的会员活动,加强会员对俱乐部的理解和感知,对企业的认可。例如深圳电信e家俱乐部(原为深圳电信大客户俱乐部)2005年为会员举办了诸如高尔夫精英赛、蓝海战略论坛、俞世维主讲的"打造卓越领导力"论坛、信息化论坛、新视野之旅等丰富多彩的会员活动[①]。

4. 形象价值

这种价值不光体现在不同会员级别之间的服务差别,同时也体现在会员与普通客户之间的特别对待,体现个性化服务。以中国移动全球通VIP俱乐部为例(详见案例10.4.2:中国移动全球通VIP俱乐部(河南分部)合作伙伴),公司为了能为俱乐部会员提供更多的消费价值,寻求外部合作,达到企业双方、顾客个人三赢的目的。

---

① 潘翔鹰,来巍.深圳电信大客户俱乐部转型实践.通信企业管理,2006(3):30~32.

案例 10.4.2

中国移动全球通 VIP 俱乐部(河南分部)合作伙伴

表 10.4.5 中国移动全球通 VIP 俱乐部(河南分部)合作伙伴

河南中州皇冠宾馆	河南一壶缘茶艺有限公司
河南中州假日酒店	郑州金利电子通讯设备有限公司
河南省黄河迎宾馆	河南世纪中鑫企业发展有限公司
中州国际饭店	郑州崇光服饰销售有限公司
河南大河锦江饭店	河南新友谊名店百货有限公司
河南山河宾馆有限责任公司	河南自然美化妆品有限责任公司
河南开来大酒店	上海怡红化妆品有限公司
兴亚国际俱乐部酒店	郑州大中原摄影有限公司
郑州丰乐园大酒店	河南省新华书店郑州市店
郑州五洲强仔俱乐部有限公司	中国人民解放军第 460 医院
佰金瀚饮食娱乐商务会馆	郑州悦雅礼仪服务公司
郑州鼓浪屿假日酒店	郑州市公青家政服务中心
河南创基洗浴有限公司	郑州索菲特国际饭店
左岸西餐咖啡厅	河南正弘国际品牌销售有限公司
米兰庐西餐厅	郑州在水一方大酒店有限公司
重庆小天鹅火锅食府(碧波园店)	河南丹妮商务有限公司
缘之中日本料理店	郑州三九百花园戏曲茶馆

六、案例评价

通过成立以高价值客户为会员的电信企业俱乐部,来提高自身的竞争力,是电信企业市场营销方式转型的标志之一,以俱乐部为平台,创造企业与客户沟通的渠道,提供客户个性化、差别化服务,增加客户消费价值。通过准确的客户定位,优化客户结构,抓住最有价值的客户,致力于改善同优质客户的关系。

通过制定基于企业客户忠诚与客户终身价值的客户规划,通过寻找有潜力、有价值、成长性好的客户加以重点培育,通过建立客户价值评估系统不断调整客户结构,提升企业客户群的质量。以客户价值为导向,形成客户价值驱动型组织。

我国电信行业企业俱乐部的组建时间不长,大多数都是近两年的事情,它们的管理与经营是否成功,目前还比较难以得出客观的评价。不过通过电信企业俱乐部营销案例分析可以得出,企业俱乐部营销成为企业关系营销最佳策略之一,电信企业俱乐部成立的目的、运作和管理与本文分析的会员消费价值、忠诚模型以及俱乐部的运作与管理 4C 模型框架都十分吻合,从俱乐部组织到核心利益整合策略选择,再到市场沟通和顾客服务定制化、个性化都在 4C 模型框架范围内。证明了俱乐部运作与管理4C模型有一定实践价值,具备一定的前瞻性。

七、结论与建议

(一)研究结论

有人提议,为了更好地管理企业客户,企业应该成立客户管理机构,并围绕该机构进行市场营销。这种提议正好验证了企业俱乐部营销模式作为一种营销手段的生命力,它为关系营销提供了专门的组织形式。企业里已经有很多孤立的活动存在,这些已经存在的与客户接触为企业俱乐部的成立奠定了极好的基础。企业提供的现有的和传统的服务可以被成功地整合到俱乐部忠诚营销工作之中,俱乐部为这些分散的活动提供适合的组织框架。企业俱乐部营销企业面对的不再是整体的市场,而是作为会员的消费者个体,通过与消费者个体的交往,逐一建立持久的关系,为消费者个体提供定制的产品和服务,这种营销应用了一对一营销的理论和方法;企业俱乐部营销通过收集顾客资料,建立客户资料库,准确掌握顾客的需求和需求的变化趋势,从而生产适销对路的产品和制定高效的营销策略。通过对俱乐部营销的研究,得出以下几个主要结论:

(1)俱乐部事前顾客让渡价值期待、事后顾客满意度以及俱乐部特有的锁定效应共同构建了企业俱乐部营销忠诚的驱动关键。

(2)企业俱乐部运作与管理4C模型构成企业俱乐部运作与管理的主要方面。

(3)企业俱乐部营销是关系营销策略,俱乐部是企业和顾客的沟通平台,终极目标是为了塑造顾客忠诚。

(4)企业俱乐部营销是将市场组织化的中间组织、将客户的选择过程从一个市场运转转移到多时段的契约关系市场上去运作。具备市场的较强激励程度,同时又具有企业组织的节约交易成倍的优势,具有比较优势,既有效益,也注重效率。

(二)对策建议

(1)俱乐部提供给顾客的价值是俱乐部成功与否的关键所在。不能明确俱乐部究竟为顾客提供哪些价值,将使得俱乐部经营不尽如人意。本文中提供的四种消费价值为企业俱乐部价值提供了设计参照物。根据这些,俱乐部经营者可以设计一些活动分别来满足顾客的服务价值、财物价值、社交价值和精神价值。俱乐部还可以根据这四种顾客消费价值进行市场细分,根据顾客不同的价值需求排序,进行有针对性的个性化营销,即可以将顾客分为四类,有的注重服务价值,有的注重财物价值,而有的注重社交价值或形象价值,根据这些可以设计不同的会员等级和服务项目,或者,俱乐部根据企业经营的需要只接受其中一种顾客作为俱乐部会员。

（2）开展与其他企业合作，不断增加俱乐部的服务范围和服务内容，而且选择合作商需要考虑公司与合作商的顾客具有一定的交叉重合处，这样就增加了俱乐部对会员的价值，也就能够吸引新会员，留住现有会员。

（3）充分重视企业俱乐部品牌建设。要把企业俱乐部建设成为秉持"情传万家"的服务理念，打造"最具人情、最温馨"等客户归属感强的客户服务品牌。

（4）建立自己独特的会员沟通方式，特别是建立自己企业的会员刊物，不定期向会员寄送。会员刊物可以更好地宣传企业文化和企业理念，树立企业形象，也可以更翔实地介绍企业产品，把最新最快的商品信息在第一时间传递给会员。

（5）通过大量俱乐部实际案例，企业俱乐部的运作与管理遵循的一些基本规律是：企业要明确俱乐部营销是否适合自己的企业，然后再决定是否采用俱乐部营销。为俱乐部组建专门的组织，以更好地为会员服务。要建立完善的俱乐部章程，明确俱乐部的服务对象。俱乐部章程作为俱乐部运作的法律依据，规定俱乐部和会员双方的权利和义务。建立合理的会员计划，向会员提供明确的区别于普通顾客的产品和服务。完善俱乐部价值提供体系，俱乐部提供给顾客的价值是俱乐部成功与否的关键所在。个性化服务是俱乐部营销的一大优势，也成为俱乐部营销的一大特点，是体现俱乐部实实在在存在的根本途径。充分认识会员活动是俱乐部营销的精髓，开展丰富多彩的俱乐部活动，满足会员的社会交往的需要，同时培养会员的参与意识和归属感，增强会员对企业的忠诚度，达到俱乐部营销促进销售的目的。个性化服务必须建立在对顾客深入了解的基础上，要了解顾客，需要广泛收集会员资料，并充分利用之。会员资料的收集、存储、整理、分析、利用都需要有先进的信息管理系统支持。

思考题

结合实例谈谈企业俱乐部营销和俱乐部营销的关系。

第十一章

俱乐部发展趋势

学习目的
1. 了解俱乐部的发展趋势。
2. 掌握俱乐部管理模式的三个发展方向。
3. 了解顶级会所的经营。

本章先对俱乐部发展趋势进行分析,而后从管理模式、顶级私人会所两个角度对俱乐部的发展趋势进行具体阐述。

第一节 俱乐部发展研究

一、俱乐部发展的特征变化

在第一章的讨论中,笔者将现代俱乐部文化的起点界定在17世纪。实际上,根据俱乐部的广义定义,在人类社会发展的初期,具有俱乐部性质的组织就是存在的。在漫长的时间里,俱乐部虽在不断地发展、演化,但它的一些基本的属性仍没有改变。从19世纪现代形式的俱乐部形成到现在各种类型俱乐部的不断出现,俱乐部的发展经历了多个时期,期间其发展也曾被战争所中断。

从早期的自发形成、高度私密,到后来种类的增多,到后来职业化俱乐部的出现,再到后来更多营利型商业俱乐部的出现、成长,俱乐部经历了漫长的发展成熟期。未来的俱乐部是什么样子?俱乐部会朝哪个方向发展?俱乐部还会保有原来的特征吗?这些都是需要我们研究的。接下来,我们就以俱乐部的六大特征为研究点,对俱乐部的发展趋势进行分析。

(一)由具有共同特质的人组成(Similar Characters)

在前面我们提到过,如果将俱乐部定义为由具有共同爱好等特征的人组成的组织,那么俱乐部的范畴会被大大地缩小。采用共同特征这个标准则能够非常准确、全面地界定俱乐部。可以说,这是定义俱乐部的必要条件。共同特质指的是,不管从哪个方面讲,俱乐部的会员总有一点是相同的或相似的。比如说社会地位、富有程度、兴趣爱好、职业等。会员的共同特质是俱乐部组建的必要条件,而并非充分条件。俱乐部的成立是"用脚投票"的一种选择。很多会员加入俱乐部就是要证明自己的一种选择,找到一种被接纳、被认同的归属感。

俱乐部是由具有共同特质的人组成。这一点,在几百年的俱乐部发展史上没有发生过改变,将来也不会改变;因为如果这一点发生改变的话,俱乐部的排他性将不复存在,没有了排他性,俱乐部也就不称为俱乐部了。从查尔斯·蒂波特(Charles Tiebout)的观点来看,自由流动是社区形成的条件,社区的形成是存在边界的,如果边界消失,社区的概念也就没有任何意义了。试想,如果长安俱乐部是拿着钱就能随便进入并可成为会员,那么长安俱乐部和一些顶级的酒店、饭店、休闲场所又有什么分别呢?柳传志等商、政界名流还会那么钟情于长安俱乐部吗?可以确定,"由共同特质的人组成"这一特征在今后俱乐部的发展进程中将不会发生变化。

(二)会员制(Membership)

会员制是俱乐部最显著的标志和最行之有效的组织方式,在俱乐部发展的后期,会员制被普遍用在营销领域,成为一种新型的营销方式,这也是出现许多企业俱乐部的原因。俱乐部排他性的特点决定了会员制存在的必要性,会员制是一柄双刃剑,随着俱乐部的发展和俱乐部营利性质的增强,一方面,会员制能够增强会员的重复消费,将消费者牢牢吸引在俱乐部或俱乐部产品系列中;另一方面,它也在一定程度上限制了俱乐部规模的扩大,给消费者树立了进入门槛。

此时,我们在前面将俱乐部的定义界定为广义和狭义之分便变得十分有意义。对于狭义范畴的俱乐部,其会员都是具有相同特质的人,他们自愿组成或加入、共担成本,狭义范畴的俱乐部是具有一定私密性、小规模、非营利性的会员制组织。因此会员制是狭义范畴俱乐部具备的属性之一。而广义范畴的俱乐部是指,具有俱乐部性质的、以会员制为主体或主要营利方式的营利性或非营利性组织。目前国内的俱乐部更多属于这种性质。这些组织有的叫俱乐部,有的不叫俱乐部,但都是围绕着会员制在做文章。也就是说,会员制是广义范畴俱乐部的标志性属性,即俱乐部采取的是会员制的组织形式,但会员制的作用在俱乐部中不尽相同。在狭义范畴的俱乐部中,会员制属于一种较为紧密的契约形式,而这种紧密程度在广义范畴的俱乐部中变得较为松散，这也就涉及企业俱乐部的一些特性。企业俱乐部属于典型的广义范畴的俱乐部，是以会员制为主要组织形式建立的俱乐部，是为辅助扩大销售为目的的一种营销方式。但这并不意味着采用会员制方式的经济主体就是俱乐部。不管怎么说，会员制始终是俱乐部的重要标志。

（三）自发形成、自愿加入（Spontaneous and voluntary）

对于"自愿加入"这个特征，似乎没有什么值得过多讨论的，由于俱乐部是由具有共同特质的人组成，因此其进入应是自我的意愿而非他人强迫。"自发形成"这一特点在狭义范畴的俱乐部中仍然存在，但随着商业元素不断融入俱乐部中，营利的欲望驱使一些公司、企业建立俱乐部，或以俱乐部的形式进行以营利为目的的经济活动。

（四）私密性（Private）

对于早期俱乐部，私密性是其最为重要的一个特征，会员加入俱乐部，也是一种象征。为了体现会员的独特价值，俱乐部具有很强的私密性；实际上，俱乐部的私密程度也是其进入门槛的一个重要表现。随着俱乐部的发展，俱乐部的规模扩大，私密性的程度会有所降低，这也就意味着俱乐部的进入门槛会有所降低。对于未来俱乐部的私密性，笔者认为，狭义范畴的俱乐部将会继续保持较高的私密性，而广义范畴俱乐部的私密性会随着俱乐部的发展而不断地降低。

（五）非营利性（Nonprofit）

俱乐部从它诞生的那天起就没有想过要赚钱。似乎会员们更甘于"奉献"，在早期俱乐部的发展过程中，以俱乐部的方式来赚钱似乎是一件被会员、被他人耻笑、不解的事情。狭义范畴的俱乐部都是非营利性的，因此狭义范畴的俱乐部在发展的过程中，只要还保持在狭义范畴内，那么它是不会改变这种特征的。但是随着俱乐部的规模扩大、商业元素的融入，使其所属范畴发生改变，成为广义范畴的俱乐部时，俱乐部就有可能成为营利性的。俱乐部的发展在这个时候会有两种截然不同的发展方向，一种是继续保持原有状态，另一种是成为规模更大的广义范畴的俱乐部。对于这个问题，我们会在下面详尽讨论。

（六）规模（Scale）

由于早期俱乐部私密、会员制、非营利的性质，决定了早期俱乐部的规模是很小的，且多数为地区性的俱乐部，例如小镇上的一家俱乐部，或是一个街区的俱乐部。早期俱乐部的规模不可能很大，一方面是由于经济原因，即没有人来投资，因为俱乐部大都是非营利性质的；另一方面是社会原因造成的，俱乐部规模的增大会失去俱乐部的很多意义，比如私密性的降低，会员的进入门槛降低、会员的归属感下降等。没有人愿意成为一家谁都可以进入并成为会员的俱乐部的会员。

但是,随着俱乐部的发展,力量的壮大,其规模也会发生变化。俱乐部规模的变化同其营利性质的变化是十分相近的,即朝着两个不同的方向发展,即一个是继续保持原有状态,另一个是成为规模更大的广义范畴的俱乐部。

二、俱乐部的发展趋势

未来的俱乐部是什么样子的?没有人知道。但基于俱乐部发展过程中特征变化的研究,俱乐部的发展趋势将会呈现两级分化的"哑铃"结构,即一方面小规模、非营利性的狭义范畴的俱乐部蓬勃发展;另一方面大规模的营利型俱乐部会以更快的速度发展、壮大。

狭义范畴俱乐部接近原始俱乐部状态是俱乐部形成的必经之路。不管社会如何发展,这种较为纯粹的组织形式不会消逝。随着经济发展、收入水平提高、社会的多元化趋势,这种俱乐部更会层出不穷,种类也越来越多。像近几年出现的"马自达车友会"、"驴友会"等等,都是随着社会的发展出现的新型俱乐部形式,而且这种俱乐部和早期俱乐部形成时的情况十分相近,产生条件也多为经济发展、生产力的提高以及从而带来的休闲时间的增加和社交活动的变化。

当俱乐部的规模扩大时,内部的交易成本大大提升,非营利性质会极大阻碍俱乐部的发展,这时俱乐部向营利型俱乐部转变就变得顺理成章了,因此,大规模的营利型俱乐部会乘着生产力进步、经济发展的东风迅速成长。这里需要说明的是,"哑铃"型的一端是狭义范畴的俱乐部,而另一端是大规模的营利型俱乐部,而非广义范畴俱乐部,这是因为广义范畴的俱乐部还包括一些非营利型俱乐部。

第二节 俱乐部管理趋势

从第三章我们已经可以看出,虽然不同俱乐部的管理模式会有所差别,但是我们还是不难看出这些俱乐部有现代公司治理模式迹象。俱乐部采用现代公司治理模式可以说是我国俱乐部发展趋势之一。即使是国有的控股俱乐部,例如足球俱乐部和篮球俱乐部等,现在都在探讨如何实现俱乐部的法人治理模式。早在1997年初,原国家体委及中国国家足球协会有关领导就曾明确指出:中国职业足球俱乐部要实现"公司化",使其成为"产权清晰、责权分明、政企分开和管理规范"的现代公司。特别说明一点,采用现代公司治理模式的俱乐部大多是商业性的营利俱乐部,而对于非营利性的爱好者俱乐部或者是承担企业营销功能的企业俱乐部的组织与管理则相对没有这么严谨,多数时候为集团/企业的附属部门,由集团/企业委派相关人员管理。

股份公司诞生至今已有 400 多年的历史了。股份公司"天生"的特征——"两权分离"所引发的代理等问题是现代公司治理的核心所在。在西方,公司治理与有限责任、两权分离被称作现代公司制度的三大基石,公司治理包括内部治理和外部治理两个层面。就内部治理而言,它是企业的财产制度演变的结果。现代公司投资主体的多元化和公司法人财产权的确立必然引起公司内部权力结构的相应变动[①],即以"经营者经营"代替"所有者经营"。而经营者经营在追求自身利益最大化时,可能会损害公司及股东利益,这种损害便是著名的"代理成本"。要减少这种损害,就需要对公司治理机关进行最优的制度设计。

商业性的营利俱乐部组织管理制度同现代企业一样,是自主经营、自负盈亏、独立核算的经济实体,产权归属明确,责、权、利一致,几乎可以采用现代企业的所有管理营销理念。它们之间的最为重要的区别可能就在于,俱乐部的会员制强化了俱乐部与顾客之间的联系,抓住了现代市场营销以顾客为中心的营销思想,所以俱乐部这种组织形式非常受企业的欢迎。

一、委托合同管理

商业性的俱乐部一般都具备了现代企业制度的特征,俱乐部的股东比较分散,这必然就会产生委托代理问题,同时俱乐部委托管理也是俱乐部管理的发展趋势之一。现在存在很多的专门从事俱乐部管理的公司,例如:CCA 国际俱乐部管理公司和美国会所管理集团都是专门从事俱乐部管理的,它们在国内分别管理着两家顶级俱乐部——长安俱乐部和京城俱乐部。

由于俱乐部管理需要相关专业知识,而俱乐部的投资者们通常情况下又不具备俱乐部管理的知识,或者缺乏俱乐部的品牌、俱乐部专门的营销系统等,或者是因为俱乐部的投资者是由不同的自然人或法人共同出资组建的,而从事俱乐部管理的公司在俱乐部管理、营销、品牌方面有自身的优势,因此这两者结合的结果就出现了俱乐部管理的委托代理问题。

委托合同管理是指俱乐部业主们(股东)与俱乐部管理公司签订合同,通过合同来明确各自的义务和责任。这就是我们前面所说的"经营者经营"代替"所有者经营"。俱乐部管理公司通过合同获得俱乐部的经营管理权,俱乐部管理公司和俱乐部股东们之间的关系就是委托与代理的关系,类似于现代公司治理中的股东与董事会、经理之间的关系。

---

① 梅慎实. 现代公司法人治理结构规范运作论. 北京:中国法制出版社,2001.16.

当然这种委托与代理办法虽然是完善的,它也会出现现代公司治理的种种问题。下面以上海美洲俱乐部为例加以说明。

上海美洲俱乐部曾经辉煌上海滩8年之久,被认为是中国的九大顶级富豪俱乐部之一,但是由于经营不善而于2006年5月悄然歇业[①]。上海美洲俱乐部的管理就是通过合同委托香港某管理公司管理的,美洲俱乐部的歇业也许不全部因为被委托公司的经营不善。从相关资料显示,俱乐部的歇业是由于俱乐部经营成本太高了。俱乐部的地址选择在上海最豪华的地段——外白渡桥边上的黄浦路99号上海滩国际大厦。上海美洲俱乐部除了租下现在的28楼和29楼全部,当时还租了3楼作为富豪健身的地方。而仅28楼和29楼的营业总面积就有3 000平方米,虽然大多数时间里两个楼面都显得很空旷,但外界认为这代表着大气和奢华。上海滩国际大厦目前的租金是每天每平方米6元,这意味着仅房租一项,上海美洲俱乐部每天至少要支付1.8万元,一年就是700多万元,而扣除物价上涨因素,8年下来至少超过3 500万元。这还不包括那些高级的配备:最好的中餐厅、西餐厅、品酒吧,最好的洋酒和顶尖的意大利厨师。在风光的同时,上海美洲俱乐部长期亏损。经过几年的努力,上海美洲俱乐部积累了超过600名会员,这些会员大多来自世界500强的美国高管以及上海的私营企业主。入会费很高,最低一档为5.8万元。从理论上说,会费收入应该有3 000多万元。然而,富豪们似乎并不在意这样的俱乐部,每次活动的时候参与的人并不多,更多的是他们的家人。

不难看出,上海美洲俱乐部的悄然歇业,与俱乐部经营成本有关系,同时还与代理公司经营管理不善有关系,因为管理公司使得俱乐部活动没有足够的吸引力。另外,在内部,上海美洲俱乐部的问题更为复杂。工作组丁女士介绍说,上海美洲俱乐部有限公司其实并不直接经营俱乐部,与委托方积累了很多矛盾,最终决裂。也因为这个原因,上海美洲俱乐部有限公司在最近的清算中,既没有600多位会员的名单及个人资料(俱乐部会员资料都掌握在代理公司的手中),也没有供应商的资料,只有等这些人主动上门来谈。这不能不说是委托代理的瑕疵导致了上海美洲俱乐部的倒闭。

二、特许加盟经营

市场条件显示,商业性的俱乐部采取特许加盟这种商业模式不占少数,而且发展呈加快趋势。特别是健身性俱乐部,例如中体倍力健身俱乐部和健乐菲力斯第一健身俱乐部。特许加盟经营日益成为服务业中一种非常重要的商业模式,这

---

① http://finance.zgjrw.com/News/2006614/Finance/363583729610.shtml。

种模式可以将连锁总部的成功运营模式与加盟者的资本相结合,以较低的资本投入和风险,短期内大幅度提升市场份额。许多知名企业不断摸索通过连锁经营实现低成本、低风险、高速度的战略扩张。特许加盟的一个重要好处就是可以使企业品牌化发展。对消费者而言,品牌意味着服务品质的保证;同时,特许加盟品牌的商家一下子就会拥有拿来就用的管理经验、流程及统一的广告策划和市场推广方案、统一的员工培训等,有效地提高各项工作的专业化程度,从而直接影响到各项工作的质量;不同地点的俱乐部网络化分布的形成将给消费者"通兑通取"的方便感觉。

1.特许加盟经营的一般性定义

特许经营是一种销售商品和服务的方法,而不是一个行业。作为一种商业经营模式,在其经营过程和方法中有以下四个共同特点:

(1)个人(法人)对商标、服务标志、独特概念、专利、经营诀窍等拥有所有权。

(2)权利所有者授权其他人使用上述权利。

(3)在授权合同中包含一些调整和控制条款,以指导受许人的经营活动。

(4)受许人需要支付权利使用费和其他费用。

2.优势分析

(1)特许经营的制度优势

① 对加盟商更强的激励作用。

② 特许人与受许人命运共同体的合作关系。

③ 有市场基础的市场拓展能力。

④ 具有较强责任心的服务。

⑤ 双方较小的管理精力投入。

⑥ 降低管理费用。

⑦ 知识与公共关系的便利性。

(2)特许经营的经营优势

① 特许经营对受许人的优势

A. 受许人投资成功的机会大大提高。

B. 受许人可以得到系统的管理培训和指导。

C. 受许人可以降低成本。

D. 受许人可以使用总部著名的商标或服务。

E. 受许人可以减少广告宣传费用。

F. 受许人较易获得总部或银行的财政帮助。

G. 受许人可以获得总部的经销区保护。

H. 受许人可获得更广泛的信息来源。

② 特许经营对特许人的优势

A. 特许人不受资金的限制,可以迅速扩张规模。

B. 受许人的积极肯干有利于特许人的事业发展。

C. 特许人可能降低经营费用,集中精力提高企业管理水平。

D. 特许人可以获得政府支持,加快国际化发展战略。

3. 中体特许之路

中体倍力健身俱乐部有限公司是由中体产业股份有限公司和美国倍力健身公司(Bally Total Fitness)合资组建的。中体公司占65%的股份,美国倍力公司占35%的股份。

中体产业股份有限公司(股票代码600158)是国家体育总局控股的第一家体育上市公司,自1998年3月成立以来,始终致力于体育产业的经营与开发,并不断拓展体育市场经营领域,实现体育产业的多元化经营。美国倍力健身公司是全美国和全世界最大的健身中心商业运营商,也是美国上市公司(股票代码NYSE:BFT),具有40多年的专业健身历史。到目前为止,倍力公司在美国28个州和加拿大的部分城市共经营着430多家倍力健身中心,在全球拥有400多万会员,一年里接待超过1亿人次的健身群体。

"把美国倍力的成功经验与中国的实际结合起来,让每一位投资加盟者都赢利"是中体倍力发展的理想。为实现这一理想,中体倍力采取连锁加盟的方式迅速扩张,把已有的成功经验标准化,通过经营和管理的标准化复制,严格控制加盟店的服务质量,规避不同加盟店由于人员、经验、能力、悟性的不同而可能造成的工作失误,把总部和加盟者的风险都降到最低。

中体倍力健身俱乐部的特许加盟经营模式使其在短短3年内成为北京市健身类俱乐部的佼佼者。2002年5月18日,坐落于北京长安大戏院的中体倍力健身俱乐部旗舰店正式开业,总面积约4 500平方米,现已拥有数千名会员,深受北京白领阶层的青睐。截至2005年5月,中体倍力健身俱乐部有限公司在全国已发展了北京长安店、北京金城店、北京左岸公社店、北京建外SOHO店、北京望京店、北京国航大厦店、北京亚运村店、北京阳光100店、大连中山广场店、大连罗斯福广场店、沈阳店、武汉港澳中心店、石家庄来来大厦店、太原丽阳城店、上海奥林匹克花园店、长沙王府井店、广州天河中心店、广州奥林匹克花园店等18家俱乐部,中体倍力健身俱乐部与各加盟商形成了良好的战略合作伙伴关系,全国连锁加盟体系已初步形成,它正以持续快速的发展态势在中国健身市场上稳步发展,该公司计划5年内在全国开设100家以上中体倍力健身俱乐部。

中体倍力健身俱乐部拥有一套完整的加盟管理模式,仅加盟管理手册就高达一尺多厚,内容涉及俱乐部运营的方方面面。从着手中体倍力健身俱乐部特许经营协议至新店试营业,通常需要6个月时间。其中设备从签定协议至到货需3个月。装修从方案确定到施工完毕至少需要2~3个月。首批员工招聘、培训、预销售所需的培养时间需5个月。在俱乐部经营管理的每一个环节,中体倍力都有规范的操作程序。

三、控股连锁经营

通过上面的叙述我们已经知道,俱乐部的快速扩张模式——特许加盟经营模式。但是通常情况下,俱乐部不会采取单一的扩张模式,而是特许加盟经营和控股连锁经营两种模式同时存在。

表11.2.1列出了特许经营和连锁经营的区别。

表11.2.1 特许经营与连锁经营的区别

经营方式	特许经营	连锁经营
定义	特许人与受许人之间是契约关系,特许人提供拥有产权的商业技术和经营诀窍并对受许人进行培训,受许人交纳一定费用取得使用权	公司连锁,同一资本所有,经营同类商品和服务的组织化零售企业集团
特点	1.核心是特许权的转让; 2.总部与加盟店是合同关系	1.总部对分店拥有所有权; 2.分店经理只是总部的一名雇员
经营范围	除了流通业和服务业之外,还涉及其他许多行业,在制造业中也有大量实例	一般仅限于流通业和服务业
法律关系	特许人与受许人之间是合同双方当事人的关系	不涉及合同关系,分店属总部所有
运作方式	特许人需要开发一整套经营模式或某项独特的商品、商标,将其转让给受许人	只需足够的资金和合适的业务类型就可以运营
发展方式	需要吸收独立的商人加入特许经营体系,要进行选择受许人工作	扩大规模只需进行市场调查,筹集足够资金

第三节 顶级私人会所

顶级私人会所作为俱乐部形式之一在中国起步的时间不长,大概是在20世纪90代初期,中国经济持续快速发展;改革开放和允许并支持一部分人先富起来的政策深入执行;社会主义市场经济制度刚刚确定,市场空白点多;以上因素的结果使得中国出现了富裕阶层,孕育了顶级私人会所在中国发展的土壤。可以预料,随着中国经济高速发展,中国的富裕阶层队伍将大规模地扩大,使得顶级私人会所成为俱乐部的发展趋势之一。

一、顶级私人会所简介

对于豪华的顶级私人会所,人们往往感到很神秘,其实,会所的概念是完完全全的舶来品,意思是身份不凡人士聚会的场所。这里不仅仅是高档的消费场所,会所经营者通过对高端客户休闲、商务、交流习惯的准确把握,用"高投入高收益"的方式实现着自己的聚财之梦。例如:上海浦东中银大厦52楼的银行家俱乐部,不少金融界的高层人士都喜欢经常来这个他们自己的私人天地,一边享受休闲时光,一边与生意伙伴洽谈合作事宜。

类似于银行家俱乐部这样的顶级私人会所在上海、北京等地已有多家。从成立时间上来看,顶级会所在北京发展的历史要比上海略长。早在20世纪90年代中期,北京就已经形成了"四大会所"的说法,即京城俱乐部、长安俱乐部、北京中国会以及北京美洲俱乐部。北京最早的一家私人会所"皇家俱乐部"成立于1990年,由境外投资,引进国外高档俱乐部的经营和管理模式。1993年,第一个以"顶级的展望"为理念的会员制俱乐部——京城俱乐部正式落户北京,开启了高级私人会所登陆中国的历史。而在上海,顶级会所的历史比北京晚五六年,上海美洲俱乐部、银行家俱乐部、证券总会和鸿艺会等是其中的佼佼者。在北京、上海等地,顶级私人会所俨然已经成为一种文化。更有所谓的"顶级"会所,成为名流巨子们最爱去的交际场所。在提供给他们奢华自在享受的同时,顶级私人会所更为他们创造了一个能量巨大的高端交际平台。谁也无法估计,在这些场所的不经意笑谈中,会造就多少次影响深远的商务活动。

无论是在北京还是上海,顶级会所共同的特征就在于,客户群体只限于位于"金字塔尖"的人群。顶级会所的经营理念很简单:只为最高端的人群提供最高端的服务,从而获得超乎寻常的收益。

这些会所通常不对非会员开放。要想进入这个特殊场所,必须具备两个条件:巨额的财富和高尚的社会地位,两者缺一不可。会所本身则用高昂的入会费用和苛刻的审核措施来保证客户的"纯粹性"。

进入这些顶级会所的代价足以令普通老百姓咋舌:仅是加入时一次性收取的会员费,京城俱乐部为1万美元,长安俱乐部1.2万美元,北京中国会1.5万美元,美洲俱乐部1.6万美元。此外,会员还必须每月缴纳100美元左右的月费以及日常在会所中消费的费用。上海的几家顶级俱乐部的收费与之相仿。而且,随着会员数量的增加和会所知名度的不断扩大,入会费用还会逐年提高。

除了收费高昂之外,顶级会所对会员身份也有苛刻的要求。它们招募会员的方式称为"会员邀请制",即只有通过原有会员的介绍并通过理事会审查才能批准入会。这种方式可以保证会员的身份和品位相近，形成固有团体。

因此，能够进入顶级会所的人可以说既富又贵。例如，上海美洲俱乐部的成员大多是外企首席代表、海归人士、知名企业负责人等；银行家俱乐部的会员则大多为来自银行、证券、保险等领域的领军人物；李嘉诚、霍英东、杨元庆等人则是长安俱乐部的成员。

二、经营特色

顶级会所的经营遵循"高投入、高回报"的原则，要想成功，不仅要有巨额的投资作后盾，还要有广泛的高层人脉。因此，如果没有过硬的实力，很难进入这个领域。但也正因如此，反而形成了行业壁垒，整体市场呈现出寡头竞争的局面。

决定会所经营成败的最关键因素在于其会员数量。如果没有足够的会员数量支撑，耗资巨大的会所就很难长期运转。据业内人士估算，一般情况下，一个高档的私人会所其会员要达到500人才能持平不赔本。

因此，如何吸引会员便成了各家会所最花心思的地方。在硬件和软件两方面，它们竭尽所能，各显神通。

硬件的首要因素在于选址。顶级会所不约而同地把地址选在北京、上海最繁华的商业中心地段。这并不是一个偶然现象。业内人士解释说，只有像北京、上海这样的大都市，才有足够的富人数量能够支撑起顶级会所的生存需求，也只有在中央商务区这样的黄金地段，才能充分显示会员的尊贵身份。

在会所的装修和设施上，各会所也不惜重金。上海鸿艺会，7 000多平方米的营业面积，投资近两亿，各种设施都极为高档；长安俱乐部创办人陈丽华女士为了营造会所的宫廷气氛，甚至将自己许多价值巨大的紫檀木收藏品放在会所内。

除了在硬件上舍得做大投入之外，在经营中，顶级会所还采用各种营销策略，努力招揽客户。

北京美洲俱乐部会籍部经理马玮认为，应当重点发展中国的企业家为会员，因为中国的企业家阶层正在形成，他们需要融入高尚阶层的生活方式，对国际化的私人俱乐部心怀向往。马玮眼下正在努力发展中国的企业家会员。除了利用基本的客户电话访问等手段发展个体会员外，她还希望做大市场，通过与各大使馆、各大商会和媒体机构之间良好的合作关系，寻找突破点，寻找新的机会。

长安俱乐部则特别设立了会员服务部，为会员提供有价值的服务。比如，一个会员打电话给服务部问：某家银行是不是俱乐部的会员，如果是，我能不能认识他们？长安会通过各种方式介绍他们认识。这种服务并不会给俱乐部带来短期的经济效益，甚至会让俱乐部倒贴金钱、时间、人力等，但这体现了俱乐部的价值,加深了会员与俱乐部的关系,从长远看,这会为俱乐部带来无穷的利益。

三、高期望值

虽然私人会所对北京来说还是一件新事物,但它在其他很多城市已有一个世纪的历史了。会员用他们的俱乐部会见老朋友、结交新朋友。俱乐部已成为会员的第二个家。每一个个体对加入俱乐部都有不同的期望。或为了声望或为了联系业务、结交新朋友,每个人都有不同的原因要加入一个被公认为好的俱乐部。所以有很多新的社区拥有了他们自己的俱乐部并且城镇各地突然出现了许多健身俱乐部。但是他们都是真正的俱乐部吗?那要依赖你的认识了。但是,如果你要真正地发展你自己和你的事业,你就需要寻找一个真正的国际俱乐部,在那里你不但可以放松,还可以寻求到事业的帮助。一个好的俱乐部可以辅助你和你公司的发展。

顶级私人俱乐部的定位注定会员对俱乐部的高期望值。豪华的享受并不是顶级会所吸引会员的根本所在,在会所成员看来,顶级会所的魅力和价值,体现在它拥有一个非常高端的会员团体,并由此形成了一个能量巨大的交际圈,可以为其带来许多商业机会。

俱乐部是个很特殊的商业交际平台,说它特殊,那是因为如果在普通氛围里不可能办到的事,在俱乐部里就可以做成。这是因为俱乐部的平等传统——只要是会员,大家就是平等的,即使你是全球500强企业的CEO,也不可能在俱乐部里拒绝其他会员喝一杯、坐下来聊聊的邀请。在长安俱乐部中,50%的会员为国家领导人。世界500强企业中的220家和一些覆盖中国的顶级企业总裁均是长安俱乐部的会员。长安目前的会员是948名,按照计划,它将在达到1 000名会员之后封会,1 000张会员卡保证了长安俱乐部的尊贵性和稀缺性。有时候,这种交际可以产生巨大的经济效益。中国首席执行官俱乐部高级副总裁杨昕说,美国CEO俱乐部中曾经有会员事业失败,到了一文不名的地步,但是,他的会员朋友在关键时刻帮助了他,使企业起死回生。还有个从事法律服务的海归人士,他一到上海就直奔俱乐部,他的目的很简单,就是要在会员中寻找合适的未来客户。几乎俱乐部的每一次活动他都会参加,结果,他成功代理了几家大公司的法律服务。

许多顶级会所也会主动为会员创造这种机会。例如,长安俱乐部经常为会员提供商务活动。一次调查发现,70%的会员有在北京投资的想法,最大的、最直接的投资是房地产,但会员反映他们没有时间去看楼盘。经过2个多月的策划,长安俱乐部在3月份组织了一次北京最有投资潜力的房地产楼盘推介活动,邀请了14个北京最热的地段、最具增值潜力的名牌项目到俱乐部进行展示,当天就成交了十几套房。

上海社会科学研究院社会发展研究院副院长杨雄指出,顶级会所不仅只是个高档的消费场所,还能促进市场要素的自由流动、自由配置,鼓励要素资本市场的发展,为中国的企业家、银行家和职业经理人铺垫了很好的平台。

四、非请莫入

顶级私人俱乐部的最大特点在于它的神秘性、高级性和私密性,你也许会注意到,这些顶级私人会所基本上不对外做广告,这似乎跟现代营销理念矛盾。其实这点正是顶级私人会所的根本特征之一,如果违背了这点,到处广而告之,从社会上广征会员,那么顶级私人会所的神秘性、高级性和私密性就可能面临蒸发的可能。

所以顶级私人会所的新加盟者基本上都来自于会员的介绍,这就是顶级私人会所的特点之一——非请莫入。在中国,顶级的私人会所一般是由外资和中资合营的俱乐部,这种俱乐部一般是由专业的外资会所集团管理。对于入会的程序审批较为严格。比如京城、长安、中国会等俱乐部均采用"会员邀请制"的入会方法。要想加入俱乐部,第一步必须有会员的提名,第二步就是填写入会的相应表格,等待社会各界名流组成的专业理事会对其资格进行考察。并非有钱就能入会,俱乐部对于身份、地位、所处的行业的考察也是十分严格的。只有在理事会严格审核并且批准,会员交纳了入会费和月费后才能正式为其颁发会籍。

思考题

谈谈你对俱乐部发展趋势的看法。

参考文献

Albert M. Muniz, J. R. and Thomas C. O'Guinn. Brand Community. Journal of Consumer Research, 2001, 27(3):412~432

Berry, L. L. Relationship Marketing, In Emerging Perspective on Service Marketing. Chicago: American Marketing Association, 1983. 25~38

Boorstin, J. Daniel. The Democratic Experience. New York: Vintage, 1974. 89

Bowen J, Shoemaker S. The Antecedents and Consequences of Customer loyalty. Cornell Hotel And Restaurant Administration Quarterly, 1998(12):12~25

Bradley Dean Carlson. Brand—Based Community: the Role of Identification in Developing a Sense of Community. Oklahoma State University, 2000. 13~16

Bradley T. Gale. Managing Customer Value. Free Press, 1994. 28~34

Chang—Hsi Yu, Hsiu—Chen Chang, Gow—Liang Huang. A Study of Service Quality, Customer Satisfaction and Loyalty in Taiwanese Leisure Industry. The Journal of American Academy of Business, 9(1):2006,

Christian Gronroos. Service Management and Marketing: Managing the Moments of Truth in Service Competition. Lexingtong, MA: Free Press/ Lexington Book, 1990

Christian Gronroos. Value Driven Relation Marketing: From Products To Resources And Competences. Journal of Marketing Management, 1997(13):407~420

Chuck Y. Gee 著. 国际饭店管理. 谷慧敏主译. 北京：中国旅游出版社, 2002

David W. Mcmillan. Sense of Community. Journal of Community Psychology, 1995 24(4):315~325

Fournier, Sylvia Sensiper, James H McAlexander, and John W. Schouten. Building Brand Community on the Harley—Davidson Posse Ride. Harvard Business School Case, Reprint Milwaukee, 2001

Gummesson, E. Making Relationship Marketing Operational. International Journal of Service, 1994, 5(5):5~20

Jack D. Ninemeier 著. 餐饮经营的计划与控制（第五版）. 魏敬安主译. 北京：中国旅游出版社, 2005

Jacksson B. B. Winning and Keeping Industral Customers. Lexington, MA: Lexingtong Books, 1985

James H McAlexander, John W Schouten, and Harold F Koening. Building Brand Community. journal of Marketing, 2002 66(1): 38~54

James H McAlexander, Kim Stephenk, Roberts, Harold F Loyalty: The Influences of Satisfaction and Brand Community Integration. Journal of Marketing Theory and Practice, 2003: 1~11

Jonathan Barsky and Albert Lin. Loyalty—Club Members' Habits Good for Hotel Performance. Hotel & Motel Management, 2004 16(2): 10

Morgan, R. M., And Hunt, S. D. The Commitment—Trust Theory of Relationship Marketing. Journal of Marketing, 1994, 58(3): 20~38

Nerilee Hing, Helen Breen, Paul Weeks. Club Management in Australia: administration, operations and gaming. Person Education Australia Pty Limited, 2002

Oliver Richard I. A cognitive model of the antecedents and consequences of satisfaction decisions. Journal of Marketing Research, 1980, 17(4): 460~469

Prem Chhetri, Colin Arrowsmith, Mervyn Jackson. Determining Hiking Experiences in Nature—based Tourist Destinations. Tourism Management, 2002, 25 Number (1)

René Algesheimer, Utpal M. Dholakia, and Andreas Herrmann. The Social Influence of Brand Community: Evidence from European Car Clubs. Journal of Marketing, 2005, 69 (6): 19~34

Robert H. Woods. 饭店人力资源管理. 北京: 中国旅游出版社, 2003

Rocco M. Agelo, Andrew N. Vcadimir. 当今饭店业. 北京: 中国旅游出版社, 2003

Ronald H Coase. The Nature of the Firm. Economica, 1937(11)

Stephan A. Butscher. Welcome to the Club: Building Customer Loyalty. MarketingNews, 1996 15(11): 9

Stephen P. Robbins. Management. Seventh Edition. 北京: 清华大学出版社, 2001

Stets, E. Jan and Peter J. Burke. Identity Theory and Social Identity Theory. Social Psychology Quarterly, 2000, 63: 224~237

Tafel H, Turner J C. The Social Identity Theory of Inter—group Behavior. In: Worchel S. Austin W. Psychology of Inter—group Relations. Chicago: Nelson Hall, 1986: 7~24

Thorsten Hennig—Thurau, Ursula Hansen 著. 关系营销: 建立顾客满意和顾客忠诚赢得竞争优势. 罗磊主译. 广州: 广东经济出版社, 2003

William D. Neel. Satisfaction Is Nice, But Value Drives Loyalty. Marketing Research, 1999, 11: 20~23

Williamson, Oliver. Markets and Hierarchies. Free Press. 1975

蔡俊五. 世界体育俱乐部制. 北京: 中国大百科全书出版社, 1995

陈静. 高尔夫运动经营模式与创新研究. 2004(8): 18~19

陈维政,余凯成,程文文.人力资源管理与开发高级教程.北京:高等教育出版社,2004
陈伟新,周丽亚.深圳高尔夫运动公众化发展趋势.规划研究,2002(5):43~45
达子.国足反思从俱乐部经营模式开始.东方体育日报,2002年7月13日
戴昌钧,许为民.人力资源管理.天津:南开大学出版社,2001
董欢喜,董满春.国内外顾客忠诚度研究文献综述.时代经贸,2006,4(11):35~36
方正峰,刘云华.西方的顾客忠诚研究及实践启示.当代财经,2003(2):89~92
菲力普·科特勒.营销大未来.北京:华夏出版社,1999
菲利普.科特勒.市场营销管理.中国人民出版社 亚洲版2001年。
高屹.透过会员制服务看图书馆的信息营销.当代图书馆,2005(2):23~25
格雷格·赫尔姆斯泰特,帕梅拉·梅蒂威尔.会员制销售——Affiliate selling 网上创收.北京:电子工业出版社,2002
龚振.关系营销的种种策略.企业活力,1999(10):32~33
何广涛,信育平.解读资本运营.北京:机械工业出版社,2004
何远梅,刘学谦.体育营销中品牌社群的消费价值研究.广州体育学院报,2006,26(6):28~34
亨利·阿塞尔.消费者行为和营销策略.北京:机械工业出版社,2000
黄更.张裕:酒庄俱乐部锁定高端.糖烟酒周刊,2005(12):33~34
贾昌荣,曾朝晖.新营销主张.北京:东方出版社,2005
贾根良.网络组织:超越市场与企业两分法.经济社会体制比较,1998(4):13~19
荆新,王化成.财务管理学.北京:中国人民大学出版社,2002
卡尔·德·赞斯,托马斯·戈登.顶好营销——与客户建立伙伴关系的有效方法.北京:知识产权出版社,2002
卡普兰等.高级管理会计吕长江译.大连:东北财经大学出版社,1998
克里斯廷,格罗鲁斯.服务管理与营销——基于顾客关系的管理策略(第2版).芮廷先译.北京:电子工业出版社,2002.471~477
李海舰,冯丽.企业价值来源及其理论研究.中国工业经济,2004(3):52~60
李甲贵,沈忠勋,王渊.葡萄酒企业开展俱乐部营销的现状与对策研究.酿酒科技 2005(6):112~115
李剑锋.俱乐部营销运作研究:[学位论文].合肥:中国科学技术大学.2002
李勇平,王晓晓.饭店餐饮部的运行与管理(第二版).北京:旅游教育出版社,2003
刘健康.保户之家——国寿湖南省公司创建VIP客户俱乐部的启示.中国保险,2004(10):40~42
刘哲.康乐服务与管理(第二版).北京:旅游教育出版社,2003
路金波.企业内部市场化解析.西北大学学报(哲学社会科学版),2003,33(1):23~26
罗海成.顾客忠诚的心理契约机制实证研究.管理评论,2006,118(1):57~62
马新建等.人力资源管理与开发.北京:石油工业出版社,2004
曼瑟尔·奥尔森著.集体行动的逻辑.陈郁,郭宇峰译.上海:上海三联出版社,2004

孟韬,张东伟.企业与消费者的联盟:营销组织的新视角.中国流通经济,2001(2):54～56

尼尔·沃恩著.饭店营销学.程尽能等译.北京:中国旅游出版社,2001

倪晨谨.体育俱乐部的类型划分.南京体育学院学报,2004,(12)

诺贝特·魏斯著.足球俱乐部黑皮书.方厚升译.上海:文汇出版社,2004

佩里切利.服务营销学.北京:对外经济贸易大学出版社,2000

屈云波,郑宏.数据库营销.北京:企业管理出版社,1999

沈琴,黄萍.一对一营销的四步走.销售与市场,2000(3)

盛洪.现代制度经济学.北京:北京大学出版社,2005

斯蒂芬·A.巴斯彻著.俱乐部运营(第二版).孙路弘,陈叙译.北京:电子工业出版社,2005

斯蒂芬·A.罗斯著.公司理财.吴世农,沈艺峰译.北京:机械工业出版社,2003

苏伟伦.商务楼与会员制俱乐部管理.北京:中国法制出版社,2001

唐建军,刘来鸿,杜国如.日本商业性运动健康俱乐部发展状况:运营方式及主要问题.广州体育学院学报,2001(9)

唐理璋,孙黎.一对一营销——客户关系管理的核心战略.北京:中国经济出版社,2002

托马斯·科林斯.超行销赢家.斯坦·瑞普世界图书出版公司,2000

王方华.洪棋琪.关系营销.太原:山西经济出版社,1998

王金池.俱乐部营销论纲.上海:上海远东出版社,1999

王荞.谈连锁超市设立会员制俱乐部的可行性.中国营销传播网

王守恒,李明.美国职业篮球俱乐部的发展及借鉴.北京体育师范学院学报,1999

王文革.高尔夫"饥饿"中行走.中国工商,2004(4):90～95

王晓莹等.国外体育休闲俱乐部管理初探.北京体育大学学报,1999(12)

吴克祥.现代娱乐业经营管理实务.北京:中国旅游出版社,1998

吴克祥,张弛.中国高尔夫高等教育的基础建设与实践.特区经济,2006(2):375～376

吴克祥.现代娱乐业经营管理实务.北京:中国旅游出版社,1998

萧玉倩.餐饮概论.长沙:湖南科学技术出版社,2001

肖建中.会员制营销.北京:北京大学出版社,2006.1

徐洪才.中国资本运营经典案例.北京:清华大学出版社,2005

徐坚白.俱乐部的经营管理.沈阳:辽宁科学技术出版社,2001

徐文苑,贺湘辉,章建新.酒店餐饮管理实务.广州:广东经济出版社,2005

杨述奎,叶舟.全球管理内训标本:向NBA学习.北京:地震出版社出版

余颖,江咏.战略并购:管理风险的三大原则.北京:经济科学出版社,2004

郁伟龙.会员制营销:21世纪的新兴营销模式.江苏商论,2002(4):53～54

郁小平,夏洪胜.高尔夫球运动对我国社会经济发展的促进作用.天津体育学院学报,2004(3):96～97

郁小平,夏洪胜.中外高尔夫球俱乐部发展条件比较及中国高尔夫球俱乐部发展预测.体育学刊,2004(7):136～138

袁华莹,韩烈保.从土地资源看高尔夫的发展.草业科学,1996(4):105~110

苑晓锋.关系与营销.经济论坛,2000(10):26~27

约翰·贝特森,道格拉斯·霍夫曼著.服务营销管理.邓小敏,王志纲,叶陈毅译.北京:中信出版社,2004

约翰·麦凯恩.信息大师:客户关系管理的秘密.上海:上海交通大学出版社,2001

曾楚宏,吴能全.中间组织的起源及比较优势.财经科学,2006(5):42~49

张宝华,陈革新.试论世界职业体育俱乐部兴起的历史背景.北京体育大学学报,2000(3)

张富春,冯子标.企业集团:中间组织与有组织的市场.中国工业经济,1997(12):45~50

张林.职业体育俱乐部运行机制.北京:人民体育出版社,2001

张林,李明.职业体育俱乐部发展沿革.西安体育学院学报,2001

张世荣.企业营销的新观念——浅议关系营销.贵州高等商业专科学校学报,2004,17(9):31~33

张兴旺,赵凤丽.以俱乐部营销促出版社经营.出版参考,2001(19)

张岩松,李健.人力资源管理案例.北京:经济管理出版社,2005

周志民.基于品牌社群的消费价值研究.中国工业经济,2005,203(2):103~109

周志民.品牌社群形成机理模型初探.商业经济与管理,2005(11):103~109

庄贵军.关系市场与关系营销组合:关系营销的一个理论模型.当代经济科学,2002,24(3):43

卓志伟.对我国健身俱乐部管理状况及未来管理模式的探讨.南京体育学院学报,2004(4)

邹瑞霞.足球俱乐部赢利渠道分析.中国财富,2005(6)

邹统钎.中外俱乐部经营与管理经典案例.北京:旅游教育出版社,2006

邹益民,黄浏英.现代饭店餐饮管理艺术.广州:广东旅游出版社,2001

中国风险管理网 http://www.chinarm.cn/

中国设备管理网——设备管理篇 http://www.pmec.net/sbgl/index.html

http://bbs.qieerxi.com/

http://bbs.qieerxi.com/

http://financial.mie168.com/

http://financial.mie168.com/

http://www.acmilan.com/

http://www.acmilan.com/

http://www.bnuhr.com/clubknowledge/humanresources/

http://www.changanclub.com/introduce/history.htm

http://www.changanclub.com/introduce/history.htm

http://www.chelseafc.co.uk/

http://www.chelseafc.co.uk/

http://www.clubui.com/club/index/index.asp

http://www.clubui.com/club/index/index.asp
http://www.cocololo.net/news/list.asp?id=1611
http://www.gaf.citic.com/
http://www.gaf.citic.com/
http://www.hotelsupplies.com.cn/
http://www.hotelsupplies.com.cn/
http://www.mlauto.net/lianxi.htm
http://www.mlauto.net/lianxi.htm
http://www.nirvana.com.cn/
http://www.nirvana.com.cn/
http://www.spurs.co.uk/
http://www.spurs.co.uk/
http://www.xj61.com/
http://www.xj61.com/

后 记

俱乐部作为我国一种生机勃勃的新兴业态,逐步成为人们关注的焦点。许多大学开始设立俱乐部管理专业方向,开设俱乐部管理课程。俱乐部管理教材建设几乎是空白点。基于此,北京第二外国语学院旅游管理学院企业管理专业把俱乐部管理作为一个新的成长点来进行探讨,陆续组织出版了《中外俱乐部经营与管理经典案例》,发表了一些相关的研究报告与论文,也开始组织出版《俱乐部管理》这部教材。本书的目的是为了给这个行业的从业人员提供俱乐部管理的概括性引介,同时为旅游院校相关专业提供教材。

本书由邹统钎提出框架,陈序桄为本书的统稿与文字修改做了大量工作。本书的写作分工为,第一章:邹统钎、陈序桄、童东风;第二章:邹统钎、陈序桄、童东风;第三章:张振业;第四章:杨海英;第五章:杨海英、陈序桄;第六章:宋乐;第七章:冯毅;第八章:闫军;第九章:张彦宁;第十章:邹兆沙;第十一章:童东风、陈序桄。

非常感谢南开大学出版社王冰主任对该领域的独到眼光与胆略,这是一个新兴的探索性领域,一开始是否具有可观的经济效益尚无法确定,但可以肯定的是,它的社会文化效益是可观的。

邹统钎　博士
2007 年 10 月 1 日于北京市朝阳区定福景园